Development and
Application of Urban Energy Internet

城市能源互联网
发展与实践

国网天津市电力公司　组编

中国电力出版社
CHINA ELECTRIC POWER PRESS

内 容 提 要

本书以当前城市发展与能源供给消费的矛盾为切入点，探索城市能源发展变革路径，在城市区域深化并实践全球能源互联网构想，提出城市能源互联网的基本理念，分析全球能源互联网与城市能源互联网的内在联系，提出城市能源互联网体系架构、关键技术、商业运营模式及实践路径，并总结国内外典型实践案例，提出城市综合能源发展思路，有效促进各类城市能源互联互通、协调发展、综合利用、优化共享。

本书可作为政府能源主管部门、电力及其他能源从业者、城市能源消费者的参考用书。

图书在版编目（CIP）数据

城市能源互联网发展与实践/国网天津市电力公司组编 . —北京：中国电力出版社，2017.8
(2018.4重印) ISBN 978 - 7 - 5198 - 0978 - 2

Ⅰ.①城… Ⅱ.①国… Ⅲ.①互联网络—应用—城市—能源发展—研究 Ⅳ.①F407.2 - 39

中国版本图书馆 CIP 数据核字（2017）第 166253 号

出版发行：中国电力出版社
地　　　址：北京市东城区北京站西街 19 号（邮政编码 100005）
网　　　址：http://www.cepp.sgcc.com.cn
责任编辑：崔素媛（010-63412392）　安　鸿
责任校对：郝军燕
装帧设计：赵姗姗
责任印制：蔺义舟

印　　　刷：北京博图彩色印刷有限公司
版　　　次：2017 年 8 月第一版
印　　　次：2018 年 4 月北京第二次印刷
开　　　本：710 毫米×980 毫米　16 开本
印　　　张：20.25
字　　　数：213 千字
定　　　价：88.00 元

本书编委会

主　　任　钱朝阳

副 主 任　赵洪磊　张　全

委　　员　庄　剑　唐志津　张　军　马　崇　何　勇

本书编写组

主　　编　刘　聪

编写人员　王　哲　李盛伟　迟福建　李桂鑫　韩新阳

　　　　　魏联滨　王学军　李朝阳　徐　科　韩晓罡

　　　　　毛　华　刘树勇　范须露　高　尚　张　章

　　　　　张雪菲　徐　晶　冯瑛敏　赵　帅　张　东

　　　　　韩慎朝　昝晶晶　王第成　曹　旌　李振斌

　　　　　白翠粉　张　晨　柴玉凤　徐　晖　张源超

　　　　　杨　毅

前　言

　　能源是经济社会发展的基石。当前，全球能源开发消费面临着供应短缺、环境制约、区域不平衡等严峻挑战。全球化石能源储量有限，具有不可再生性，剩余资源也仅够全球人类使用几十年，无法满足人类经济社会快速发展的需求；同时化石能源大规模开发利用对水质、土壤和大气等自然生态环境造成的污染与破坏，也在威胁着人类的生存环境。为此，在2015年9月的联合国发展峰会上，中国国家主席习近平发出了"探讨构建全球能源互联网，推动以清洁和绿色方式满足全球电力需求"的倡议，并在2017年5月的"一带一路"国际合作高峰论坛上进一步指出"要抓住新一轮能源结构调整和能源技术变革趋势，建设全球能源互联网，实现绿色低碳发展"。与此同时，中国的城市化进程不断加快，早在2011年12月，中国社会蓝皮书已公布中国城镇人口占总人口的比重超过50％，标志着我国已进入工业化和城市化发展的重要时期，不仅能源需求具有刚性增长特征，治理由能源消费所造成的生态环境污染问题也摆在了城市发展的首要位置。因此，城市区域的能源供应与消费方式应探索一条创新之路。

在能源分布极度不均衡的现实条件下，城市区域往往处于能源供应消费链的末端，需要接纳大量的外来能源供应，全球能源互联网即为城市能源清洁、可靠供应的重要保障和必由之路。为了全球能源互联网在城市区域内的实施与发展，加快构建由特高压外部通道、综合能源网络、分布式能源等构成的城市能源互联网势在必行。城市能源互联网集成了最为关键的新能源技术、电网技术、信息技术、网络技术，不仅服务于大电网，而且服务于其他能源供应商和能源终端用户，可以解决精确供能、能源需求侧管理、电网自由接入、多能源互动以及分散储能等问题，保障大规模外来电力和风能、太阳能等清洁能源落得下、用得好，最终实现城市的可持续发展。

国网天津市电力公司自 2015 年以来，深入研究了城市各类能源供应、消费的安全性、经济性、便利性等因素，于 2016 年率先发布了《城市能源互联网发展白皮书（2016）》，建立了城市能源互联网的基本理念、组成架构和关键技术体系。在其指导下，国网天津经研院组建城市能源互联网发展研究实验室，开展关键技术理论及商业运营模式研究，国网天津节能公司承担多项综合能源及电能替代项目研究及实施，国网天津城西、城东等电力公司，注重工程落地实践，开发综合能源运行控制平台和综合服务平台。经过一年多的研究实践，城市能源互联网理念和内涵不断得到深化和发展，本书则是在以上工作的基础上，对现阶段城市能源互联网发展与实践进行了完整诠释。

全书共分为八章，第一章介绍城市能源发展现状与挑战，第二章阐述城市能源发展趋势，第三章提出城市能源发展理念，第四章论述构建城市能源互联网体系架构及关键技术，第五章探讨城市能源互联网商业运营模式创新，第六章分析城市能源互联网实践路径，第七章介绍国内外城市能源互联网的典型实践，第八章对城市能源互联网进行总结与展望。

本书在编写过程中得到了许多同仁的支持和帮助，对本书所引用的公开发表的国内外有关研究成果的作者、设计单位、施工企业、监理企业等，在此表示衷心的感谢。

由于编者人员水平有限，书中难免存在疏漏与不足之处，恳请读者批评指正。

编　者

2017 年 7 月

目 录

第一章

城市能源发展现状与挑战

能源资源是人类社会赖以生存和发展不可或缺的物质资源，是关系一个国家经济命脉的重要战略物资和社会经济发展的基础，在经济建设中具有举足轻重的地位。城市是一个国家的缩影，城市作为区域发展的中心，能带动区域经济发展，而区域经济水平的提高又可促进城市的发展；城市的发展会促使人类生产、生活方式、聚落形态及价值观等发生变化。随着我国城镇化水平的不断提高，有大规模的城镇基础设施需要建设，人们生活的需求也在不断提高，我国城镇化进程中会不可避免地面临着能源稀缺、环境污染等诸多挑战。

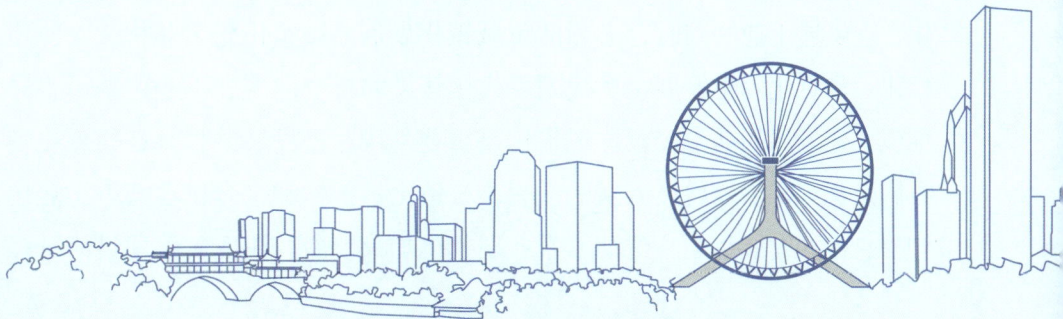

第一节　城市能源发展现状

一　城镇化进程加快

城镇化，从广义上讲是指居住在市、镇地区的人口占总人口比例的增长过程；是由于社会生产力的发展而引起市、镇数量增加及其规模扩大的过程；是人口向市、镇集中，市、镇物质文明和精神文明不断扩散，区域产业结构不断转换的过程。但是，城镇化不只是简单的农业人口转化为非农业人口，并向城镇集中和聚集的过程，而是城镇在空间数量上的增多，区域规模上的扩大，职能和设施上的完善，以及城镇的经济关系、居民的生活方式、人类的社会文明广泛地向农村渗透的过程。

（一）城镇化对我国经济社会的发展具有重要意义

推进城镇化的过程，就是不断推动社会经济和社会文明发展的过程。提高城镇化水平，可以改善城乡经济结构，拓展经济发展空间，有力地促进国民经济良性循环和社会协调发展。

1. 城镇化是现代化的必由之路

自工业革命以来，人类社会的经济发展史表明，国家要成功实现现代化，在发展工业的同时，必须注重城镇化发展。城镇化与工业化、农业现代化、信息化同步发展，是我国现代化建设的核心内容。工业化处于主导地位，是发展的动力；农业现代化是重要基础，是发展的根基；信息化具有后发优势，为发展注入新的活力；城镇化是载体和平台，承载着工业化和信息化的发展空间，带动着农业现代化加快发展。在现代化建设的过程

中，城镇化发挥着不可替代的融合作用。

2. 城镇化是促进社会全面进步的必然要求

城镇化作为人类文明进步的产物，既能提高生产效率，又能富裕人民、造福人民，全面提升人民生活质量。随着我国城镇经济的繁荣发展，城镇功能的完善，城镇公共服务水平和生态环境质量的提升，人们的物质生活会更加殷实充裕，精神生活会更加丰富多彩；随着我国城乡二元结构体制❶逐步破除，城市内部二元结构矛盾逐步化解，全体人民将共享现代文明成果。城镇化既有利于维护社会公平正义、消除社会风险隐患，也有利于促进人类的全面发展和社会的和谐进步。

推进我国城镇化进程是解决农业、农村、农民问题的重要途径，是推动区域协调发展的有力支撑，是扩大内需和促进产业升级的重要抓手，对全面建成小康社会、加快推进社会主义现代化建设具有重大的现实意义和深远的历史意义。

（二）中国城镇化发展现状

新中国成立以来，社会主义制度下的城镇化经历了起步发展、波动发展、停滞发展、高速发展四个阶段，到现在城镇化处于平稳发展，中国2016年的城镇化率达到 57.35％，而新中国刚成立时的城镇化率仅为10.64％。城镇化是区域经济和社会发展的结果，其发展水平在一定程度上反映了一个国家或地区整体经济和社会的发展程度。

国家统计局于 2017 年 1 月 20 日公布我国 2016 年多项宏观经济数据。数据显示，从城乡结构看，城镇常住人口 79298 万人，比上年末增加 2182万人；乡村常住人口 58973 万人，比上年末减少 1373 万人；2016 年地级及

---

❶　城乡二元结构体制是我国经济和社会发展中存在的一个严重障碍，主要表现为城乡之间的户籍壁垒，两种不同资源配置制度，以及在城乡户籍壁垒基础上的其他问题。

以上城市有 297 个，比上年末增加 2 个。1949～2016 年我国城镇化率的变化见表 1-1。

表 1-1　　　　1949～2016 年中国城镇化率的变化

年份	1949	1954	1959	1964	1969	1974	1979	1984	1989
城镇化率（%）	10.64	13.69	18.41	18.37	17.5	17.16	19.99	23.01	26.21
年份	1994	1999	2004	2009	2012	2013	2014	2015	2016
城镇化率（%）	28.62	30.89	41.76	46.99	52.57	53.73	54.77	56.1	57.35

（三）当前我国城镇化布局

在过去的 60 年里，经过新中国成立初期的新疆屯垦戍边、东北黑土地开发和"大三线"建设到"上山下乡"，再到改革开放的"孔雀东南飞"，我国的经济格局版图有很大调整。随着经济格局的变化，人口的空间聚集度进一步提升。按照国务院关于城市人口规模而划分的新标准，2014 年年底中国 50 万人口规模以上的中等城市超过 180 座，这是由于胡焕庸线❶以西地区有不少是新建的工矿型城市，人口聚集度相对提高。

我国目前基本形成了以陆桥通道（东起连云港，西至阿拉山口的运输大通道）、沿长江通道（从上海向西到安徽、湖北再到重庆、成都）为两条横轴，以沿海、京哈—京广（北京到哈尔滨和北京到广州铁路通道）、包昆（包头到昆明铁路通道）通道为三条纵轴，以轴线上若干城市群为依托、其他城市化地区和城市为重要组成部分的城市化战略格局。推进环渤海、长江三角洲、珠江三角洲地区的优化开发，形成 3 个特大城市群；推进哈长、

---

❶ 胡焕庸线：中国地理学家胡焕庸在 1935 年提出的划分我国人口密度的对比线。这条线从黑龙江省黑河市到云南省腾冲，大致为 45°直线。这条线在某种程度上也成为目前城镇化水平的分割线。这条线的东南各省区市，绝大多数城镇化水平高于全国平均水平；而这条线的西北各省区，绝大多数低于全国平均水平。

江淮、海峡西岸、中原、长江中游、北部湾、成渝、关中—天水等地区的重点开发，形成若干新的大城市群和区域性的城市群。

我国城市分为一、二、三线城市，城镇化率最高的是北上广深（即北京市、上海市、广州市、深圳市）四个特级城市，江浙沪（江苏省、浙江省、上海市的合称）是中国最富庶地区。一线城市基本集中在从北京到深圳的沿海城市；二线城市基本集中在一线城市往西的地区；三线城市在二线城市往西，其中分布在胡焕庸线以东的城镇数量约为 89.50%。

（四）当前我国城镇化发展对能源的影响

1. 城镇化率增加导致能源消费的增加

能源问题是影响我国经济社会发展的全局性、战略性问题。城镇化消耗大量能源，2016 年我国能源消费的 69.3% 被城市所消耗。2030 年我国的城镇化率将有望达到 65%，大约再有 3 亿人（占全球城市新增人口的 20%）进入城市。我国城市人均能源消费约为农村的 3 倍，城镇化率每增加 1%，相应需要新增 6000 万吨标准煤的能源消费。

2. 城镇开发速度超过人口城镇化的速度，造成资源浪费严重

城镇化的核心是人口的城镇化，然而我国城镇建设用地的增长速度已经远远超过了城镇人口的增长速度，前者约为后者的 1.5 倍，同时出现了城镇用地粗放、资源错配、资源开发时序混乱、资源浪费的现象。

3. 城市环境污染日益突出、生态服务功能日趋弱化

城镇基础设施供应与资源、环境等无法适应和匹配，导致大部分饮用水源受到污染。"垃圾围城"现象突出，无害化处理率很低。虽然各级政府在给排水、环保等城市基础设施方面的投资逐年增加，但资源和环境供应保障的缺口并没有相应地缩小。生态脆弱区域对都市区和产业人口密集区域发展所造成的影响越来越突出。产业和城市集聚区域的发展需要依靠更大范围内的生态服务功能的支撑。因此，城镇化的发展规模受到生态和环境承载力的制约。

二 化石能源

化石能源是一种碳氢化合物或其衍生物，主要是指煤炭、石油、天然气等由远古生物质经过亿万年演化而成的，从其性质上来说，它是一种常规的不可再生的一次能源。化石能源是工业革命以来世界各国主要使用的能源，一直以来，其在能源消费总量中的比重达到 90% 以上。化石能源的不可再生性决定了其储量是有限的，过度的消耗终会导致其枯竭。

"富煤、贫油、少气"是我国能源资源的鲜明特点。我国的煤炭资源总量为 5.90 万亿吨，占一次能源资源总量的 94%，而石油占 5.14%，天然气占 0.16%，且二者增产难度大，对外依存度高。虽然在 2000 年以后中国加大了对于石油资源勘探的投资且不断发现新油田，但是中国煤炭的储量还是远远大于中国已探明的石油储量，煤炭产量也远远大于石油产量，并且中国煤炭产量与石油产量的差距在近年来逐渐拉大。

(一) 煤炭

我国煤炭资源分布十分广泛，除上海市外，大陆各省（区、市）都赋存有煤炭资源。按照地理位置和经济、社会发展程度等标准划分，我国大陆地区可分为东部地区、中部地区和西部地区。其中，西部地区可进一步细分为西北地区和西南地区。

1. 我国煤炭储量与分布

我国煤炭资源分布极不平衡，北多南少，西多东少。在昆仑山—秦岭—大别山一线以北地区，煤炭资源量占全国总煤炭资源量的 90.30%，其中太行山—贺兰山之间地区占北方地区煤炭资源量的 65%；昆仑山—秦岭—大别山一线以南的地区，只占全国总煤炭资源量的 9.70%，其中 90.60% 的煤炭资源又集中在四川、云南、贵州、重庆等省（市）。在大兴安岭—太行山—雪峰山一线以西地区煤炭资源量占全国总煤炭资源量的

89%，该线以东地区仅占全国总煤炭资源量的 11%，是煤炭贫乏地区。中国煤炭基础储量 3261.44 亿吨，探明资源储量 15663.10 亿吨，按地区分布如图 1-1 所示。

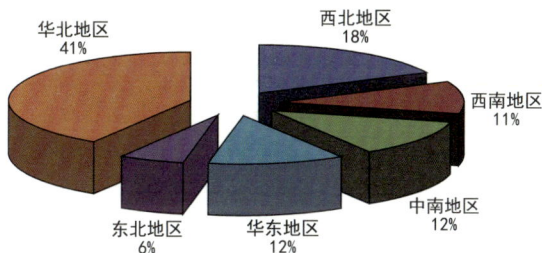

图 1-1　中国煤炭探明保有储量地区分布

中国煤炭产区主要集中于北方地区，秦岭—淮河以北地区煤炭产量占全国总产量的 75% 以上。目前，全国年产千万吨级以上的矿区有神府、东胜、大同、平顶山、兖州、开滦、西山、阳泉、铁法、淮北、淮南、鹤岗、潞安、徐州、阜新、新汶、平朔、峰峰、双鸭山、晋城和鸡西共 21 个，其中神府、东胜矿区是中国最大的矿区，平朔是中国最大的露天煤矿。煤炭产量达到亿吨以上的省区有山西、河南、山东、安徽、内蒙古、黑龙江、河北、贵州、四川、辽宁和陕西等 11 个，其中山西是中国最大的产煤省，年产量达到 1.15 亿吨。

中国煤炭资源的分布与煤炭资源的相关生产力及其消费能力呈逆向分布，形成了"北煤南运""西煤东调"的基本格局，大量煤炭自北向南、由西到东远距离运输，给煤炭生产和运输带来了很大压力。

2. 煤炭产量与消费

2016 年，中国煤炭产量达 34.1 亿吨，虽然同比减少 9%，但仍占世界煤炭总产量的 45.7%；我国煤炭消费量为 18.88 亿吨油当量，虽然同比下降 1.6%，但仍占世界煤炭消费量的 50.6%。煤炭在我国能源消费结构的比重达到 64%，远高于世界煤炭消费平均水平（世界煤炭消费平均水平为 30%）。我国 2006～2016 年标准煤产量及消费量见表 1-2。

表 1-2　　　　　我国 2006～2016 年标准煤产量及消费量

单位：万吨（标准煤）

	2006 年	2007 年	2008 年	2009 年	2010 年	2011 年	2012 年	2013 年	2014 年	2015 年	2016 年
标准煤产量	189700	205500	213100	219700	237800	264700	267500	270500	266300	261000	243600
标准煤消费量	207400	225800	229200	240700	249600	271700	275500	281000	279300	275200	269900

注　1. 本表数据来源：中国统计年鉴。
　　　2. 每千克原煤可折合为 0.7143 千克标准煤。
　　　3. 吨油当量折标准煤系数为 1.43。

在 2016 年的煤炭消费结构中，我国的煤炭消费主要为商品煤，原煤消费量 37.79 亿吨，其中电力行业用煤 21.42 亿吨，钢铁行业用煤 7.30 亿吨，建材行业用煤 6.12 亿吨，化工行业用煤 2.95 亿吨。但由于我国经济放缓，四个行业的煤炭需求均有不同程度的下降，同比下降幅度分别为 6.0%、3.4%、7.9%、8.1%。2016 年我国煤炭的消费结构如图 1-2 所示。

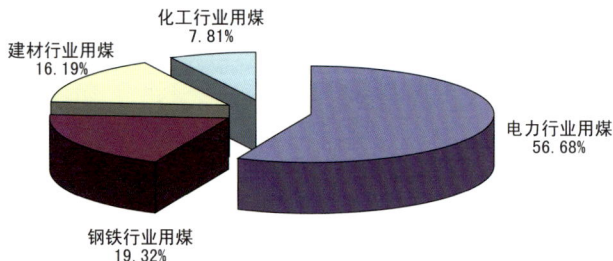

图 1-2　2016 年我国煤炭消费结构
注：数据根据公开资料整理。

3. 我国典型城市煤炭资源的开发与消费

我国城市煤炭不仅资源少，而且大多数还是开采条件复杂、质量较差的无烟煤或褐煤，不但开发成本大，而且煤炭的综合利用价值不高。城市的产能与消费不平衡问题凸显，2016 年我国城市煤炭的消耗量为 20.39 亿吨标准煤，占总煤炭消耗量的 75.54%。

我国经济较发达的北京、上海、天津、青岛、南京、苏州、杭州、宁波、福州、厦门等10个城市煤炭资源量只有0.27万亿吨，仅占全国煤炭资源总量的5.3%，资源十分匮乏。其中上海所辖范围内至今未发现有煤炭资源赋存，开放程度较高的北京、天津、杭州煤炭资源分布分别只有6亿吨、4亿吨、1亿吨，厦门的煤炭资源量不足1亿吨。由于典型城市的发展迅速，对煤炭的需求远远大于煤炭的储量，2011～2016年北京、天津的原煤产量及消费对比见表1-3。

表1-3　2011～2016年北京、天津的原煤产量及消费对比

单位：万吨（标准煤）

		2011年	2012年	2013年	2014年	2015年	2016年
北京	原煤产量	500.1	493.1	500.1	457.5	450.1	317.6
	煤炭消费	1708.1	1654.2	1566.7	1393.6	938.8	796.5
	差额	−1208.0	−1161.1	−1066.6	−936.1	−488.7	−478.9
天津	原煤产量	24.2	33.4	35.7	52.9	69.4	76.4
	煤炭消费	5902.4	6116.1	6234.2	5981.7	5443.5	5132.6
	差额	−5878.3	−6082.7	−6198.5	−5928.7	−5374.1	5056.2

注　1. 本表数据来源：各省市统计年鉴。
　　2. 差额指原煤产量与煤炭消费的差值。

（二）石油

石油是能源问题的核心，也是经济发展的基础。随着经济的不断发展，石油能源的消耗逐年增加，石油作为当今世界的主导能源，一直在能源经济中处于主导地位。

1. 我国石油储量与分布

我国石油资源储量大，是世界可采资源量大于150亿吨的10个国家之一；资源的探明程度低，陆上探明石油地质储量仅占全部资源的1/5，近海海域的探明程度更低。石油资源集中分布在渤海湾、松辽、塔里木、鄂尔

多斯、准噶尔、珠江口、柴达木和东海陆架八大盆地，大于 10 万千米^2 的 14 个盆地的石油资源量占全国石油资源总量的 73％，中部和西部地区的石油资源量超过全国总量的一半。

从资源深度分布看，我国石油可采资源有 80％集中分布在浅层（＜2000 米）和中深层（2000～3500 米），而深层（3500～4500 米）和超深层（＞4500 米）分布较少；天然气资源在浅层、中深层、深层和超深层分布却相对比较均匀。

从地理环境分布看，我国石油可采资源有 76％分布在平原、浅海、戈壁和沙漠；从资源品位看，我国石油可采资源中优质资源占 63％，低渗透资源占 28％，重油占 9％。

我国石油资源的分布呈极不均衡态势，石油储量、产量呈现出"西部接替东部、海上补充陆上"的大格局。

2. 石油产量与消费

中国石油产量自 1994 年以来保持平稳增长，从 1994 年的 291.8 万桶/天增长至 2014 年年底的 472.4 万桶/天，年平均增幅为 2.40％。2015 年 6 月产量达到峰值，为 483 万桶/天，随即产量开始下降，从峰值 483 万桶/天减少至 2016 年 7 月的 394 万桶/天。产量下降的同时石油对外依存度持续上升。2015 年，中国石油进口依赖度达到 60.6％，首次突破 60％，在 2016 年中国石油消费总量同比增长 2.8％，中国原油产量跌破 2 亿吨。我国 2006～2016 年石油的产量及消费量见表 1-4。

表 1-4 　　　　　　我国 2006～2016 年石油的产量及消费量

单位：万吨（标准煤）

	2006 年	2007 年	2008 年	2009 年	2010 年	2011 年	2012 年	2013 年	2014 年	2015 年	2016 年
石油产量	26400	26900	27200	26900	29000	28900	29800	30100	30400	30800	28600
石油消费	32200	34000	35500	38100	42900	44000	46700	48700	51500	54100	55600

注 每千克石油可折合为 1.4286 千克标准煤。

中国石油消费量远远大于石油的供应量，多余部分靠进口维持。随着中国城镇化和工业化进程的不断推进，中国经济进入"新常态"，重化工业的发展放缓，经济结构调整，未来中国石油的产量及需求增速将继续放缓。

3. 我国典型城市的石油资源

我国国内石油的消费主要以交通运输动力机械和化工业为主，其中来自交通运输动力机械和石油化工方面的消费需求分别约占中国国内石油消费需求的 67.59% 和 17.40%。2016 年中国国内石油消费结构如图 1-3 所示。

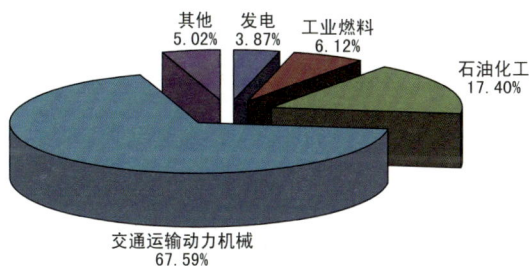

图 1-3　2016 年中国国内石油消费结构

注：数据根据公开资料整理。

位于天津市的大港油田，勘探地域辽阔，约占 18628 千米²，已建成投产 15 个油气田，24 个开发区，具有年产石油 430 万吨的生产能力。除了天津市的石油资源较为丰富外，其他城市的石油资源需求远远大于石油的储量，需要外来供应。2011～2016 年北京、天津的石油产量及消费对比见表 1-5。

表 1-5　　2011～2016 年北京、天津的石油产量及消费对比

单位：万吨（标准煤）

		2011 年	2012 年	2013 年	2014 年	2015 年	2016 年
北京	石油产量	729.5	712.9	563.1	696.3	672.1	641.7
	石油消费	2104.7	2074.3	2165.1	2227.0	2295.6	2364.3
	差额	−1375.2	−1361.4	−1602.0	−1530.7	−1623.5	−1772.6

		2011 年	2012 年	2013 年	2014 年	2015 年	2016 年
天津	石油产量	4562.7	4426.3	4349.4	4392.6	4995.5	4346.1
	石油消费	1754.1	1544.6	1759.2	1603.2	1616.7	1687.3
	差额	2808.6	2881.7	2590.2	2789.4	3378.7	2658.8

注 1. 数据来源：各省市统计年鉴。
2. 差额指石油产量与石油消费的差值。

（三）天然气

天然气是一种相对于其他化石能源较清洁的能源，采用天然气作为能源，可减少煤炭和石油的用量，大大改善环境污染问题。天然气作为一种清洁能源，能减少二氧化硫、粉尘、二氧化碳和氮氢化合物的排放，并有助于减少酸雨形成，缓解地球温室效应，从根本上改善环境质量，在未来的社会发展中占据重要地位。

1. 我国天然气储量与分布

我国常规天然气❶资源丰富，发展潜力较大，常规天然气地质资源量为52 万亿米³，最终可采资源量约32 万亿米³。截至 2016 年底，天然气累计探明地质储量 12.98 万亿米³，剩余可采储量 5.2 万亿米³。

从地理环境分布看，天然气可采资源有 74％分布在浅海、沙漠、山地、平原和戈壁；从资源深度看，天然气资源在浅层、中深层、深层和超深层分布相对于石油资源来说较均匀；从资源品位看，天然气可采资源中优质资源占 76％，低渗透资源占 24％。

---

❶ 常规天然气：由常规油气藏开发出的天然气，即勘探实践发现的能够用传统的油气生成理论解释的天然气。非常规天然气：指那些难以用传统石油地质理论解释，在地下的赋存状态和聚集方式与常规天然气藏有明显差异的天然气。

我国天然气资源储量、产量呈现西部快速发展、海上稳步提高的局面。

2. 天然气产量与消费

据国家发展和改革委员会网站消息，据运行快报统计，2016 年天然气产量 1498 亿米³，同比增长 3%，天然气消费量约 2223 亿米³，同比增长 6.4%。我国 2006～2016 年天然气产量和消费量见表 1-6。中国天然气消费量大于天然气的供应量，多余部分靠进口维持。

表 1-6 　　　　　我国 2006～2015 年天然气产量和消费量

单位：万吨（标准煤）

	2006 年	2007 年	2008 年	2009 年	2010 年	2011 年	2012 年	2013 年	2014 年	2015 年	2016 年
天然气产量	7800	9200	10800	11400	12800	13900	14400	15800	17000	17700	18200
天然气消费	7700	9300	10900	11800	14400	17800	19300	22100	24300	25400	27000

注　1. 数据来源：中国统计年鉴。

　　2. 1 万米³ 天然气可折合为 12.143 万吨标准煤。

自 2014 年起，中国天然气的产量和消费量增速均有所放缓，但消费量的增速仍然持续大于产量的增速。随着中国城镇化过程中居民能源消费结构的变化，以及在环保监管日趋严格的背景下，天然气替代煤炭供电、供热的需求不断提升，天然气下游消费有进一步增长的空间。2016 年中国天然气消费量增至 2223 亿米³。2006～2016 年，天然气消费年平均增速为 16.7%，是中国一次能源消费年平均增速的 3 倍。2016 年中国天然气消费结构如图1-4所示。

3. 我国典型城市的天然气资源

2016 年我国城市天然气消费总量为 1004.6 亿米³，折算成标准煤为 1.22 亿吨，占全国天然气消费总量的 51.23%。

据统计 2016 年北京市天然气产量为 21.7 亿米³，同比增长 28.4%；

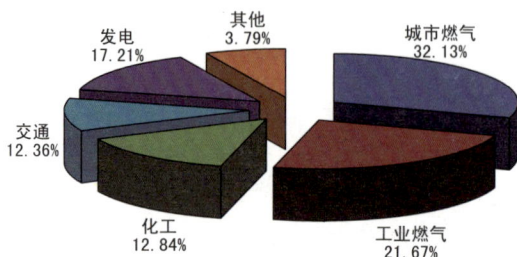

图 1-4　2016 年中国天然气消费结构

资料来源：统计年鉴数据。

2016 年天津市天然气产量为 19.7 亿米^3，同比下降 4.2%。除了天津和北京，其他典型城市的天然气生产力较弱，需求远远大于天然气的生产能力。2011～2016 年北京、天津天然气产量及消费量对比见表 1-7。

表 1-7　2011～2016 年北京、天津天然气产量及消费量对比

单位：万吨（标准煤）

		2011 年	2012 年	2013 年	2014 年	2015 年	2016 年
北京	天然气产量	729.5	712.9	563.1	696.3	672.1	862.9
	天然气消费	2104.7	2074.3	2165.1	2227.0	2295.6	2321.8
	差额	−1375.2	−1361.4	−1602.0	−1530.7	−1623.5	−1458.9
天津	天然气产量	246.5	249.1	249.3	281.2	273.3	261.8
	天然气消费	309.9	389.2	452.6	547.5	772.5	821.4
	差额	−63.4	−140.1	−203.2	−266.3	−499.2	−559.6

注　1. 数据来源：各省市统计年鉴。

　　2. 差额指天然气产量与天然气消费的差值。

三　可再生能源

可再生能源是指在自然界中可以不断再生、永续利用、取之不尽、用之不竭的资源，包括水能、风能、太阳能、地热能、生物质能、波浪能、

潮汐能、海洋温差能等。由于其对环境无害或危害极小、资源分布广泛、适宜就地开发利用，因此在传统化石能源濒于枯竭、气候变化问题日益突出的大背景下，世界各国都将构建新能源与可再生能源城市作为城市规划的重点。

早在 2011 年 6 月，中国财政部和发展改革委员会就曾联合发文，确定北京、深圳、重庆、杭州、长沙、贵阳、吉林、新余 8 个城市为第一批试点新能源的城市。目前中国的可再生能源比例已达到 34％，如图 1-5 所示。

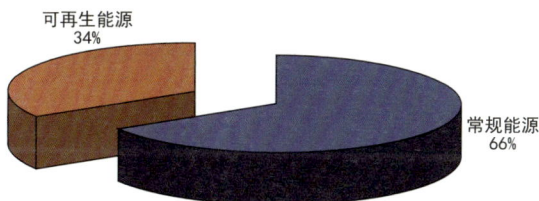

图 1-5 可再生能源与常规能源的占比

资料来源：中国统计年鉴。

（一）水能

1. 水能储量与分布

我国地域辽阔，地形复杂，大陆性季风气候非常显著，因而造成水资源呈现地区分布不均和时程变化两大特点。降水量从东南沿海向西北内陆递减，依次可划分为多雨、湿润、半湿润、半干旱、干旱五种地带。降水量的地区分布不均匀，造成了全国水土资源不平衡的情况，长江流域和长江以南的水资源量占全国水资源总量的 80％，而黄、淮、海三大流域，水资源量只占全国水资源总量的 8％。

2. 水能产能与产量

我国的主要河流多发源于青藏高原，海拔落差很大，因此水能资源非常丰富，蕴藏量约 6.08 亿千瓦，居世界第一位。但中国水能资源的地区

分布很不平衡，70％分布在西南地区。按河流统计，长江水系的水能蕴藏量最多，约占全国总量的 40％，其次是雅鲁藏布江水系。黄河水系和珠江水系也有较多的水能蕴藏量。中国水系水能蕴藏量见表 1-8。

表 1-8　　　　　　　　中国水系水能蕴藏量

水系名称	水能蕴藏量（亿千瓦）	比例（％）
全国	6.8	100
长江	2.7	39.70
黄河	0.4	5.88
珠江	0.3	4.41
黑龙江	0.1	1.47
雅鲁藏布江及西藏其他河流	1.6	23.53
国内其他河流	1.7	25.01

根据《中华人民共和国 2016 年国民经济和社会发展统计公报》数据显示，2016 年全国水电装机容量为 33211 万千瓦，占比为 20.18％。结合《中国统计年鉴 2016》数据，2000～2016 年我国的水电装机容量及占比如图1-6所示。

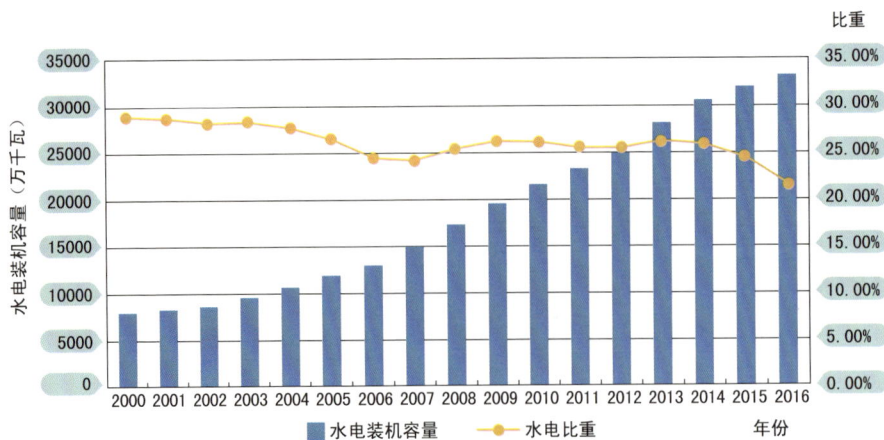

图 1-6　2000～2016 年我国水电装机容量及占比

资料来源：统计年鉴数据。

（二）风能

1. 风能储量与分布

我国风能资源十分丰富。根据国家气象局的资料，我国离地 10 米高的风能资源总储量约 32.26 亿千瓦，其中可开发和利用的陆地风能储量有 2.53 亿千瓦；陆地上 50 米高的风能资源比 10 米高的风能资源多 1 倍，约为 5 亿千瓦。近海可开发和利用的风能储量有 7.5 亿千瓦。我国风能资源分布见表 1-9。

表 1-9　　　　　　　　我国风能资源分布

指标	风功率密度（瓦/米²）	分布地区
三北地区风能丰富带	＞200～300	三北指的是东北、华北和西北，包括东北三省、河北、内蒙古、甘肃、青海、西藏和新疆等省（自治区）
沿海地区风能丰富带	＞200	台山、平潭、东山、南鹿、大陈、嵊泗、南澳、马祖、马公、东沙等
内陆局部风能丰富区	＜100	鄱阳湖、湖南衡山、湖北九宫山、河南嵩山、山西五台山、安徽黄山、云南太华山等
海上风能丰富区	我国近海 50 米等深线浅海域 10 米高度	我国近海 50 米等深线浅海域 10 米高度，包括福建、江苏、山东、浙江、辽宁、上海、河北、广西、海南、天津等

2. 风能产能与产量

风能的利用方式分为以风力作为机械动力和将风能转化为电能两种形式。第一种形式是直接利用风提供的机械能作为动力，利用风力带动各种机械装置正常运行，以达到生产、生活的目的，比如清选谷物、风帆助航、提水灌溉、风能制热等。第二种形式是将风能进行了两次转换，先将风能转化为机械能再转化为电能，即风力发电，以给

各类电力设备提供动力能源，这也是风能资源最主要和最有效的利用形式。

根据《中华人民共和国 2016 年国民经济和社会发展统计公报》数据显示，2016 年全国风电并网装机容量为 14864 万千瓦，占比为 9.03％。结合《中国统计年鉴 2016》数据，2000～2016 年我国风电装机容量及占比如图 1-7 所示。

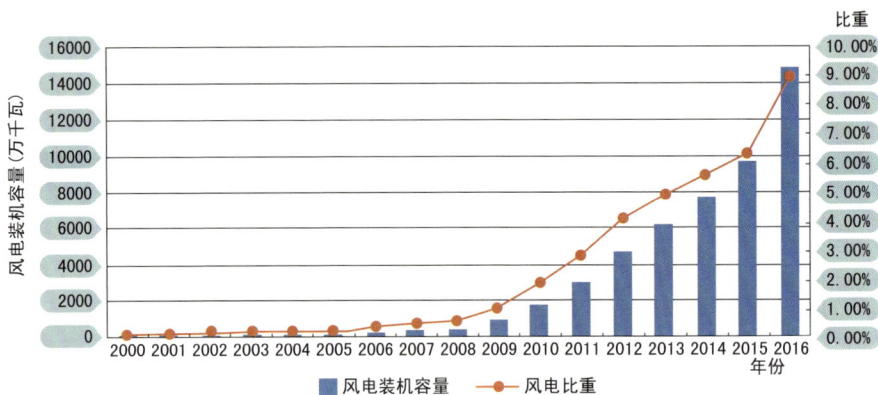

图 1-7　2000～2016 年我国风电装机容量及占比

资料来源：统计年鉴数据。

（三）太阳能

1. 太阳能储量与分布

我国太阳能资源分布的主要特点有：太阳能的高值中心和低值中心都处在北纬 22°～35°一带，青藏高原是高值中心，四川盆地是低值中心；西部地区太阳年辐射总量高于东部地区，而且除西藏和新疆两个自治区外，太阳年辐射总量基本上是南部低于北部；由于南方多数地区云雾雨多，在北纬 30°～40°地区，太阳能的分布情况与一般的太阳能随纬度而变化的规律相反，太阳能的分布不是随着纬度的增加而减少，而是随着纬度的增加而增多。

按照太阳能年辐射总量从高到低，可以将我国划分为五类地区，具体见表 1-10。

表 1-10 我国太阳能日照小时数统计

类型	地区	年日照时数（小时）	年辐射总量（兆焦/米²）	备注
一类	宁夏北部、西藏西部、新疆东南部、青海西部、甘肃西部	3200～3300	6680～8400	最丰富地区
二类	西藏东南部、新疆南部、青海东部、宁夏南部、甘肃中部、内蒙古南部、山西北部、河北西北部	3000～3200	5852～6680	很丰富地区
三类	新疆北部、甘肃东南部、山西南部、陕西北部、河北东南部、山东、河南、吉林、辽宁、云南、广东南部、福建南部、江苏北部、安徽北部	2200～3000	5016～5852	较丰富地区
四类	湖南、广西、江西、浙江、湖北、福建北部、广东北部、陕西南部、江苏南部、安徽南部、黑龙江	1400～2200	4180～5016	一般地区
五类	四川、贵州	1000～1400	3344～4180	较差地区

2. 太阳能产能与产量

根据到达地球上的太阳辐射能量进行转化形式的不同，太阳能的利用可以分为光伏和光热两大类别。光伏发电是利用太阳能电池技术，有光子使电子跃迁，形成电位差，光能直接转变为电能，产生直流电。太阳能光热发电是将光能转变为热能，然后再通过传统的热力循环做功发电的技术。光热发电规模比较大，较多用于集中式发电；光伏发电规模相对较小，应用于分布式发电，适合家庭、居民小区等，易于与建筑相结合，因此在城市中光伏发电是太阳能最为常见的利用形式。

根据《中华人民共和国 2016 年国民经济和社会发展统计公报》数据显示，2016 年全国光伏并网装机容量峰值为 7742 万千瓦，占比为

4.70%。结合《中国统计年鉴 2016》数据，2001～2016 年我国太阳能装机容量及占比如图1-8所示。

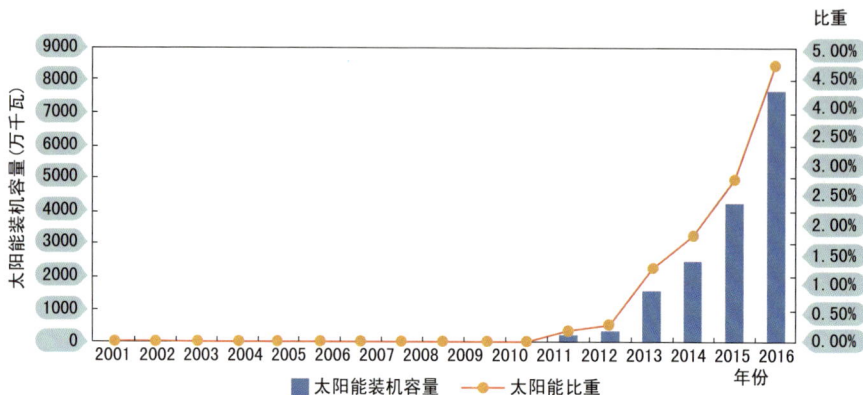

图 1-8　2001～2016 年太阳能装机容量及占比

资料来源：统计年鉴数据。

（四）地热能

1. 地热能的储量分布

地热能是储存在地下岩石和流体中的热能，它可以用来发电，也可以为建筑物供热和制冷。进入 21 世纪，能源问题和环境问题接踵而至，中国开始寻找新的清洁能源，因为地热能的节能性和环保性，地热发电、地热供暖以及地热能在其他方面的应用技术逐渐成熟起来，并且开始市场化、商业化。在政府的正确引导下，地热能的开发和利用朝着科学化、合理化的方向迅速发展起来。

地热能可用于温泉沐浴、医疗、地下热水取暖、农作物温室、水产养殖及烘干谷物等，现阶段还可利用地热能发电。

据国土资源部中国地质调查局 2016 年调查评价结果，全国 336 个地级以上城市浅层地热能年可开采资源量折合 7.3 亿吨标准煤；全国水热型地热资源量折合 1.29 万亿吨标准煤，年可开采资源量折合 19 亿吨标准煤；埋

深在 3000～10000 米的干热岩资源量折合 856 万亿吨标准煤。

2. 地热能的产能与产量

我国地热能开发利用潜力巨大，前景广阔，大力推进地热能勘查开发，提高地热能利用效率，对于国家调整能源结构、缓解能源需求压力、应对气候变化等具有重要作用。据初步评估，山区温泉的总热量为 142.5×10^{15} 焦/年，折合标准煤 500 万吨/年。平原地区经济型与亚经济型的地热水资源量为 2541.4×10^{12} 米^3，所含热能为 29444×10^{18} 焦，其中可采热水资源量为 19668×10^8 米^3，所含热能为 230×10^{18} 焦。

目前，浅层和水热型地热能供暖技术已基本成熟。浅层地热能应用主要使用热泵技术，2004 年以后，其年增长率超过 30%，应用范围扩展至全国，其中 80% 集中在华北和东北南部，包括北京、天津、河北、辽宁、河南、山东等地区。2016 年年底，全国浅层地热能供暖（制冷）面积达到 4.01 亿米^2，全国水热型地热能供暖面积达到 1.13 亿米^2。地热能年利用量约 2000 万吨标准煤。

在地热发电方面，高温干蒸汽发电技术相对成熟，成本也较低，高温湿蒸汽次之，中低温地热发电的技术成熟度和经济性有待提高。因我国地热资源特征及其他热源发电需求，近年来全流发电系统在我国取得快速发展，干热岩发电系统还处于研发阶段。20 世纪 70 年代初，在广东丰顺、河北怀来、江西宜春等地建设了中低温地热发电站。1977 年，我国在西藏羊八井建设了 24 兆瓦中高温地热发电站。2014 年底，我国地热发电总装机容量为 27.28 兆瓦，排名世界第 18 位。

3. 城市地热能应用

根据资源情况和市场需求，选择京津冀、山西（太原市）、陕西（咸阳市）、山东（东营市、菏泽市）、黑龙江（大庆市）、河南（濮阳市）建设水热型地热供暖重大项目。

以重庆、上海、苏南地区城市群、武汉及周边城市群、贵阳市、银川市、梧州市、佛山市三水区为重点，整体推进浅层地热能供暖（制冷）项

目建设。

根据西藏地热资源勘探成果和资源潜力评价结果，以当地电力需求为前提，优选当雄县、那曲县、措美县、噶尔县、普兰县、谢通门县、错那县、萨迦县、岗巴县 9 个县境内的羊八井、羊易、宁中、谷露、古堆、朗久、曲谱、查布、曲卓木、卡乌和苦玛 11 处高温地热田作为"十三五"地热发电目标区域，11 处高温地热田发电潜力合计 830 兆瓦。

重点在河北、天津、江苏、福建、广东、江西等地开展中低温地热发电，通过政府引导，逐步培育市场与企业。

在藏南、川西、滇西、福建、华北平原、长白山等资源丰富地区选点，通过并建立 2~3 个干热岩勘查开发示范基地。

（五）生物质能

1. 生物质能的储量分布

生物质能是一种以生物质为载体的可再生的清洁能源，其来源包括农业废弃物、林业废弃物、生活废弃物和工业废弃物，以及潜在的人工培育生物质能源、各类能源农作物、能源林木等。生物质能最常见于种植植物所制造的生质燃料，或者用来生产纤维、化学制品和热能的动物或植物。许多植物都被用来生产生物质能，包括芒草、柳枝、稷、麻、玉米、杨树、柳树、甘蔗和藻类生物质燃料、沼气牛粪等。

城市中可利用的生物质能资源主要包括餐饮垃圾、厨余垃圾、污水污泥以及园林垃圾等。

2. 生物质能的产能与产量

据统计，我国可利用生物质资源转换为能源的潜力约 5 亿吨标准煤，随着造林面积的扩大和经济社会的发展，我国生物质资源转换为能源的潜力可达到 10 亿吨标准煤，占我国能源开发总量的 28%。

在政府政策支持下，我国在生物质能发电领域取得了重大进展。2005~2016 年，我国生物质及垃圾发电装机容量逐年增加，由 2005 年的 2 吉瓦

增加至 2016 年的 6.7 吉瓦，年平均复合增长率达 18.43%，生物质及垃圾发电行业发展较快。2005～2016 年我国生物质装机容量曲线如图 1-9 所示。

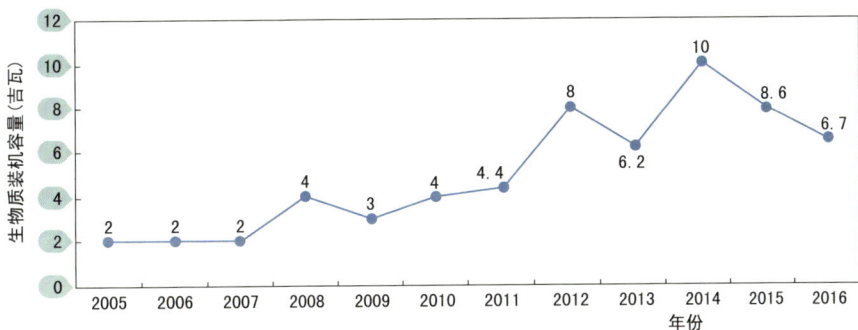

图 1-9　2005～2016 年我国生物质装机容量曲线
资料来源：统计年鉴数据。

3. 城市生物质能应用

据统计，我国城市人均年产垃圾约 440 千克，全国主要城市年产生活垃圾 1.6 亿吨，同时，城市生活垃圾还在以年增长率 8%～10% 的速度增长。根据国家环保部数据，2016 年中国城市生活垃圾清运量为 19142.17 万吨（约 1.91 亿吨），处理量为 18750.64 万吨（约 1.88 亿吨）。

在中央和地方政府的大力支持下，大中城市积极发展垃圾焚烧发电技术，利用新型气熔炉将炉温升到 500℃，可将发电效率提高为 25% 左右，有毒废气排放量降为 0.5% 以内。分析指出，到 2020 年我国城市将新增垃圾发电装机容量 330 万千瓦左右。

四　电能

电力工业是国民经济中最主要的能源产业，也是国民经济发展的重要基础产业。充足可靠的电力供给不但是目前经济稳定发展的重要保障，而且还会对未来经济可持续增长产生重大影响。

(一）电源开发

随着城市化的进展，装机容量与电量也保持了高速的发展。截至 2016 年年底，全国发电装机容量 164575 万千瓦，比上年末增长 8.2％。其中，火电装机容量 105388 万千瓦，增长 5.3％；水电装机容量 33211 万千瓦，增长 3.9％；核电装机容量 3364 万千瓦，增长 23.8％；并网风电装机容量 14864 万千瓦，增长 13.2％；并网太阳能发电装机容量 7742 万千瓦，增长 81.6％。2000～2016 年我国发电装机容量如图 1-10 所示。

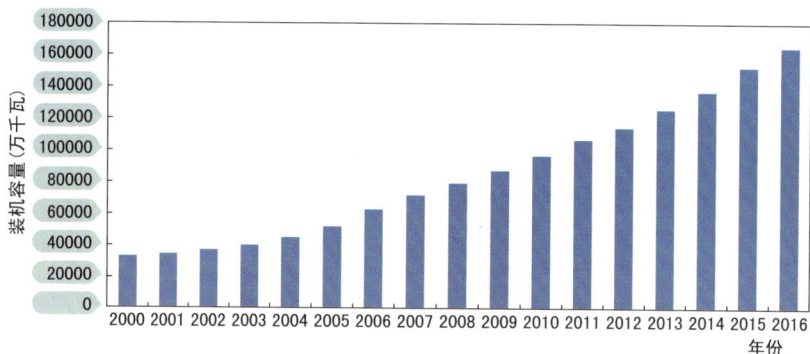

图 1-10　2000～2016 年我国发电装机容量

资料来源：统计年鉴数据。

随着大量可再生能源的接入，2016 年退役及关停的火电机组容量为 1091 万千瓦，比上年增加 182 万千瓦，2016 年各类电源的装机容量比例如图1-11 所示。

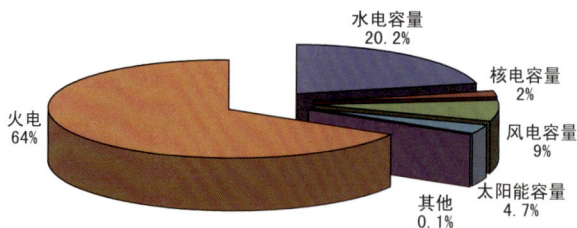

图 1-11　2016 年各类电源的装机容量比例

资料来源：统计年鉴数据。

（二）电网发展

2015 年，全国新增交流 110 千伏及以上输电线路长度 57110 千米，比上年下降 4.50%，其中，110、220、1000 千伏新增线路长度分别比上年下降 10.66%、0.20%、99.59%，而 330、500、750 千伏分别比上年增长 79.87%、1.61%、24.78%。全国交流新增 110 千伏及以上变电设备容量 29432 万千伏·安，比上年下降 4.61%，其中，新增 110、220、330 千伏电压等级变电设备容量分别比上年下降 11.36%、24.06%、13.36%，而 500 千伏和 750 千伏电压等级分别比上年增长 17.54% 和 440.91%。全国直流工程输电线路长度没有新增，±800 千伏特高压直流工程换流容量新增 250 万千瓦。随着我国最长的特高压交流工程——榆横—潍坊 1000 千伏特高压交流输变电工程正式开工，列入我国大气污染防治行动计划的四条特高压交流工程已经全部开工，全国特高压输电工程进入了全面提速、大规模建设的新阶段。

（三）用能需求

受宏观经济尤其是工业生产下行、产业结构调整、工业转型升级以及气温等因素的影响，2015 年全国用电量呈现平稳、缓慢的增长态势，高达 5.55 万亿千瓦·时，同比增长 0.5%，增长率比上年回落 3.6 个百分点。在全社会用电量中，增长最快的是第三产业，其用电量为 7158 亿千瓦·时，同比增长 7.5%，反映出国家加大经济结构调整力度取得了良好效果。其余依次为：居民生活用电量为 7276 亿千瓦·时，同比增长 5.0%；第一产业用电量为 1020 亿千瓦·时，同比增长 2.5%；第二产业用电量为 40046 亿千瓦·时，同比下降 1.4%。总体来说电能仍是城市生产生活的重要能源，人均用电量仍处于上升趋势，如图 1-12 所示。

如图 1-13 所示，通过对 2010 年人均用能和 2016 年人均用能的对比，

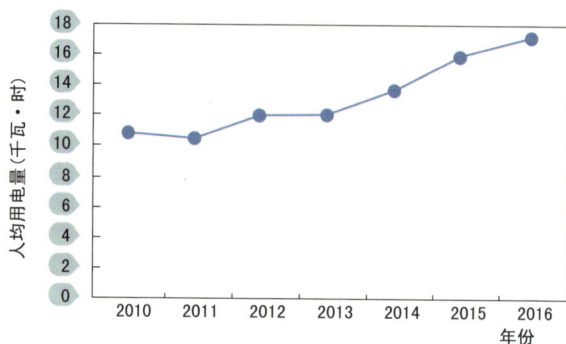

图 1-12 2010～2016 年我国人均用电量曲线图

资料来源：统计年鉴数据。

可以看出电能在人们生活中的地位日益提高。2011～2016 年北京、天津的
电能需求见表 1-11。

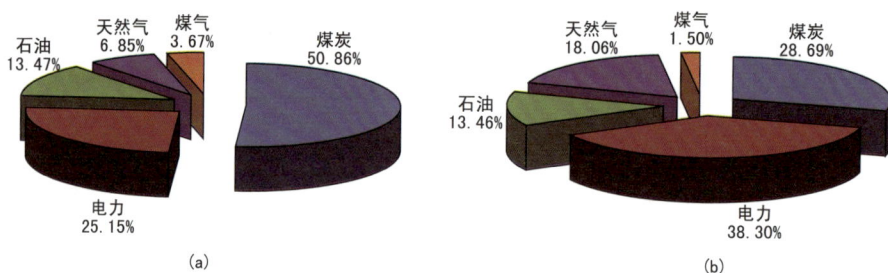

图 1-13 人均用能比例

（a）2010 年人均用能比例；（b）2016 年人均用能比例

表 1-11   2011～2016 年北京、天津的电能需求

单位：亿千瓦·时

城市	2011 年	2012 年	2013 年	2014 年	2015 年	2016 年
北京	821.70	874.28	912.11	937.04	952.71	983.19
天津	695.16	743.19	794.48	823.94	851.13	890.37

注 资料来源：统计年鉴数据。

第二节 城市能源发展面临的挑战

一 城市能源需求巨大

现阶段我国随着经济的发展和城镇化进程的加快，未来城市的能源需求还将稳步增长。城市是我国经济的主要贡献者，同时也是能源消费的主体，有巨大的能源需求。

（一）能源需求总量大

能源需求总量是指在一定范围内各种能源需求量的总和，能源种类繁多，不同能源所包含的热量不同，计量能源的单位也各有差异，通常能源需求量是指一次能源的需求量。

城镇化进程的推进促进了经济的增长和人民生活水平的提高，因此城镇化的发展必将促使全社会能源需求规模的增长，即能源需求增长的重要因素之一是城镇化。

在城市地区，随着工业化的不断发展，制造业和工业在城市地区不断聚集且规模迅速扩大，城市的基础设施需要更多的能源以满足工业生产和高密度人口的正常运作，城市家庭拥有越来越多的电器，城市居民的出行也越来越依靠能源密集型的交通工具，这些变化导致城市对能源的需求越来越大。据厦门大学中国能源研究中心的研究显示，城市人口比农村人口的人均能源消费量要高 3.5～4 倍，2016 年中国能源消费量和城市能源供应量见表 1-12 和表 1-13。

表 1-12 　　　　　　　　2016 年中国能源消费量

单位：万吨（标准煤）

能源类型	消费总量	能源类型	消费总量
煤炭	276200.00	水能、核能、风能	54600.00
石油	79830.00	总能源	443000.00
天然气	32370.00		

表 1-13 　　　　　　　　2016 年中国城市能源供应量

城市能源供应总量（万吨标准煤）	343790
城市人工煤气供气总量（亿米³）	48.21
城市天然气供应总量（亿米³）	1240.51
城市液化石油气供气总量（万吨）	1321.56
城市电能供应总量（万千瓦·时）	27205403.27

注 资料来源：统计年鉴数据。

我国城镇化水平正处于一个高速发展的阶段，预计在未来的 20 年中国城镇化水平还会提高 20%，也就是说全国五分之一的农村人口会进入城市，大约 2.7 亿人，这必然会带来巨大的能源需求。

北京、上海、天津、青岛、南京、苏州、杭州、宁波、福州、厦门等 10 个经济发达的城市，在 2016 年的能源消费总计为 193400 万吨标准煤，占全国能源消费总量的 45.33%。

（二）能源需求结构多样

能源需求结构是指各种不同的能源产品在能源消费总量中所占的比重。世界各国的一次能源需求量以煤炭、石油和天然气等化石能源为主要能源产品。世界平均能源需求结构中，以煤炭为主的固体能源需求从 20 世纪 50 年代的 60% 下降到 25% 左右，以石油为主的液体能源需求则上升到 40% 左右。由于我国具有"富煤贫油少气"的能源资源禀赋特

点，我国能源结构呈现出以煤炭为主要能源消费的能源需求结构，由图 1-14 可以看到，中国从 2006～2016 年的 11 年间煤炭需求始终稳定在 70% 左右，是世界主要国家中煤炭消费占比较高的国家之一。中国目前的能源消费以化石能源为主，2016 年我国能源需求结构如图 1-15 所示。由于经济发展对能源资源的大量需求和能源资源的高度稀缺，未来中国仍会以煤炭为主要的能源需求。

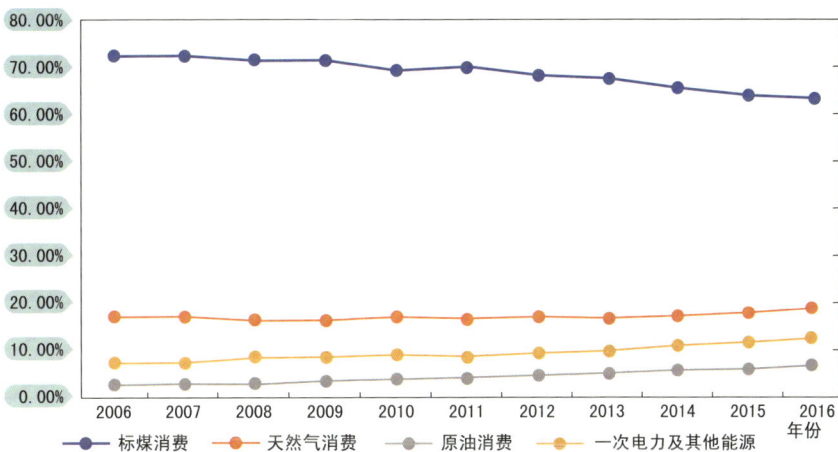

图 1-14　2000～2016 年中国能源需求结构

资料来源：统计年鉴数据。

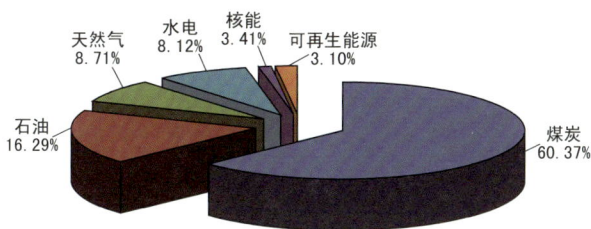

图 1-15　2016 年中国能源需求结构

资料来源：统计年鉴数据。

二 城市能源资源匮乏

城市能源资源有限，但是对能源的需求量巨大，除了部分可再生能源外，其他能源尤其是化石能源基本依靠外送，城市呈现出典型的能源输送特征。

（一）城市能源储量少

结合城镇化布局情况，我国城镇主要集中在胡焕庸线以东，尤其以北京、上海、天津、青岛、南京、苏州、杭州、宁波、福州、厦门等东部经济发达地区城镇化率较高，能源消费远远大于胡焕庸线以西的地区。我国城市能源的分布特点为：

（1）中国煤炭资源分布广，总体情况是"北富南贫，西多东少"。华北、西北地区煤炭储量大、种类齐全、煤质普遍较好；东、南部地区不仅资源少，而且开采条件复杂、煤质较差，综合利用价值不高；中西部地区煤炭资源相对集中。而北京、沈阳、哈尔滨、深圳、青岛、上海等能源依赖型城市的煤炭能源相对贫乏，并且都是人口集中、能源消耗量大、经济较发达的区域中心。总体来说，我国煤炭的分布与经济发达程度呈逆向分布的特点。

（2）我国石油资源主要分布在西北、华北、东北地区，而目前东北和华北地区的石油资源已经进入中后期，石油产量稳定，但是潜力不够，石油基地正在向西北转移。

（3）我国天然气资源主要分布在西部的塔里木、鄂尔多斯、四川、柴达木、准噶尔盆地，东部的松辽、渤海湾盆地，以及东部近海海域的渤海、东海和莺琼盆地，天然气资源量占全国资源总量的82%。

（4）我国风能资源主要集中在甘肃北部地区、新疆哈密地区、内蒙古锡盟和北部西端、内蒙古阴山至大兴安岭以北、黑龙江南部和吉林西部等

地区，以及山东半岛、辽东半岛、东南沿海及其岛屿，南海诸岛、台湾海峡、海南西部等沿海地区。太阳能资源主要分布在宁夏、甘肃、新疆、青海和西藏等西南地区。地热资源主要分布在西藏南部和云南、四川的西部地区。生物质能以山西、陕西、广西为主要地区以及其他东部地区。总体来说，我国城市能源资源有限，主要有风能、太阳能等可再生资源，现阶段，城市可再生能源已开发量不高，未来可开发总量也十分有限。相对而言，城市对能源有着巨大的需求，除部分可再生能源外，其他能源基本依靠外送。

综上所述，我国东部沿海城镇化率高的地区经济发达、人口稠密，自然资源存储量少，人均资源少，经济发展受到了资源短缺的制约。

（二）城市能源开发难度大

与世界能源开发情况相比，中国煤炭资源地质开采条件较差，大部分煤炭储量需要井工开采，极少量可供露天开采；石油、天然气地质条件复杂，埋藏深，勘探开发技术较高。而对于城市本身，煤炭资源、石油和天然气资源储量少，人口密度大，能源的开发尤为困难。

从可再生能源的开发条件上，城市居民人口密度极高，人们对住房的需求也与日俱增，多层住宅大楼已成为城市居民居住的主流趋势。通常情况下，30%的建筑密度已经成为高密度了，由于城市规划、建筑设计的规范限制，建筑密度一般不会超过40%。近年来城市人口密度的迅猛增加，建设低层建筑不能满足高密度人口对房屋的需求，所建设的房屋基本均以中高层或高层为主。（注：一般接近20层60米左右的建筑称为中高层；30层100米左右的建筑称为高层建筑。）

城市居民住宅地区的建筑根据楼层的建筑高度可分为两类。一类是2005年之前建设的，以6层为主的居民楼，楼群建筑密度相对较低，楼顶一般也比较空旷，但是由于该种楼群建筑时间较长，而这种楼群的承载能力相对较低，而风力发电噪声大，对于人口聚集的城市是行不通的。2005

年之后建设的以中高层为主的居民楼，建筑密度较高，同时由于建筑商为保证城市建筑的美观性，楼顶都会有些不同的样式，从而导致楼顶没有过多的空间建设屋顶光伏。因此无论是从经济、安全、人居环境角度，在城市广泛建设屋顶光伏或风力发电都不具备可行性。

（三）城市能源运输困难

我国西部内陆地区资源丰富，但因资金不足、基础设施和技术落后，又限制了资源的大规模开发，资源优势难以转化为经济优势。为了解决我国资源分布与经济发展的不协调，我国实施建设了不少资源的跨区域调配工程。如南水北调、西电东送、西气东输、西煤东运、北煤南运等。

我国这些能源跨区域调配工程的建设，有利于西部能源资源优势转化为经济优势，减轻了环境和运输压力，对于合理配置资源、优化能源结构、促进我国社会经济可持续发展具有重要意义。但是能源跨区域调配工程的工程量大，投资额高，在能源的运输过程中损耗较大，成本高，而煤炭的运输时间长，例如北京、天津、上海、深圳、沈阳、哈尔滨、青岛等城市，拥有较强的能源转换能力，长期以来是以输入一次能源，在城市中完成能源转换与利用为主，因此煤炭供应的对外依存度较大。特别是在尚未建立防范能力的情况下，面临的能源风险是十分巨大的，一旦出现能源危机，必将直接损害城市的经济发展，甚至危及整个国民经济的正常运转与可持续发展。

（四）城市能源消费结构不合理

中国能源结构现状主要包括能源储存结构现状和能源消费结构现状。我国能源消费结构现状中，煤炭消费量占 64%，石油消费量占 18.1%，天然气消费量占 5.9%，而新能源的消费量只占 12%，这些数据表明，我国以煤炭为主的能源消费结构现状比较突出，占主导地位。从另一个角度上来说，煤炭资源对社会的发展都起到了至关重要的作用，如火力发电、炼钢、

炼铁，生活的方方面面都与煤炭有密切联系，所以其消费量就大。

三　城市能源污染严重

在城市发展过程中，能源是一种关乎人类生存、社会进步、经济发展、文明建设不可缺少的重要资源。从能源需求结构来看，目前我国仍是以煤炭资源为主的能源生产和消费结构。燃烧化石燃料在带来动力的同时，也带来了环境污染问题，严重破坏着生态环境，给人类的生产、生活和身体带来危害。我国城市能源消耗以煤炭为主，大气污染物主要来源于煤炭的燃烧，城市能源结构导致了城市环境污染问题日益严重。我国城市大气污染物构成比例如图 1-16 所示。

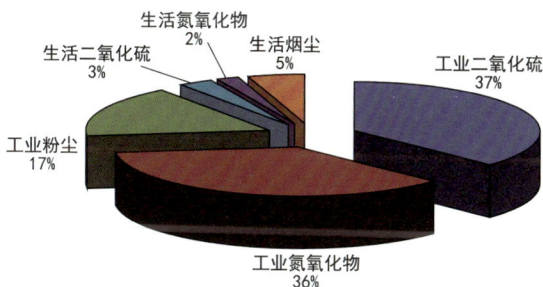

生活氮氧化物 2%
生活二氧化硫 3%
生活烟尘 5%
工业二氧化硫 37%
工业粉尘 17%
工业氮氧化物 36%

图 1-16　我国城市大气污染物构成比例

资料来源：统计年鉴数据。

（一）城市雾霾严重

化石能源燃烧产生大量的烟尘等污染物，促使城市雾霾现象日趋严重，严重危害城市居民的生产生活及身体健康水平。据环保部发布的《2016中国环境状况公报》显示，2016 年，全国 338 个地级及以上城市中，有 84 个城市环境空气质量达标，占全部城市数的 24.9%；254 个城市环境空气质量超标，占 75.1%。338 个地级及以上城市平均优良天数比例为 78.8%，比 2015 年上升 2.1%；平均超标天数比例为 21.2%。新环境空

气质量标准第一阶段实施监测的 74 个城市平均优良天数比例为 74.2%，比 2015 年上升 3.0%；平均超标天数比例为 25.8%；细颗粒物（$PM_{2.5}$）平均浓度比 2015 年下降 9.1%。474 个城市（区、县）开展了降水监测，降水 pH 年平均值低于 5.6 的酸雨城市比例为 19.8%，酸雨频率平均为 12.7%，酸雨类型总体仍为硫酸型，酸雨污染主要分布在长江以南云贵高原以东地区。

2016 年，全国共出现 11 次大范围、持续性的雾霾天气，受雾霾天气影响，全国大量航班停飞、多条高速公路关闭。雾霾的主要成分为可吸入颗粒物（PM_{10}）和细颗粒物（$PM_{2.5}$），容易通过呼吸系统进入肺部，导致居民肺部结构与功能改变，影响人体呼吸系统与心血管系统，严重危害居民的身体健康。

（二）城市酸雨频发

化石能源燃烧产生大量的硫氧化物、氮氧化物，与水分子结合生成硫酸气溶胶，最终导致硫酸烟雾与酸雨的形成。据环境保护部发布的《2016 中国环境状况公报》显示，2016 年，全国 474 个监测降水的城市（区、县）中，全年酸雨频率平均值为 14.0%，出现酸雨的城市比例为 40.4%。酸雨频率在 25% 以上的城市比例为 20.8%；酸雨频率在 50% 以上的城市比例为 12.7%；酸雨频率在 75% 以上的城市比例为 5.0%。

酸雨形成过程中，硫氧化物对人的眼睛、呼吸系统及皮肤都有刺激作用，会诱发哮喘、慢性支气管炎、肺气肿等疾病。

（三）城市气温升高

化石能源燃烧将产生大量的二氧化碳等温室气体，在过去的 160 多年里其浓度已由约 280 毫升/米³ 的自然水平上升到 400 毫升/米³，二氧化碳等温室气体的排放容易引起气温的升高。2016 年，全国平均气温为 10.37℃，较常年偏高 0.81℃，全国 31 个省（区、市）气温均较常年偏高，

其中北京、四川、宁夏、广东、广西、新疆、河南、贵州、辽宁和青海 10 个省（区、市）平均气温均为历史同期最高。城市的气温比近郊要高得多，北京比郊区温度高出 9.6℃，上海与郊区的最大温差也达 6.8℃。此外，城市居民在高温下中暑及死亡的概率明显上升，同时某些疾病的发生率也大大提高。

（四）汽车尾气超标

根据《2017 年中国机动车污染防治年报》公布的数据，截至 2016 年，我国已连续 8 年成为世界机动车产销第一大国，机动车尾气污染已成为我国空气污染的重要来源，是造成细颗粒物化学烟雾污染的重要原因，污染防治的紧迫性凸显。随着机动车保有量的快速增加，我国城市空气开始呈现出煤烟和机动车尾气复合污染的特点，直接影响着人们健康。

全国柴油车排放的氮氧化物接近汽车排放总量的 70%，可吸入颗粒超过 90%；而汽油车一氧化碳和碳氢化合物排放量，超过排放总量的 70%。按排放标准分类，占汽车保有量 3.8% 的国Ⅰ前标准汽车，其排放的四种主要污染物占排放总量的 30.0% 以上；而占保有量 75.2% 的国Ⅲ及以上标准汽车，其排放量还不到排放总量的 40.0%。按环保标志分类，仅占汽车保有量 6.8% 的"黄标车"却排放了 45.4% 的氮氧化物、74.6% 的可吸入颗粒、47.4% 的一氧化碳和 49.1% 的碳氢化合物。机动车污染已成为我国城市空气污染的重要来源，是造成灰霾、光化学烟雾污染的重要原因，机动车污染防治的紧迫性日益凸显。

四　城市能源协调不足

（一）能源网络建设资源浪费

城市化是一国经济发展进程中的关键阶段，相对于其他发展阶段，城

市化发展阶段是经济及能源需求增长最快的一个阶段，而且此阶段的能源需求具有刚性特征。城市化进程所引发的一系列居民收入增加、消费能力增强、生活方式改变、城镇建筑面积扩大及公共基础设施膨胀等现象，必将大幅提高个人乃至整个国家的能源消费水平，不断推动未来 20 年我国对能源的需求。

城市的发展离不开工业、商业、居民等对于冷、热、电的能源需求。结合城市的总体规划，各专业单位分别承担供热网络、供电网络、供水网络等规划。在各类能源的规划建设中均按照最大负荷进行考虑，尽管能够有效解决城市单一能源的供能问题，但彼此相互独立，没有考虑配套关系。

随着分布式可再生能源的开发，以及地源热泵、电能替代等先进能效设备在城市中的推广应用，其与原有供能方式相比，极大地降低了终端能源需求，容易造成各类能源建设中的资源浪费。

（二）能源设备运行利用率低

城市能源供应中，除了常规的能源网络供应外，还有多种分布式能源，如光伏发电、风力发电、微型燃气发电等，其中风力发电和光伏发电的发电功率受环境影响较大。我国大部分地区处于季风气候带，白天太阳光最强时风比较小，晚上太阳落山以后风力又比较大；冬季太阳辐射较弱，风力较大，夏季太阳辐射较强，风力较小。因此，可再生能源在开发利用时表现出了间歇性，不能提供持续、可靠的电能。城市电网的峰谷差时间较为确定，会导致发电与用电负荷的不平衡，进一步影响风电和光电的上网消纳。

随着可再生能源规模的日益增大，能源供应的峰谷差也逐步增大，系统调峰能力将产生严重不足，难以适应可再生能源大规模并网消纳的要求，部分地区弃风、弃光问题严重。同时，目前城市能源需求侧响应机制尚未充分建立，供应能力大都按照满足最大负荷需求设计，造成系统设备利用率持续下降，系统利用效率不高。

本章小结

（1）中国城市的发展经历了城镇化起步、波动、停滞、高速发展这四个阶段，到现在处于平稳发展阶段，城镇化率由 1949 年的 10.64％发展到 2016 年的 57.35％。煤炭、石油、天然气等化石能源为城市的高速发展提供了坚强的动力保障。当前清洁能源发展很快，将推动城市的发展迈向新的高度。

（2）煤炭、石油、天然气是中国目前最重要的一次能源，中国城市的发展更是离不开化石能源，但由于化石能源在胡焕庸线以东发达城市的存储量极少，且城市对化石能源的过度依赖，会带来资源减少、成本增加、环境污染、气候变化等紧迫问题。

（3）中国城市化石能源资源有限，但风能、太阳能等清洁能源资源丰富，现阶段城市可再生能源已开发量不高，开发规模较小，经济性不够，未来可开发的总量也有限，需要通过基础创新，推动解决制约清洁能源发展的能源转换、资源配置和高效利用等问题。

（4）面对中国城市能源供应、能源环境、能源开发、能源配置和能源效率等各方面问题，必须加快能源革命，大力发展清洁能源，开辟安全、清洁、高效的能源可持续发展之路。

第二章

城市能源发展趋势

　　能源与环境是人类社会生存发展的两个非常关键的问题，人类活动发展史也可以说是能源变革史，关系国计民生和国家战略竞争力。从世界范围来看，当前能源格局正经历重大变革，随着化石能源逐渐枯竭，能源危机与环境问题的直接矛盾越来越突出，各国应对气候变化和环境问题进入新阶段。

　　城市作为全球人口的集中地，不仅是能源消耗的高强度地区，同时也是环境污染最为集中的地区，随着新一轮能源革命的蓬勃兴起，能源供给清洁化、多元化以及能源消费低碳化、高效化是未来城市能源发展的主要方向。

第一节　能源供给发展趋势

一　供应结构日趋清洁化

（一）清洁能源是发展的必然趋势

能源是人类赖以生存的物质基础，人类对能源的开发利用是一个不断变革不断创新的过程。从以煤炭代替薪柴，到以石油代替煤炭，再到风能、太阳能等清洁能源发电飞速发展，每一次能源发展方式的变迁都伴随着经济社会的重大发展，给人类文明带来了巨大的飞跃。随着能源不断消耗以及环境污染问题日益严重，依靠传统化石能源已难以满足人类经济社会发展的需求，新一轮的能源供给革命迫在眉睫，加快能源结构从以化石能源为主向以清洁能源为主的转变，是未来能源革命的基本方向，在保障能源供应、保护生态环境、推动经济发展等方面都有重大意义。

清洁能源是保障能源供应的重要手段。 长期以来，我国能源结构以传统能源为主，风能和太阳能等新能源在一次能源结构中的比例较低。坚持传统能源与新能源开发并举，推动能源结构清洁化是我国能源行业在未来较长一段时间内的发展趋势。随着人口增长和城镇化、工业化发展，未来世界范围内的能源需求仍将保持快速增长。城市的面积占地表面积不到1%，却消耗了全球76%的煤炭、63%的石油和82%的天然气。全球化石资源有限，开发成本和开发难度越来越大，能源供应面临巨大压力，亟须转变过度依赖化石能源的发展方式。

清洁能源是保护生态环境的重要保障。 目前我国部分地区能源生产的

环境承载能力接近上限，大气污染形势严峻。煤炭占终端能源消费比重高达 20% 以上，高出世界平均水平 10 个百分点。"以气代煤"和"以电代煤"等清洁替代成本高，清洁型煤炭推广困难，大量煤炭在小锅炉、小窑炉及家用燃煤炉中被散烧使用，污染物排放严重。高品质清洁油品利用率较低，交通用油亟须改造升级。

清洁能源是推动经济发展的有力推手。能源是经济社会发展的重要物质基础。清洁能源行业是一种资金密集和技术密集型行业，其特点是产业链长，涉及的相关行业众多，从开发建设到运营维护的各个环节，都需要大量劳动力，能够带来显著的经济效益和社会效益。联合国环境规划署《可再生能源投资全球趋势（2014）》统计报告指出：2006～2014 年，全球可再生能源投资额达到 1.6 万亿美元，清洁能源发展行业已成为世界范围内带动投资和就业的重要产业，具有十分显著的经济效益和社会效益。

（二）典型城市能源供应情况分析

国际能源格局重大调整和工业化、城镇化发展，都为城市能源供应结构带来了新的变化，城市是人类主要居住地，也是能源消耗、环境问题最为集中的地区。在城镇化和工业化进程逐渐加快、不断推进的背景下，各国各地区积极应对气候变化、大力发展清洁能源，在一次能源中化石能源比例逐渐降低，清洁能源发展比例不断攀升。

城市是一个国家社会经济发展的主体，也是能源供给和消费最重要的承载者。化石能源随着工业革命以来数百年的大规模开发利用，城市面临资源枯竭、污染严重等现实问题。清洁能源不仅总量丰富，而且低碳环保，未来开发潜力巨大，为了适应未来能源发展需求，在水能、风能、太阳能等清洁能源方面，各国正在加快开发和利用，未来清洁能源将呈现迅猛发展的态势。

中国长期以来的能源消费都是以化石能源消费为主，在进入工业化

阶段以来，清洁能源占比处于较低水平；工业化中期以后，国家大力推动清洁能源发展，清洁能源占比迅速提高，并保持上升态势。下面以北京、天津为例，分析城市能源供应结构的发展趋势。主要能源产品包括煤炭、石油、天然气、电力等多种形式能源，以《中国能源统计年鉴》中折标准煤系数为基础，分析其在能源供应结构中比例。从表 2-1 可以看出，2010～2016 年以来，我国典型城市能源供应结构中煤炭、石油等传统化石能源产品比例逐渐降低，天然气、电力等清洁能源比重逐渐加大。

世界范围内能源发展形势发生重大变革，随着能源资源消耗和环境问题日趋严重，积极应对气候变化和环境污染已成为国际共识。我国《能源发展"十三五"规划》中提出，在能源供应能力方面，要保持能源供应稳步增长，至 2020 年国内一次能源生产量约 40 亿吨标准煤，其中煤炭 39 亿吨，石油 2 亿吨，天然气 2200 亿米^3，非化石能源 7.5 亿吨标准煤，发电装机 20 亿千瓦左右。

表 2-1　2010～2016 年北京、天津主要能源产品生产量占比情况　　　　%

区域	能源类型	2010 年	2011 年	2012 年	2013 年	2014 年	2015 年	2016 年
北京	煤炭生产量	7.21	0	0	0	0	0	0
	石油生产量	51.34	56.06	53.14	43.21	44.65	38.81	35.47
	天然气生产量	0	0	0	4.81	7.1	8.86	10.89
	发电量	41.45	43.94	46.86	51.98	48.26	52.33	53.65
天津	煤炭生产量	2.71	2.68	2.73	3.02	2.69	2.26	2.38
	石油生产量	71.57	70.33	70.69	70	69.62	70.78	70.8
	天然气生产量	2.69	2.89	3.06	2.98	3.4	3.24	2.98
	发电量	23.03	24.1	23.53	24	24.29	23.72	23.84

注　1. 数据来源：中国国家统计局统计年鉴。

　　2. 石油包括原油、汽油、煤油、柴油及燃料油能源类型。

　　3. 煤炭包括煤炭和焦炭能源类型。

二　供给方式日趋多元化

（一）分布式能源供给基本概念

在能源产业的发展过程中，以煤炭、石油为主的一次能源和大规模并网发电为主的能源集中式供给方式占据着主导地位。传统的集中式供能系统，如大型电厂、城市集中供热等，一般采用大容量设备、集中生产，通过大型电网、热网等专门的输送设施将能量输送给较大范围内的众多用户。集中式能源供给方式范围广、容量大的同时也有一系列弊端。

（1）大型网络在平衡负荷方面更复杂，例如在夏季由于空调的大量使用而带来的冲击性负荷，严重者甚至造成电网不堪重负而崩溃，历史上美国加州、纽约、印度北部等都经历过因电网过载而带来的大停电。

（2）由于输送距离长，造成线网和管网的能源消耗和损失。为了延长输送距离，不得不提高能源品味，例如使用特高压输电、高压蒸汽供热等方式，同时在用户侧为了满足用户需求进行降压降温，造成大量可用能量的损失。

（3）大型火力发电厂一般远离城市，无法将发电余热输送到城市而只能放空；靠近城市的热电厂由于热、电负荷的不匹配，夏季只能将余热放空、冬季为了多制热可能造成发电效率降低。

分布式能源是相对于传统的集中式供能的能源系统而言的，目前国际上对分布式能源的概念尚未形成统一的定义，美国能源部对分布式能源定义为"产生或存储电能的系统，通常位于用户附近，包括生物质能发电、燃气轮机、太阳能发电和光伏电池、燃料电池、风能发电、微型燃气轮机、内燃机以及存储控制的技术"；国际能源机构对分布式能源定义为"服务于当地用户或支持电网的发电站，与公共电网以传输电压进行连接，主要采用的技术是内燃机、小型或微型燃气轮机、燃料电池和光伏电池系统"，考虑到风电场一般不面向当地用户需要，该定义中未包含这项技术。

虽然各方对分布式能源的定义有所不同，但对其内涵的认识基本一致，关键词包括"分布式""发电"及"热电联产"等，指既可以生产或存储电能，也可以产生和利用热能，同时还可以对能源进行综合利用和控制的系统，一般位于用户侧。包括化石能源和可再生能源技术，如太阳能光伏阵列、风力涡轮机、微型燃气轮机、往复式发动机等，能量存储装置，如电池、蓄热装置，以及热电联产系统等，涵盖能量产生、储存和控制的能源综合利用，以优先满足用户自身需求为首要目标。随着智能电网、分布式能源、低风速风电、太阳能新材料等技术的突破和商业化应用，能源供需方式和系统形态正在发生深刻变化。"因地制宜、就地取材"的分布式供能系统将越来越多地满足新增用能需求，分布式风能、太阳能、生物质能和地热能在城市能源供应体系中的作用将更加凸显。

（二）分布式能源供给优势

分布式能源系统直接面向用户，按用户的需求就地生产并供应能量，能够将电、热等资源充分利用，集成多种能源，能够执行更严格的排放标准，提高能源安全水平。从政府管理者角度来看，分布式能源网络兼容传统网络，能够全方位、多层次地利用各种清洁能源，满足用户日益多元化的用能需求。从系统运营者的角度来看，分布式能源供给方式是能够与能源消费者进行有效互动、存在良性竞争的能源消费市场，通过提高能源服务质量赢得市场竞争。从用户的角度来看，分布式能源供给方式不仅拥有传统电网的供电能力，更为用户提供了一个更加广泛、灵活的能源交换共享平台。与传统的单一侧能源供给方式相比，分布式的供给形式具有更多的优势。

（1）提高运行效率。当前，分布式能源实际运行中最主要的问题，就是需求侧负荷不稳定，而且负荷分配灵活性低，致使机组效率低，污染不易控制。多元化的分布式能源供给方式可以提高负荷分配灵活性，由此提高机组运行稳定性，做到从源头提高运行效率，从而提高整体经济性。

（2）降低建设成本。由于参与广泛，单元机组处于较高负荷率运行，减少

了不必要机组和配备设施的建设，从根本上降低建设投入。同时还可以根据自身特点选择切实可行的经济建设方案，降低建设成本，现实可行性更优。

（3）降低运行成本。通过多元化的分布式能源供给方式，让更多的用户主动地融入城市能源革命进程中来，既分摊了建设成本，也打开了销售渠道，降低了运行成本。每个用户都可以成为其中一处支点的所有者，参与能源交易互动，切身提高能源的品质，提高竞争力，不断改进，切实降低成本。

（三）分布式能源系统应用

分布式能源系统由于具有能源梯级利用、效率较高等特点，在全世界范围内得到广泛发展应用。美国的能源资源在各地区分布较为均匀，近年来分布式发电得到快速发展，2012 年 1 兆瓦以下的小水电、风电、光伏等分布式发电装机容量分别达到 12 万、26 万、55 万千瓦，实现较大比例的增长。根据美国能源部规划，至 2020 年将实现新增各类热电联产机组 9500 万千瓦，实现热电联产机组占总发电装机容量的 29％。目前欧洲分布式能源的发展以燃气分布式能源为主，与可再生能源紧密结合，同时海上风力发电、光伏发电等都得到飞速发展。由于国内资源匮乏，同时易发生较大的自然灾害，日本对能源的安全以及高效利用都十分重视，目前以可再生能源以及热电联产为主要发展方向的分布式能源，在日本国内得到了很大发展。随着分布式能源利用设备以及运行技术发展的日益成熟，分布式能源在整个能源系统中的占比得到显著提高。据估计，至 2050 年全球范围内分布式能源发电折合标准煤 35 亿吨，占全球总发电量的 15％和一次能源消费的 11.5％。

我国分布式能源发展起步较晚，自 20 世纪末至今取得了较快发展。从国家层面到各省市层面均出台了各种有利政策，提出发展目标，促进分布式能源发展。国家《能源发展“十二五”规划》中首次提出大力发展分布式能源，截至 2014 年年末，我国已建天然气分布式能源项目达到 82 项，在建项目 22 项，装机容量达到 3.8 吉瓦。《能源发展“十三五”规划》强调要“更加注重市场规律，强化市场自主调节，积极变革能源供需模式。”坚持

集中开发与分散利用并举，高度重视分布式能源发展，大力推广智能化供能和用能方式，培育新的增长动能。以智能电网、能源微网、电动汽车和储能等技术为支撑，大力发展分布式能源网络，增强用户参与能源供应和平衡调节的灵活性和适应能力。加快建设天然气分布式能源项目和天然气调峰电站，提出 2020 年气电装机规模达到 1.1 亿千瓦的发展目标。

北京市《"十三五"时期新能源和可再生能源发展规划》指出：要"大力发展新能源和可再生能源"，要积极探索"互联网＋新能源"创新发展，推动多种能源智能融合发展，探索发展绿色低碳、智能高效的未来城市能源供应体系，充分利用储能技术、新能源汽车促进分布式能源消纳。同时，北京市出台《北京市太阳能热水系统城镇建筑应用管理办法》《北京市分布式光伏发电项目管理暂行办法》，推动能源高效转型。

上海市能源发展规划中特别指出：要大力发展分布式光伏能源；积极推进太阳能利用多元化、创新化发展；重点依托工商业建筑、公共建筑屋顶、产业园区实施分布式光伏发电工程，推进"阳光校园"等专项工程；积极探索农光互补、渔光互补、风光互补等多种开发模式。在"十三五"期间，上海市预计新增装机 50 万千瓦，总装机达到 80 万千瓦，积极推进太阳能热利用，鼓励通过多能互补等形式提高能源综合利用水平。

第二节　能源消费发展趋势

以煤炭为主的能源消费结构带来了城市中严重的空气污染、环境恶化问题。我国电力、钢铁、建材等行业消费了 90% 以上的煤炭，空气中 85% 的二氧化硫排放量、67% 的氮氧化物排放量、70% 的烟尘排放量以及 80% 的二氧化碳排放量都来自于燃煤。通过实行严格立法、调整经济结构、推广普及清洁能源和可再生能源、提高能源利用效率等积极措施，降低终端消费结构中煤炭等化石能源比例，促进能源消费低碳化是解决环境污染问

题、促进节能减排的有力手段。

一 消费格局日趋低碳化

(一) 能源消费低碳化的必然趋势

党的十八大报告提出了"推动能源生产和消费革命，控制能源消费总量"的战略目标。2014 年习近平总书记就推动能源生产和消费革命提出了五点要求，即推动能源消费革命、供给革命、技术革命、体制革命、全方位加强国际合作。其中对能源消费革命强调了抑制不合理能源消费，坚决控制能源消费总量，有效落实节能优先方针，把节能贯穿于经济社会发展全过程和各领域，坚定调整产业结构，高度重视城镇化节能，树立勤俭节约的消费观，加快形成能源节约型社会。同年，中美双方在北京发布应对气候变化的联合声明。美国首次提出到 2025 年温室气体排放较 2005 年整体下降 26％～28％。中方首次正式提出 2030 年左右中国碳排放达到峰值，并将于 2030 年将非化石能源在一次能源中的比重提升到 20％。

1. 控制能源消费总量

我国从"十二五"开始实行"总量控制"与"能效提升"的双重约束，并将总量控制目标科学分解到各地区。2014 年 11 月，国务院发布了《能源发展战略行动计划（2014～2020 年)》，正式提出了中期能源消费及煤炭消费总量的双控目标，即到 2020 年一次能源消费总量控制在 48 亿吨左右，煤炭消费总量控制在 42 亿吨左右。标志着我国能源战略从保障供给为主向控制消费总量的转变，从能源的供应侧管理向需求侧转变、从相对值节能向能耗限额转变、从能源消耗的增量节能向存量节能转变。

我国《能源发展"十三五"规划》指出，在综合考虑安全、资源、环境、技术、经济等因素的情况下，提出了 2020 年我国能源发展主要目标。

能源消费总量。能源消费总量控制在 50 亿吨标准煤以内，煤炭消费总

量控制在 41 亿吨以内。全社会用电量预期为 6.8~7.2 万亿千瓦·时。

能源安全保障。 能源自给率保持在 80% 以上，增强能源安全战略保障能力，提升能源利用效率，提高能源清洁替代水平。

能源消费结构。 非化石能源消费比重提高到 15% 以上，天然气消费比重力争达到 10%，煤炭消费比重降低到 58% 以下。发电用煤占煤炭消费比重提高到 55% 以上。

能源系统效率。 单位国内生产总值能耗比 2015 年下降 15%，煤电平均供电煤耗下降到 310 克/（千瓦·时）标准煤以下，电网线损率控制在 6.5% 以内。

能源环保低碳。 单位国内生产总值二氧化碳排放比 2015 年下降 18%。能源行业环保水平显著提高，燃煤电厂污染物排放显著降低，具备改造条件的煤电机组全部实现超低排放。

能源普遍服务。 能源公共服务水平显著提高，实现基本用能服务便利化，城乡居民人均生活用电水平差距显著缩小。

2. 提升可再生能源比重

2015 年 6 月 30 日，中国向《联合国气候变化框架公约》秘书处提交了应对气候变化国家自主贡献（INDC）文件，其中提出中国 2030 年行动目标：非化石能源占一次能源消费比重达到 20% 左右，二氧化碳排放达到峰值并争取尽早达峰，单位国内生产总值二氧化碳排放比 2005 年下降 60%~65%，森林蓄积量比 2005 年增加 45 亿米^3 左右。

为促进可再生能源科学、有序发展，我国制定了系统的能源利用政策。《能源发展战略行动计划（2014~2020）》中提出在能源结构方面，至 2020 年非化石能源消费比重提高到 15%，天然气（不含煤制气）消费比重达 10% 以上，煤炭比重控制在 62% 以内。《可再生能源发展"十三五"规划》提出要扩大可再生能源的应用规模，促进可再生能源与常规能源体系的融合，显著提高可再生能源在能源消费中的比重；全面提升可再生能源技术创新能力，掌握可再生能源核心技术，建立体系完善和竞争力强的可再生能源产业。中国国家发改委能源研究所在"中国 2050 高比例可再生能源发

展情景暨路径研究"课题中，分析指出中国 2050 年形成可再生能源为主的能源体系，可再生能源在能源消费中的比例达到 60%。

北京市《"十三五"能源发展规划》中提出 2020 年能源发展目标，新能源和可再生能源消费总量折合 620 万吨标准煤，占能源消费总量比重达到 8.0%，减少二氧化硫排放量约 9 万吨、氮氧化物排放量 3 万吨、烟尘排放量 5 万吨，相对于 2015 年减排量提升约 38%。2020 年，能源消费总量控制在 1.25 亿吨标准煤以内，年均增速在 1.9% 左右。煤炭消费总量实现负增长，进一步提高煤炭集中高效发电比例。全社会用电量预计控制在 1560 亿千瓦·时左右。结构优化方面，至 2020 年，煤炭占一次能源消费比重下降到 33% 左右。天然气消费量增加到 100 亿米³ 左右，占一次能源消费比重达到 12%，并力争进一步提高。非化石能源占一次能源消费比重上升到 14% 左右，其中本地非化石能源占一次能源消费比重上升到 1.5% 左右，本地可再生能源发电装机比重上升到 10% 左右。

（二）典型城市能源消费情况分析

从能源消费历史现状数据来看，我国城市能源消费仍以传统化石能源为主，随着近年来清洁能源、可再生能源利用比例逐步增大，传统化石能源消费呈现逐年下降的趋势。以《中国能源统计年鉴》中折标准煤系数为基础，对 2010～2016 年北京、天津主要能源消费情况进行分析，见表 2-2。

表 2-2　　　　2010～2016 年北京、天津能源消费结构占比情况　　　　　%

区域	能源类型	2010 年	2011 年	2012 年	2013 年	2014 年	2015 年	2016 年
北京	煤炭消费量	29.6	26.7	25.2	23.3	20.4	13.7	11.63
	石油消费量	30.9	32.9	31.6	32.2	32.6	33.5	33.65
	天然气消费量	14.6	14	17.1	18.2	21.1	29	29.35
	电力消费量	24.8	26.1	25.8	25.3	24.4	21.9	23.47
	其他	0.1	0.3	0.3	1	1.5	1.9	1.9

续表

区域	能源类型	2010 年	2011 年	2012 年	2013 年	2014 年	2015 年	2016 年
天津	煤炭消费量	41.61	41.58	43.07	41.96	41.11	37.49	35.07
	石油消费量	33.33	33.78	31.11	31.34	30.17	31.37	32.48
	天然气消费量	3.11	3.24	4.02	4.49	5.51	7.75	8.17
	电力消费量	21.95	21.39	21.8	22.21	23.22	23.39	24.28

注　1. 表中煤炭包括煤炭和焦炭能源类型，石油包括原油、汽油、煤油、柴油以及燃料油能源类型。
　　2. 采用的能源数据主要来自 2011～2016 年《能源统计年鉴》。

　　由表 2-2 可知，2010～2016 年，我国典型城市能源消费结构中以煤炭、石油消费为主，电力和天然气占比相对较小。2010～2015 年期间煤炭消费占比小幅度减小，石油消费占比呈现波动性上升。电力、天然气等清洁能源消费占比呈现显著上升趋势，逐渐成为主要的生活能源消费种类。

二　能源利用日趋高效化

　　城市是经济和技术发展的永动机。世界上 20％的国民生产总值是由世界十个经济最强劲的特大城市创造的。80％的未来经济增长将由城市实现，全世界 75％的商品能源在城市中消耗，城市排放全球 85％的温室气体。联合国人类住区规划署的报告《人类住区的能源消费》中指出，发展中国家城市所面临的能源问题，是"要增加能源生产以加快发展，提高人民生活水平，同时降低能源生产成本，减少与能源相关的污染。提高能源使用效率以降低污染效应及促进可再生能源的使用，必须是为保护城市环境所采取的所有行动的重点"。

　　传统的城市能源供应网络中，单一能源系统各自为政，需要分别面对

各自系统中供需平衡问题。通过电、气、冷、热等多种能源资源的互联互通，可使城市综合能源系统一体化规划、协调控制、优化调度成为可能，推动城市能源系统从当前以化石能源为主向以清洁能源为主转型，实现各类一次能源经由广泛互联的能源输送系统，将电、气、冷、热等能源输送到各类用户，提高能源利用效率，满足城市低碳、高效、节能发展需求。

（一）能源供应环节

从能源供给侧特性方面来看，不同种类能源之间灵活、高效的转换技术是未来城市能源发展可靠运行的重要手段。目前以冷热电联产技术、地源热泵技术、余热发电技术、光热发电技术等为代表的能源相互转换技术已受到各个国家以及各相关行业的广泛关注，随着技术发展逐渐成熟、建设成本及运营成本降低，会吸引更多的参与者，从而促进各个能源行业协调、有序发展。

（二）能源使用环节

从用户需求侧的角度来看，不同类型用户、不同时段对能源的需求都有所不同，各种能源的生产和消费也都有显著的时段特性，充分利用和综合不同种类能源的特征，实现供热、供冷、供热水、清洁燃料、电力等能源需求，从系统网络的角度保障城市能源系统在不同时间尺度上能源供需高效匹配，降低能源网络运行成本，提高能源利用效率。

（三）能源流向环节

从能源流向的角度来看，集中式与分布式能源供给方式在城市能源互联网中得到灵活可靠的结合，通过广泛互联的城市电力输送系统，高效利用清洁可再生能源，结合蓄冷、蓄热、蓄电的能量调节，实现城市能源的综合供给；分布式能源系统与集中式能源供给形成有力补充，利用区

域内光电转换、光热转换、风电转换、地热能转换等方式，为区域提供电能、制冷和热能，实现多种可再生能源互补利用和优化匹配，最终达到能源利用由粗放转向集约，城市能源结构由高碳转向低碳，能源服务由单向供给转向智能互动，显著提高能源利用效率。

本章小结

（1）随着能源不断消耗以及环境污染问题日益严重，依靠传统化石能源已难以满足人类经济社会发展的要求，加快能源结构从化石能源为主向清洁能源为主转变，提高清洁能源在一次能源生产中的比重、能源供应结构清洁化是未来能源结构的重要方向。

（2）与传统的集中式能源供给方式相比，分布式能源供给形式运行效率更高、建设成本和运行成本更低，两者相辅相成，互为补充。

（3）控制能源消费总量、抑制不合理能源消费，促进能源消费低碳化是解决环境污染问题、促进节能减排的有力手段。

（4）电、气、冷、热等多种能源资源在能源供应、使用以及流向等多个环节互联互通、相互转化，可显著提高能源利用效率。

第三章

城市能源发展理念

综合能源服务是城市能源发展的必然趋势。推动城市能源可持续发展，必须正确认识和把握能源发展内在规律，在城镇化、低碳发展和技术进步的驱动下，城市能源互联网将成为推动城市能源系统从当前以化石能源为主向以清洁能源为主转型的核心载体，满足城市低碳、高效、节能发展需求。

第一节 综合能源发展思路

综合能源发展思路的核心，是推动城市能源向综合能源供消模式的转型。城市综合能源系统的建立，主要是为了解决目前城市电力、燃气、燃油、冷、热等各类能源供需系统单独建设、就地平衡难的瓶颈，通过各级、各类能源供给网络的互联互通、供给设施的共享和消费过程中的综合利用，实现信息驱动的城市内大范围能源资源优化配置，促进各类能源间互补互济、合理转化、优化城市能源结构、提高能源利用效率、促进清洁能源开发利用，提高清洁能源在供给侧和消费侧的比重，最终实现城市能源消费的基本无碳化。

城市综合能源发展是贯彻"创新、协调、绿色、开放、共享"的发展理念，坚持以保障能源供应安全为出发点，坚守能源安全底线；坚持提高能源利用效率的发展方向，推进能源梯级利用、循环利用和能源资源综合利用；坚持绿色低碳的发展初衷，大幅提高新能源和可再生能源比重，以清洁能源作为满足未来能源需求的核心资源；坚持技术创新和模式创新并举，着力推进能源新技术实践和智慧能源管理系统建设，加快能源供需商业模式改革、创新，提高能源资源配置效率，为能源转型发展提供不竭动力。

城市综合能源供需模式的快速发展，有助于推动能源多元供给、文明消费和科技创新，有助于深化改革、加强合作，从而达到落实国家供给侧结构性改革和能源革命相关政策的目的。

一 互联互通

现有的城市能源供需主要采用各种能源供给系统独立发展的方式，需

要针对每类能源供应分别进行能源生产、传输、配送和消费系统建设并开展相应的运营工作。

随着能源和信息领域技术的不断发展，目前各能源供给系统独立发展方式也逐步突显出一系列弊端。除少数燃气热电厂等集中能源转换设施之外，各种能源从生产到消费环节基本相互独立，无形中提高了城市中整个能源供需系统的投资成本和运行风险。在投资方面，每类能源供给系统均需要满足实时的能源供需平衡，但由于用户需求时空分布具有一定的差异性和波动性，为保证能源需求峰值，每类能源供应系统均要在需求低谷时段独立面对因大量设备轻载而造成的投资浪费问题。在风险方面，现有能源传输、配送网络均面临不同程度的元件失效问题，不可避免的需要配置冗余设备来保障供给系统的整体可靠性。这种冗余设备的配置进一步降低了设备运行效率，给能源供给网络投资建设和运行维护企业带来了巨大的经济压力。往往由于资金有限、工程实施困难等因素造成冗余设备的建设无法得到有效保障，从而导致能源供应系统可靠性的降低。

针对上述问题，在城市综合能源系统建设中开展电、气、冷、热等不同类型能源系统一体化规划与协同调度，可充分利用每类能源系统中能源终端消费需求的不同时空分布特性和互补耦合特征，实现多类型能源供应与需求的整体平衡，达到"削峰填谷"的目的，提高传统能源的利用效率，促进风能、光能等强间歇性可再生能源消纳，保证城市能源的可持续发展。

在综合能源供给系统中，广泛互联的城市能源输配系统，可以高效利用区域内的光电转换、光热转换、风电转换、地热能转换等集中或分布式转换手段，为城市提供电能和冷/热能，实现多种可再生能源互补利用和优化匹配，最终达到城市能源结构由高碳转向低碳、能源利用由粗放转向集约、能源服务由单向供给向智能互动的转变。

二　综合利用

近年来，随着各类能源供给系统总体规模和需求峰谷差的不断加大，从优化资源配置角度出发，电、热、燃气等各个能源供给系统运营商均推出了阶梯价格、峰谷价格、分时价格、尖峰价格等多种需求侧激励手段。在这样的背景下，现有的消费形式和消费用途一一对应的能源消费体系在日常运行费用方面面临着巨大的挑战。由于大部分能源消费用途在时间分布上具有很强的刚性，这部分用途一般只能通过特定的消费形式予以满足，而这种消费用途集中的时段往往又是其对应的能源高价格时段，从而造成能源消费费用大幅度增长。比如夏季高温时段，现有的降温手段主要依赖电能驱动的空调系统，而夏季空调负荷恰恰是电网尖峰负荷的主要组成部分，要满足这一时段制冷负荷的刚性需求，在现有包含需求侧激励机制的改进价格体系下必然会付出较高的经济代价。

冷热电三联供、地源/水源热泵等多种分布式能源以及小型化综合转换设备的不断成熟为能源的就地消纳、高效利用提供了一条行之有效的解决途径。依托技术手段，城市综合能源供需系统可以打破传统能源消费形式与消费用途之间一一对应的关系，利用能量路由器等新技术实现能源综合利用和用户侧选择性消费。这种模式下，城市综合能源供需系统通过合理调整能源结构和选择高效节能的能源资源利用技术，构建不同能源供需系统共同参与的、以各类能源存储设施（蓄冷、蓄热、蓄电等）为中心的能源"削峰填谷"网络，同时加强智慧能源管理与建设，可以实现各种能源的高效利用，达到经济、环境、社会效益总体最优的结果。

在新兴的能源综合利用模式下，城市能源输配系统可以发挥传输便捷，传输损耗小，分布式光能、风能等清洁能源接纳能力强的优势，以电动汽车、"煤改电"等电能替代项目为抓手，以及发展区域多微电网

并推动其向区域多微能源网转型，实现区域多种能源动态最优组网和能量消耗多目标优化。

三 优化共享

　　共享是"互联网＋"时代经济的核心特征。在能源领域，共享则是综合能源供需系统互联互通、综合利用的必然结果。城市综合能源供需系统可以看作是互联网理念向能源系统渗透或对能源系统再造的产物，这一能源供需模式追求的目标包含了目前互联网所具有的诸多特征（如对等开放、即插即用、广泛分布、双向传输、高度智能、实时响应等），在强化能源供需和供给网络自身融合的基础上，进一步强调信息与能源系统的深度整合，试图在完成能源网络传统供能任务的同时，为各类消费者提供一个公共的能源交换与共享平台。

　　优化能源资源，构建综合平台。借鉴互联网思维，城市综合能源供需系统的发展需要强化平台意识，面向系统内部和系统外部用户，构建业务应用平台、运营管理平台等，依托信息通信技术，在能量流的基础上进一步提升平台在信息流领域的信息传输、存储和处理能力，对内支撑能源供给网络运行，对外提供综合型服务。

　　创新服务模式，扩大用户规模。以创新服务模式为核心，通过提供更加丰富、廉价或免费的智能化互动服务满足用户需求，获取用户资源、培养用户习惯，激活现有用户，吸引潜在用户，提高城市综合能源供需系统市场竞争中的用户吸引力。

　　打破业务边界，促进资源共享。打破能源的地域限制，通过对太阳能、风能等清洁能源的利用以及分布式能源、综合能源系统建设等，实现最大范围及最小区域的能源共享；同时，通过能源互联网积累的能源消费数据，与城市数据库相结合，与多行业合作，共享资源，为城市管理提供多种信息资源和决策支撑。

第二节　城市能源互联网的基本理念

在"互联互通、综合利用、优化共享"的城市综合能源发展思路的指引下，城市能源互联网的研究与建设已是势在必行。

2015年9月26日，中国国家主席习近平出席联合国发展峰会并发表题为《谋共同永续发展、做合作共赢伙伴》的重要讲话，在讲话中，习近平发出了"探讨构建全球能源互联网，推动以清洁和绿色方式满足全球电力需求"的倡议，并在2017年5月的"一带一路"国际合作高峰论坛上进一步指出"要抓住新一轮能源结构调整和能源技术变革趋势，建设全球能源互联网，实现绿色低碳发展"。作为全球能源互联网在城市区域内的实施与发展方式，城市能源互联网集成了最为关键的新能源技术、电网技术、信息技术、网络技术，其不仅服务于电网，而且服务于其他能源供应商和能源终端用户，可以解决精确供能、能源需求侧管理、电网自由接入、多能源互动以及分散储能等问题，最终实现城市的可持续发展。

一　基本内涵

城市能源互联网是未来满足城市各类能源使用需求的能源系统，是全球能源互联网、中国能源互联网在城市地区的承接节点和重要支撑，是城市各类能源互联互通、综合利用、优化共享的平台，具有跨域平衡、低碳化等核心思想以及网络化、清洁化、电气化、智能化的特征。

在城镇化、低碳发展和技术进步的驱动下，城市能源互联网将成为推动城市能源系统从当前以化石能源为主向以清洁能源为主转型的核心载体，满足城市低碳、高效、节能发展需求。

（一）基本结构

城市能源互联网的能量流主要以集中式与分布式相结合的方式呈现。集中式是指通过广泛互联的城市能源输送系统，高效利用清洁可再生能源，结合蓄冷、蓄热、蓄电的能量调节，实现城市能源的综合供给；分布式能源系统是城市能源互联网的末端单元，利用区域内光电转换、光热转换、风电转换、地热能转换、能源梯级利用等多种方式，为区域提供电能、制冷和热能，实现多种可再生能源及清洁能源的互补利用和优化匹配，最终达到城市能源结构由高碳转向低碳，能源利用由粗放转向集约，能源服务由单向供给转向智能互动。

如图 3-1 所示，城市能源互联网"自上而下"由城市大能源系统、区

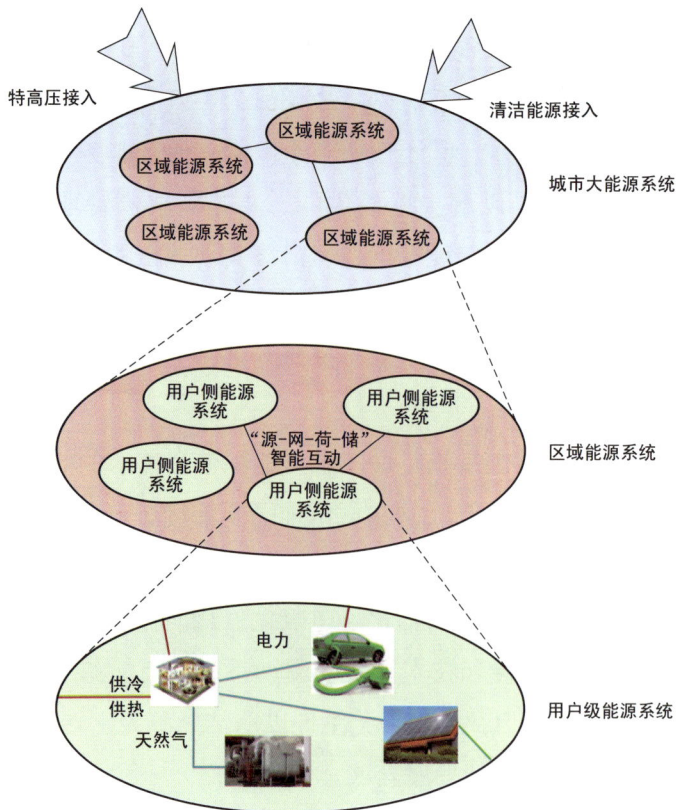

图 3-1　城市能源互联网基本结构示意图

域能源系统和用户侧能源系统构成。城市大能源系统以低碳能源供需平衡为导向，承担城市能源供应的核心功能，主要通过特高压等跨区互联工程将区外大型清洁能源基地电能输送至城市电网，满足城市能源的大部分消费需求。区域能源系统，包括能源生产源、能源输送网、用能负荷、储能设施四大组成部分，简称为"源—网—荷—储"。它以高效和充分利用本地能源为导向，作为城市能源供应的有益补充，主要通过"源—网—荷—储"互动、多能互补、配电自动化等智能电网技术，实现各类本地能源的综合高效利用，促进大规模区外来电的合理消纳配置。用户侧能源系统以引导节能、互动的能源消费行为为导向，主要通过智能建筑、智能家居、车联网、需求侧管理等技术和手段，引导用户电气化、互动化的用能习惯，促进节能，提升用户生活品质。

（二）技术特征

城市能源互联网的基本特征可以概括为五个方面：

一是具有广泛互联、坚强的电网骨干网架，可以通过电网实现大规模清洁能源的大范围优化配置。清洁能源转化为电力是最有效、便捷的利用方式。现阶段风能、太阳能等可再生能源的间歇性、波动性以及低能流密度成为制约其在能源供应中发挥主要作用的瓶颈。城市能源互联网通过推动电网的智能化发展、功能升级，以及促进多种能源形式的优化梯级利用，将最大程度上适应清洁能源发展的需要。

二是具有信息与能源深度融合的功能机制，可以通过提高能源系统的可观性和可控性，实现"源—网—荷—储"的深度互动。信息的全面渗透和共享增值既是能源互联网实现高度智能化的技术保障，也是其充分发挥价值作用的实现基础。大数据、云计算、互联网、物联网技术将与新能源、智能电网技术深度融合，塑造能源互联网区别于传统能源网络的本质属性。城市能源互联网通过多种能量转换技术及信息流、能量流交互技术，将用

户的多种用能需求统一为一个整体，实现能源资源的高效开发利用和资源运输网络、能量传输网络之间的相互协调。

三是具有多种能源互补协调的调节机制。可以通过与燃气、热力、车联网、制冷、储能等系统的互补协调，提升可再生能源的利用比例，并提高能源使用效率。作为城市能源互联网的核心和纽带，多种能源互补协调主要强调两个方面：一方面突出电力系统、石油系统、供热系统、天然气供应系统等多种能源资源之间的"可替代性"；另一方面突出既有各类能源供应的稳定性与各类可再生能源输出功率的不确定性及波动性之间的协调互补。

四是具有互联网理念融合下的商业模式创新机制。城市能源互联网将打破传统意义上对于能源供应、消费环节泾渭分明的"鸿沟"，孕育众多商业主体，创造百花齐放的商业模式。城市能源互联网是在能源系统本体之上连接消费者、生产者、制造商、运维商等各方，充分挖掘数据资源，通过业务融合和商业模式创新的方式持续满足用户需求，不断创造新需求的能源生态系统，最终实现创造价值的目标。

五是具有支撑用户多元化用能选择的实现机制。通过能源互联、信息互联以及市场交易机制的整体协同，满足用户的电、气、冷、热等多样性用能需求，用户可采用单一电力网供能，其他所需的冷/热能均由电能转换获得；也可以是"电力＋天然气"的供能方式，电、气、冷、热需求既可来源于电能，也可来源于天然气；还可以是"电力＋天然气＋热力"混合供能方式，面向用户侧的多元化用能选择机制，可满足用户对多种用能和产销者一体化服务的需求。

（三）功能属性

1. 促进城市能源转型升级

城市能源互联网分别在供给侧推动风能、光能、外来电力的生产接入，在消费侧推动电能等清洁能源逐步取代煤、油、气等化石能源使用，通过

互联互通技术实现"源—网—荷—储"需求互动和多种能源互补互济，能源结构日趋清洁化，能源效率不断提高。

2. 提升社会公众服务

城市能源互联网是功能多元、智能先进的社会公共平台。提供面向用户不同需求的新型业务，如电动汽车充换电、家庭能效管理、工业系统节能、能源资产管理、分布式电源并网、多网融合、虚拟电厂等。

3. 带动经济产业发展

城市能源互联网将互联网技术与能源技术深度融合，能够加快互联网、数据挖掘、分布式电源、电动汽车、节能环保等技术的研发应用，对经济增长、产业结构调整和升级具有显著拉动作用。

4. 推动全球能源互联网落地发展

城市能源互联网是全球能源输送到千家万户的末端通道，通过互联开放技术能够促进全球能源在城市地区落地消纳，是实现全球能源互联网战略构想的支撑保障。

二　发展定位

城市能源互联网是全球能源互联网理念在城市地区的渗透和延伸，是全球能源互联网的有机组成部分，其侧重于能源需求侧的理念和技术革新，是城市加快资源优化配置、产业升级，实现整体可持续发展的动力来源与平台基础。

城市能源互联网是确保大规模清洁能源远距离输送"落得下、用得好"的重要支撑保障。城市是人类社会活动中心和能源消纳中心。城市能源互联网将促进特高压远距离电能输送的消纳，是全球能源输送到千家万户的关键通道。

城市能源互联网是价值创造的核心载体。城市能源互联网在物联网实体上承载了丰富的功能，是实现价值创造的核心载体，可从根本上破解城

市发展中面临的能源环境等问题，促进城市发展模式、生产生活方式以及居民用能行为发生根本性改变，实现城市可持续发展。

城市能源互联网在特大型城市的部署落地具有重要示范引领作用。城市能源互联网具备可操作性、可推广性和可复制性，有利于加快推进全球能源互联网战略构想在世界范围内的落地实施。

三 思路及目标

城市能源互联网的总体思路与目标是：继承和发展全球能源互联网的基本理念，发展清洁替代和电能替代，构建城市各类能源互联互通、综合利用、优化共享的能源互联网交互平台，提供能源综合利用解决方案、提升供能服务品质，实现各类能源主体的转换调配，全方位满足客户的综合能源服务需求。

（一）发展思路

为实现城市能源互联网发展目标，在综合分析城市能源分布、清洁能源发展、能源供需、能源配置等因素的基础上，需从提高能源网络化水平、提高电网智能化水平、加快清洁能源开发利用、实施电能替代、推动商业模式创新以及加快关键技术研发与应用 6 个方面取得进步。具体的发展思路如下：

（1）以加强电网互联互通、多能互补工程建设、能源信息网络建设及能源服务网络等建设为手段，提高能源网络化水平，进而优化配置能源资源和用户资源，实现各类能源集约开发和高效利用。

（2）在坚强电网网架的基础上利用互联网技术和物联网技术推动电网的智能化发展、功能升级，建立现代能源的核心网络和配置平台，从而促进多种能源形式的优化梯级利用，最大程度上适应清洁能源发展的需要。

（3）以清洁替代从源头上化解化石能源资源紧缺矛盾，解决城市能源

供应面临的资源约束和环境约束问题，推动外来风电、光伏、城市地热、分布式发电等清洁能源逐步取代城市化石能源使用，有效降低化石能源使用比重。

（4）以电能替代促进能源利用效率的全方位提升，利用使用方便快捷、精密可控的优势，能源转换方面灵活、全覆盖的优势，配置方面生产传输便捷的优势，为实施清洁替代提供最优的实施路径。

（5）以商业模式创新打破各能源领域之间的壁垒，将电、气、冷、热等多种能源形式在生产、输送、存储、消费等各个环节耦合起来，进而提供灵活、高效、即插即用的能量服务，实现城市能源互联网创造价值的目标。

（6）以技术创新解决构建城市能源互联网的可行性、经济性和安全性问题，通过清洁、低碳、高效的能源开发利用技术创新，推动清洁能源加快发展；通过输电技术创新，推动能源配置向网络互联发展；通过信息通信与能源供消技术融合，推动能源智能化发展。

（二）发展目标

（1）加快特高压等外部输电通道发展，统筹优化各级电网，促进大规模外来电力和风能、太阳能等清洁能源"落得下、用得好"。

（2）加快能源网络信息化发展，充分体现城市能源互联网开放、共享、互动的互联网特性，实现电、气、热等城市多种能源的互联互通、共享优化。

（3）构建综合能源服务管理平台，实现"源—网—荷—储"各类能源主体的信息采集和互动交易，挖掘能源全过程价值，促进清洁能源优先利用。

城市能源互联网的最终目标是解决城市能源就地平衡的瓶颈，实现更大范围的能源资源配置，促进各类能源的灵活转换与合理高效储存，提高清洁能源在供应侧和消费侧的使用比重，优化城市能源结构、提高能源利用效率、促进清洁能源开发利用，最终实现城市能源消费基本无碳化。

本章小结

（1）为顺应能源可持续发展的潮流，将城市区域作为全球范围的主要构成单元，构建城市能源互联网，可实现能源结构由高碳到低碳、能源利用由低效到高效、资源配置由局部平衡到大范围优化配置、能源服务由单向供给到智能互动的转变。

（2）城市能源互联网侧重于能源需求侧的理念和技术革新，是城市加快资源优化配置、产业升级，实现整体可持续发展的动力与基础平台。

（3）城市能源互联网的总体思路与目标是发展清洁替代和电能替代，构建城市各类能源互联互通、综合利用、优化共享的能源互联网交互平台，提供能源综合解决方案、提升供能服务品质，实现各类能源主体的转换调配，满足客户全方位的综合能源服务需求。

第四章

城市能源互联网体系架构及关键技术

城市能源互联网的实现不能靠无序的底层探索，要遵循"系统化"的建设理念，强化顶层设计，其架构理念应与城市能源互联网的发展思路相一致。除此之外，还需要大量的技术创新和技术融合作为支撑，这些关键技术在一定阶段内代表了能源行业的发展趋势，是城市能源互联网落地实践的重要基础。

第一节 体 系 架 构

城市能源互联网通过能源供给侧将多种能源吸纳整合，以智能化物理网架为基础，融合信息通信、互联网等技术，实现城市范围内能源调度传输，满足城市多元化的用能需求，实现能源的优化配置和高效清洁利用。城市能源互联网的体系架构，要以架构目标为导向，以城市能源互联网发展理念为指导，整合"源—网—荷—储"的各环节包含的众多技术要素、管理要素、人力要素，利用工程科学、管理科学、经济社会科学界定边界，把系统切分成不同的组成部分，明确各部分的特征、构成及功能，建立各部分间的沟通协调机制，从而形成各部分之间有机联系的整体。

城市能源互联网是一个开放式的能源发展理念，它会随着城市和能源的发展不断丰富完善，它是人们对未来城市能源发展愿景与构想的集合。在构建城市能源互联网体系过程中，仍然要从实际出发，客观分析城市能源现状，在现有城市能源架构的基础上有方向性的进行实践。在一定发展阶段内，城市能源互联网与传统能源网络是统一并存的，而非取代关系。

城市能源互联网与传统的城市能源网络最大的不同在于新能源大规模接入和能源的综合利用。将多种能源统一整合、综合利用，有别于传统能源网相互独立分散的运行模式，真正意义上实现电、气、冷、热等多种用能需求协调响应，不仅大大提高了能源的利用效率，而且有利于城市能源的整体规划、优化配置、协调发展。

城市能源互联网的架构理念应与"互联互通、综合利用、优化共享"的城市能源发展思路一脉相承。信息通信和互联网技术为此提供了可实现的路径，大数据、云计算、互联网、物联网技术将与新能源、智能电网等技术深度融合，

塑造能源互联网区别于传统能源网络的又一重要属性，打造一个信息流即时通畅、能源流经济高效、业务流多元互动的新型能源信息网络平台。信息的全面渗透和共享增值既是能源互联网实现高度智能化的技术保障，也是其充分发挥价值作用的实现基础。随着城市能源互联网发展理念的逐步延伸，能源互联网开放、共享的功能特征将日益凸显，用户与能源系统将更加紧密的联系在一起，实现设备级无缝接入，系统级优化配置，能源信息双向互动，同时实现多元化用户和多领域能源供应方的诉求，这种机制下形成的价值关联将打造出一个全新的、基于综合能源的服务体系，并激发出更具活力的商业模式，推动能源领域和能源服务行业的持续发展。

在构建体系架构过程中，按照功能将各组成部分划分成不同模块，根据功能和特征界定边界，将各模块对应功能定位在总体架构的特定组成位置，既相对独立又互相关联，以实现架构整体功能目标，具体如图 4-1 所示。在城市能源互联网的体系架构中，网架基础、信息支撑、业务开展共同构成了一个有机整体。按照这三个部分，将城市能源互联网划分成三层逻辑架构，分别为物理层、信息层和服务层。

一 物理层

（一）主要特征

物理层是结构坚强、运行灵活、多种能源互通互联的能源供给网络，是城市能源互联网的物质基础。

（二）架构理念

根据物理层的主要特征，物理层的架构必须要满足能源生产、传输转化及消费所有环节的实现，同时将低碳、清洁、高效、智能化融入系统格局之中。

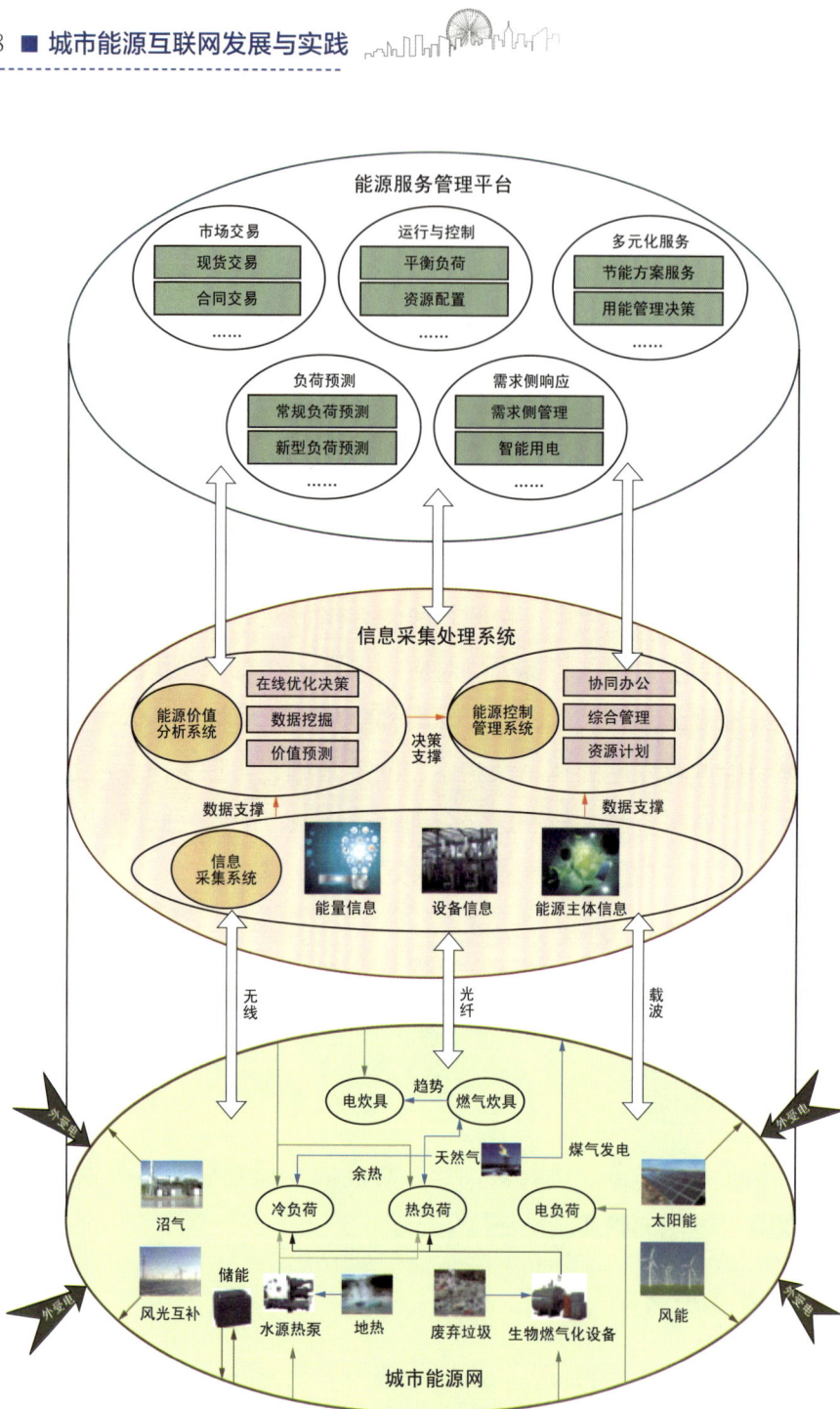

图 4-1　城市能源互联网体系架构

在城市能源互联网中，天然气、煤炭等一次能源和电力、成品油、热力等二次能源均是重要的能源形式，不存在绝对的优劣势。但是从能源互联的可行性、能源利用的便捷性、组合后能效最高、成本最低的角度出发，或从系统耦合度、系统可靠性、能源输送的便捷高效性来看，电力网都是物理层架构中最合适的介质载体。随着新能源接入、电动汽车等清洁用能规模不断扩大，电力网由单一的输配电物理载体，逐步扩展成为促进能源资源优化配置、引导能源生产和消费、保障能源系统安全稳定运行及市场运营等多功能综合物理载体。因此，发展城市能源互联网要以智能电网为特征的电力网作为物理基础，这也是国际化工委员会（IEC）经多次会议研究讨论在国际范围内形成的广泛共识，所以说，电力网是构建城市能源互联网物理层的核心部分。

天然气能够满足用户供应热水、炊具、空调等方面的用能需求，为电网实现调峰、调频，是重要的清洁高效的城市能源，天然气管网是城市综合能源物理架构的重要组成部分。

热力网是重要的热负荷供应网，敷设延伸至各类城市用户，但受限于输送效率，只能在一定范围内区域调度。新能源的兴起使热力网从区域集中供热向分布式供热发展，协调使用分布式电源的余热和地源、水源热能的热泵源，是构成热电微网的重要组成部分。

能源的就近利用，尤其是新能源的分布式利用，对降低能源成本，提高输送利用效率十分重要，随着电、气、冷、热的逐步融合，城市能源之间的界限变得模糊，用户综合用能需求不断增加。热电微网能够为分布式能源的接入和就近消纳提供网络基础，形成用户就地利用、微网内储能及调配的基本单元，同时微网内多种能源形式的有机融合易于满足用户的综合用能需求。

（三）架构组成

城市能源互联网应满足能源的生产、传输到消费整个环节的实现，从

"源—网—荷—储"四个环节来划分界限，城市能源互联网的物理层包括能源生产环节、能源运输环节、能源消费环节和能源储存环节。

1. 能源生产环节

清洁能源的大规模开发利用和综合用能是城市能源互联网的重要特征，因此，能源生产环节的实现，应将清洁能源开发作为重点，充分考虑城市多种用能需求，并与传统能源统筹规划、协调发展，保证用能的稳定安全、清洁高效。

（1）新能源包括太阳能、风能、地热能、海洋能、生物质能、氢能等多种能源形式，利用新能源大规模发电是未来城市能源生产的发展趋势，有利于促进城市可持续发展。太阳能和风能是重要的新能源，在城市能源互联网建设中应重点开发利用，如建设光伏发电站、光热发电站、陆上风电场、海上风电场等，新能源的大规模接入，可有效提高可再生能源比例。

（2）核电站、水电站、燃气及天然气电站均能够以清洁能源的形式为城市提供大量的电能来源，在未来将继续为城市提供高占比率的电源，其产能的稳定性和大规模集中性是其他能源供应源无可比拟的。

（3）通过热泵系统利用地源、水源、空气源等制热、制冷并提供城市热水供应，结合太阳能制热，为城市建筑用能提供一体化的规划建设方案，其用能具有高效性和便利性。

（4）垃圾燃烧和生物质产能。城市生活垃圾的燃烧发电或生物质沼气利用，是良好的热电联产模式，不仅能满足多元化用能需求，而且经过合理规划设计还能提高用能效率。

（5）分布式产能。分布式能源系统以小规模、小容量、模块化、分散式的方式直接安装到用户侧，为用户电、气、冷、热等多元化用能提供就地的能源供应源，减少了能源输送环节中能源的损耗，通过综合用能提高了能源的利用效率，具有良好的经济效益。

2. 能源输送环节

电能与其他形式能源耦合度高，输送清洁、便利，因此，在城市范围

内能源输送网以智能电网为特征的电力输配网为能源主干网。

（1）特高压电网。近年来，随着中部和东部经济快速发展，用能需求持续上升，当区域内能源储量不足，难以就地平衡时，就需要可靠途径引入外来能源。特高压电网能够满足远距离、大容量的输送需求，极大解决地域间能源分布和消费不均衡的问题；优化资源配置，推动可再生能源集约化开发；带动资源密集、经济欠发达地区的经济社会协调发展；促进水电、风电等清洁能源并网跨区外送；降低弃风、弃水比例；减少化石能源的消费和污染物排放，缓解城市环境污染和雾霾现象；为经济发达、人口密集的城市提供安全可靠的大容量的清洁电能，促进经济持续健康发展。

城市能源互联网与特高压电网关系密切，可以说特高压电网作为城市能源互联网物理层的上游架构，是城市外受电的重要通道，为城市提供了充足的能源来源，同时，城市能源互联网又是以特高压为骨架的全球能源互联网在城市的一种延伸，为特高压电网传输能源的落地消纳提供了智慧通道。

（2）城市输电网。城市输电网对城市综合能源接入切换、调峰储存、安全防护、平稳运行方面有着至关重要的作用，搭建坚强、灵活的输电网对城市能源的互相支撑补充、区域间能源协调统一和运行的安全稳定有深刻影响。变电站作为输电网的枢纽联络点，新能源接入后，新建能源型电站自身具备有功功率调节能力，根据电网调度指令控制有功功率；应具有无功调节能力，参与电网电压调节、无功设备投入量调节、输电升压变压器变化调节等；应具备低电压穿越能力，在电压跌落时仍能保持并网，甚至提供调节支持电网恢复减少故障时间。

发展面向城市能源互联的城市输电网，要结合电源电网综合规划，借助先进的自动化和信息化手段，进行时空互补的优化调度和协调控制策略，采用多电源汇集整合后集中外送、新能源和常规电源配比外送、新能源发电站和抽蓄结合等形式，利用输电网结构设计，建设结构优化、功率平衡的送端电源结构；采用柔性输电技术，优化布局继电保护、功率补

偿、谐波治理、潮流控制和自动化控制的电力电子设备。

(3) 智能配电网。配电网作为连接电源与用户的重要载体,其未来发展需要更注重用户间的沟通和互动,提升电网与用户双向互动和电网增值服务水平,解决能源交易过程中的信息不对称竞争问题,推动能源交易商业模式创新。随着生活水平的提高和经济的发展,用户对配电网所提供的用能可靠性、用能质量、服务水平将更加关注,对基于配电网能源供应的开放性和互动性也将提出更高要求。智能配电网能实现城市能源微网的互联、区域储能的推广应用,兼容各类电源和用户的接入与退出,实现终端客户分布式电源的"即插即用"。

在配电网侧采用柔性直流配电技术对配电网进行合理分区,增强配电网的灵活性与适应性,初步建立主动配电网,进一步实现智能配电网。在负荷侧遵循开放性标准架构,发展分布式能源、微电网、需求侧响应、储能、节能、提高能效,进一步实现城市能源互联网。

(4) 智能燃气网。燃气是城市范围内的重要清洁一次能源。智能燃气网与智能电网有很大不同,天然气作为矿业资源,其开采、处理、输配、储存都是集中式的,其上下游产业链较长,管网技术和装备不适宜频繁的更新换代,智能燃气网是将现实的天然气管网和数字化网络融为一体,重点是基于广域的、多种形式优化配置的管理系统。在城市燃气网侧,智能燃气网的建设,就是融合信息采集、处理分析,以城市各区域为单元,满足分布式三联供设施和智能化的用气系统的建设需求。

(5) 热电微网。热电微网系统是微电网和热力网的互补耦合,尤其适应于居民、商业、公共建筑等集中耗能区域。接入新能源的微电网是热电微网的主体架构,城市燃气网与微电网融合实现了电、气、热的综合供能利用,包括三联供系统和智能化用气系统。生物质资源丰富的地区,可利用农林及绿化废弃物发酵、城市垃圾填埋气、污水处理发酵等产生沼气,作为城市燃气网的补充资源。利用天然气建立分散、小型的冷热电联产、热电或冷电联产,是微电网调峰、调频的重要手段,同时稳定提供热水、

采暖、空调等生活用能，天然气利用效率从单一发电时的50%提高到90%。因地制宜发展以小型天然气为燃料的冷热电联产和小型热电联产，使目前的大机组、大电厂、大电网逐步走向大电网与众多大型、小型新能源电源相结合的新型电力系统。

3. 能源消费环节

城市中的能源负荷主要包括电、气、冷、热四大类型，各类用户以此为需求并配置一定形式的用能设施，进行能源消费，其中的用能设施也是能源互联网物理层架构的重要组成部分。

（1）对于居民用户，主要的用能设施有：日常照明灯具、冷暖空调、热水器、炊具、多媒体设备、小型电子设备、充电设备等；以天然气为消费对象的燃气灶具；另外在冬季的北方城市仍存在一定比例的煤炭供暖消费，各种煤油锅炉、集中供热站，都是重要的居民用能设施。在未来发展中，以"智能家居"为特征的用能设备将实现用能的高度智能化和可视化，是居民用能的发展趋势。

（2）对于商业用户，最主要的用能设备有冷暖空调、热水及集中供热设施，照明灯具、电梯、扶梯均为重要用能设施。由于商业用户用能负荷规律性强、用能量大，以节能为导向的能源改造受到商业用户的追捧，以地源热泵、冷热电三联供及各种形式的储能设施已成为商业用户重要的用能设施，这些用能设施不仅能够提高能源整体利用效率，更好地满足用户负荷需求，而且能够为商业用户带来良好的经济效益。

（3）对于工业用户，用能设备根据需求不同呈现多样化和复杂化，其用能量远远大于居民和商业用户，是城市能源互联网服务的重要对象。但工业用户对能源的消费往往具有固定性，这是由工业生产的技术、流程所决定的。在城市能源互联网构建中，值得关注的是，工业用户的能源消费对能源的质量往往具有特定标准要求，因此做好用能优化、节能管理就显得尤为重要，需要如电力无功补偿器、谐波治理装置、高效能燃烧机等能效优化设备，这些设施与传统用能设施都是重要的架构组成部分。

（4）对于城市公共设施，公共交通是体量庞大的能源消费设施（如飞机、铁路、公共汽车、地铁），其消费环节中涉及各种形式的能源。在未来发展中，电能替代是重要发展趋势，如船舶岸电、电动汽车等，应用电能提供公共服务交通，不仅有利于环保减排，也便于能量的传递输送。城市公共照明主要以各种电力照明设施为主；办公类设施与居民用户设施相类似，主要以消费电能设施为主。

4. 能量储存环节

能量储存的主要形式是蓄电、储气、蓄热和蓄冷。

（1）蓄电。

1）抽水蓄能。抽水蓄能是一种电力系统的大规模储能方式，是目前最成熟、应用最广泛的大规模储能技术手段，对电网的"削峰填谷"、调频调压具有重要作用。抽水蓄能往往利用低谷电量从水库下游抽水到上游，利用储水的能量发出峰值电量，同时还能够实现调频调相的作用，对电网运行提供调节的内动力，其效率高达70%，具有运行费用低、容量大等优点。目前，海水抽蓄是重要的发展方向，它对实现海上风电、波浪发电等提供了强有力的调节措施，有利于促进海上新能源互补发电的开发建设。

2）电池储能。电池储能是分布式储能中重要的储能形式，发展较快的有镍氢电池、锂电池、钠硫电池等，目前锂电池在储能中的应用最为广泛。

锂电池的比能量和比功率高、自放电小，但受环境和工艺影响大。运用互联网管控技术的锂电池组储能，不受工业和材料不一致性的影响，规模可控，充放电稳定，是微电网中应用最为广泛的分布式储能形式，也是分布式储能多样化的重要基础形式之一。

目前锂电池的一个重要应用方向是电动汽车，电动汽车和充电桩中的锂电池组可以看作一个小小的分布式储能单元，随着电动汽车技术的不断发展，当储能单元数量足够多时，电动汽车将成为微电网系统的重要组成部分，协调整个微电网中的负荷。通过一定的引导方式，电动汽车的充电可以实现电网的"削峰填谷"；利用电池储能的电动汽车的换电技术，可以

在不同时间、地点即时完成对充电汽车的能量补给。电池储能具有移动式储能的发展趋势，在电网外通过电池储能可实现能量在时间和空间上的自由灵活分配。

3）压缩空气储能。压缩空气储能利用空气压缩机，将空气高压密封在山洞、报废矿井和过期的油井中，具有效率高、寿命长、响应速度快等特点，能源转化效率高达 75%，是可以工业化的大规模储能技术。但受到环境条件限制，技术上比较复杂。

4）超导磁储能。超导磁储能利用超导线圈储存磁场能量，响应速度快、转换效率高、比容量和比功率大、寿命长、污染小，机械性能要求低。主要用于输配电网的电压支撑、功率补偿、频率调节，提高系统稳定性，消除系统低频振荡，尤其适用于微电网孤岛运行。

（2）储气。

1）地下储气库是将长距离输送的天然气重新注入地下空间而形成的一种人工气田，一般建设在靠近下游天然气用户城市的附近。地下储气库具有储存量大、机动性强、安全性高、耐久性强等特点。我国地下储气库于20 世纪 70 年代建设，总体部署将形成四大区域性联网协调的储气库群，分别为东北储气库群、华北储气库群、长江中下游储气库群和珠江三角洲储气库群。

2）地面储气罐。地面储气罐从上游接收液化天然气进行储存，向下游还原为气态输送，是城市天然气管网的主要储存方式。城市燃气供应商通过建立接收站、储配站、气化站、通过储气罐的方式实现城市范围内燃气的储存和灵活调度。

（3）蓄热。

1）蒸汽蓄热可以通过变压式蓄热器对外直接供应热蒸汽，也可以通过恒压式蓄热器直接供应热水。蒸汽蓄热能够广泛适用于城市中较大规模的集中储热，尤其适用于热电联产，能够有效平衡热电联产的转化比例，使热电系统运行平稳可靠，保持供热稳定，有效回收热量。

2）石蜡蓄热。石蜡蓄热是利用石蜡材料的相变过程❶实现热量的储存和释放。石蜡无腐蚀、安全可靠，在 500℃以下有化学惰性和稳定性，相变体积小，有很长的冻融周期；但导热性低，中度易燃，不适合可靠性要求高的场合。目前石蜡是低温太阳能蓄热的常用介质，应用于太阳能热水系统和太阳能空调系统中。

（4）蓄冷。冰蓄冷技术是目前主流的储冷技术，利用夜间电网低谷电价制冰，白天用电高峰时溶水，与冷冻机组共同供冷满足高峰负荷要求，具有良好的经济性。冰蓄冷技术适用于写字楼、宾馆、饭店、商场、剧院、体育馆及各种工业场所。

二　信息层

（一）主要特征

信息层是覆盖城市能源所有地域、领域的能源通信网，是城市能源互联网的智慧支撑。

（二）架构理念

能源互联网的物理层只为能源网络提供了基本物理条件，但想要使整个能源互联网高效运行，还需要搭建以信息通信为技术手段的全覆盖信息系统，以实现能源流与信息流的相互交织融合统一。

信息获取的第一步是信息的采集。目前，能源网络的数字化水平还远未达到真正实现城市能源互联网的客观要求。从现状来看，能源生产设施及电力系统的数字化程度较高，而配电网、燃气网、热力网、交通网及用户侧用能设备

---

❶　相变过程：指的是物质从一种相转变为另一种相的过程。物质系统中物理、化学性质完全相同，与其他部分具有明显分界面的均匀部分称为相。

的数字化水平都比较低。根据这种现状，不同能源网络的信息网建设一方面要因地制宜地采取合适的采集方式，准确获取设备信息、能源信息及能源主体信息；另一方面，还要实现低成本、低功耗、小型化及大规模的部署。通过通信手段将整个能源网络生成一个"可观测"和"可控制"的系统。

原始的数据只有经过处理才会变成有效的"知识"，而这些"知识"往往要经过合理的处理后才能提供价值，这些经过处理的信息是开展控制和决策的重要依据。因此，未来能源互联网还需要借助大数据、云计算等技术才能实现更多高级功能，为城市能源互联网提供智慧支撑。在此基础上，开展优化控制、优化决策，实现能源综合管理，精准制订能源计划，最大限度发挥城市能源互联网的技术特性。

综上所述，信息层可分为信息采集系统和能源价值分析系统两个部分。

（三）架构组成

1. 信息采集系统

信息采集是通过传感器获取信息源原始信息，通过合理的通信方式进行通信传输，以实现原始数据的采集和上传。

（1）信息源。城市能源互联网的信息包括能源信息、环境气象信息、能源生产实时信息、能源输配实时信息，负荷及需求实时信息、业务交易实时信息、相关方行为实时信息等。

在电力系统中，从能源生产端到能源输配端、能源消费端、能源交易端，需要实时采集交直流电压、电流、功率、频率、电能质量、用电总量、用电时间、环境温度、湿度、风速、风向、辐照度等参数，以及供需方要求、个体交易行为、组织交易行为、交易互动、交易评价等信息。

在油气系统中，设立输油管道和输气管道采集点，设置采集压力、流量、温度等。此外由于油气系统安全的特殊性，还需要加装安全报警和检测系统，如油气泄漏、储存设施越界闯入等报警装置，全面监测油气储存区、储存罐的周边环境参数。

在热力系统中，需要采集热源和管网的供水和回水的压力、温度、流量、热功率、补水瞬时流量、累积流量等参数。中继泵站需要采集进出口母管压力、除污器前后压力、水泵吸入和泵出压力、设备运行状态等参数状态。为蒸汽供热时，还要采集凝结水系统的凝结水温度、凝结水回收量、二次蒸发器和汽水换热器的压力、温度、流量等信息。

(2) 传感器。传感器是现代化信息系统和各种设备中不可缺少的信息采集手段，微型化、智能化、集成化是传感器发展的必然趋势。随着系统的自动化和复杂化，所需要的信息量越来越大，对传感器的精度、分析可靠性数据能力和响应要求越来越高，还要求传感器有标准输出形式，以便于和系统挂接。城市能源互联网中很多传感器都处于自然环境中，对传感器的稳定性、防干扰提出了更高的要求，一些新型互感器不断涌现，如分布式光纤传感器、热红外成像传感器等，其体积小、灵敏度高、集成程度高、性能稳定，为城市能源互联的信息层建设提供了更好的选择。

(3) 通信方式。城市能源物联网的诸多环节都面临着环境条件复杂，信息采集量众多且信息位置不稳定等特点，通信方式必须具有自适应性、易扩展性、抗干扰性等特点，针对不同的能源主体选择合适的通信方式至关重要。主要通信方式有：

1) 光纤通信。光纤通信有着传输频带宽、抗干扰性高和信号衰减小的优势。这种通信方式容量大、距离远、抗电磁干扰性强、保密性能好、传输质量佳、尺寸小、重量轻、无辐射、材料来源丰富、环境保护好、适应性强、寿命长等优点，适用于城市范围内的能源骨干通信网。

2) 卫星通信。卫星通信是利用人造地球卫星作为中继站转发无线电波，从而实现两个或多个地球站点之间的通信。这种通信方式受地表环境限制少、通信距离远、通信质量好、可靠性高，适用于电力输电网、天然气管网等城市能源骨干网络。

3) 微波通信。微波通信具有可用频带宽、容量大、通信质量高、传输距离远、抗干扰性强等优点，且具有扁平化、自组网、动态变化强、区域

性应用等特点，非常适用于城市能源互联网的终端感知通信，将成为分布式综合能源网通信系统的基础形式。

4）电力线载波通信。电力线载波通信是电力系统特有的通信方式，利用现有电力线通过载波方式将模拟或数字信号进行高速传输，不需要重新架设通信网络。随着智能楼宇、智能家居的兴起，电力载波为智能楼宇和智能家居的通信提供了良好的用户体验，有效解决了室内无线信号传输受墙体阻挡的问题。

2. 能源价值分析系统

为了实现信息层对城市能源互联网的支撑作用，掌握大量而准确的数据是十分必要的。城市能源互联网数据存储和数据服务的发展方向是大数据模式，以此为基础，通过能源数据分析和数据挖掘，实现对城市能源互联网价值的分析。

（1）数据存储和大数据。

1）城市能源互联网大数据架构。城市能源互联网数据存储将采用大数据模式，构建全国性的分布式、层级制的数据存储系统。传统的数据库大多是集中式的、关联式的，无力应对城市能源互联网中种类繁多的海量信息。目前能源行业的数据存储方式也是各不相同，没有数据共享机制和统一接口的数据存储系统。

城市能源互联网是一个完整的系统，其数据的产生、传输、存储、访问，既有分布式的特点，又有层级式的要求。城市能源互联网的建设，将逐步形成以城市级为体量的完整能源数据系统。另外，新能源电站、能源微电网系统等，基于所有者、运营商、监管部门等的远程访问需要，在一定类别内建立各具特色的能源数据存储系统，这些数据系统和控制中心具有分布式、扁平化的特点。

2）数据筛选和服务。海量而杂乱的原始数据，必须经过合理的筛选、融合之后才能被合理地使用和分析。在完成分层式信息筛选之后，根据得到的信息，每一个分层进行各自权限之内的信息处理并发送反馈调节响应，产生反馈调节响应的状态信息及反馈调节的结果后向上一层传输。

数据分析服务是以大数据的价值分析为目的，数据挖掘是在分析后台数据的基础上应用特定的算法抽取模式的过程。传统的决策树、粗糙集、模糊数学分析、人工神经网络等方法，在大数据分析中起着非常重要的作用。但是因为大数据具有数据量大、查询分析复杂的特点，使用单一的分析方法已经远远不能满足需要，交叉融合多种智能数据分析技术的方法越来越得到人们的推崇，通过对数据进行挖掘和分析，发现有价值的规律和模式。而随着大数据时代的到来，新型数据挖掘技术不断涌现出来，其中分布式的数据挖掘技术广为大家所接受，通过并行计算和网格计算，实现在多个节点上进行数据挖掘。

3）大数据应用。城市能源互联网中的大数据服务，主要应用于能源生产、变电站运维、网络运行、能源交易、能源平台服务等环节，以实现价值流与能源流的统一。

在能源生产方面，新能源开发利用涉及气象、水文、地质等各个方面的历史和实时数据作为决策支撑，分布式模式的效果和当地负荷规模、性质、习惯、发展规划等相关，这些均需要大量的数据存储和分析。

在变电站运维方面，新能源变电站的数据中心正向远程监控、大数据分析、集成控制、图形化展示的方向发展。监控中心通过强大的后台数据库服务器以提供海量的数据存储，完备的灾难恢复策略保障数据不丢失。

在政府能源服务层面，大数据有利于推动能源行业监管协调及能源运行安全预警体系的建立。按照行业类型分区域构建生产、运输、销售及贸易的基础数据库，建立能源数据采集、分析、处理和预警体系，及时准确地掌握能源行业的运行现状，努力提高政府决策和规划的科学性与时效性。

在企业服务层面，大数据有助于推进能源企业科学化运营管理，促进能源行业市场化发展。一是企业更好地规划能源生产与资源分配，大大降低企业的运营成本和决策失误所带来的损失；二是更加清楚地了解市场运行动态，以此为依据签订市场交易合同和行业市场化改革；三是全面分析和掌握客户消费行为，大力挖掘市场需求，科学管理能源用户；四是进行

信息化操作和智能化管理，提高企业的运行效率，确保企业运行安全与能源的稳定供应。

在能源消费者服务层面，家庭用户通过了解每日能源消费用量与费用，调整能源消费用量和消费结构，同时也使得收费过程更透明。客户和服务商之间的信息实时有效共享，实现交互评价和第三方应用。

（2）信息管控和云计算。

城市能源互联网海量数据的信息分析，是根据数据信息对价值的分析。在未来，智能设备和网络接口将遍布世界上各个地方，云计算将成为便利高效的数据分析模式。

对城市能源互联网来说，分析和挖掘海量的大数据，通过云计算平台扁平化的管理模式，会提高整个系统的运行效率和灵活性。通过网络共享，将集中、丰富、能力较强的计算设备资源对接城市能源互联网的大数据系统，从而构建城市能源互联网的云计算平台，将云计算应用在分布式电站运维、智能电网规划与运行、智能用电等方面。发挥其高效率、低成本、协同互助、便利快捷的数据分析优势。

在电力系统运行方式和规划方案研究中，技术人员需要借助分析计算软件比较运行方式或规划供电方案的可行性、可靠性和经济性。通过加工电网模型和运行数据，云计算为电网规划、调度提供快速、可靠的分析支持。应用云计算技术，可为输变电设备评估提供分布式数据存储和计算服务，扩展数据存储空间，提升数据处理和计算性能。

电网调度可以通过云计算提供统一访问服务接口，实现数据的搜索、获取、计算等。配电网管理涉及电网空间分布和设备运行状态变化等复杂问题，地理空间信息和电力生产信息相互集成的综合应用系统是支持智能化配电网管理的基本手段，云计算技术能很好地解决由此带来的复杂数据分析难点及性能瓶颈。电网数据中心应用云计算模式，将显著提高设备利用率，降低数据处理中心能耗，扭转服务器资源利用率偏低与信息壁垒问题，全面提升智能电网环境下海量数据处理的效能、效率和效益。

　　基于新能源电站的监控数据，云计算可实现发电量统计分析、辐照度统计、功率发电量预测、电站效率、损耗分析、设备性能分析等。基于微电网的电源、负荷、储能等设备运行参数和能源供需关系，云计算提供设备启动、卸载、运维等工况决策和输出功率、能源分配等运行决策，这些都与用户用能环节价值的实现与利益分配模式紧密相关。

三　服务层

（一）主要特征

　　服务层是城市能源互联网供给侧与需求侧紧密联系的纽带，是城市能源互联网服务的管理中枢。通过服务层功能可实现能源流—信息流—价值流的合并统一，推动各类能源主体的开放共享和规范交易，实现"源—网—荷—储"各环节的协调运行。

（二）架构理念

　　城市能源互联网服务层是紧密耦合物理层和信息层，结合能源供需双方的信用能力、金融能力、生产或消费能力等信息，以能源交易达成为核心业务，以多元化服务为延伸，匹配协调供、需、输、配等相关方效益的平台系统。

　　城市能源互联网的核心业务是能源交易。在信息系统对能源的生产、输送、存储、调配、消费等环节感知、检测、计量数据的基础上，根据标准和市场协议价格完成交易结算，是城市能源互联网服务层需要实现的基本功能。城市能源互联网中的能源交易是完全市场化的行为，其系统设计和业务模式贯彻互联网平等、开放、协作、共享的精神，在建设服务层架构时，需要考虑到城市能源互联网交易的双向互动性，这与传统能源单向供配所形成的交易模式是不同的。服务层架构示意如图 4-2 所示。

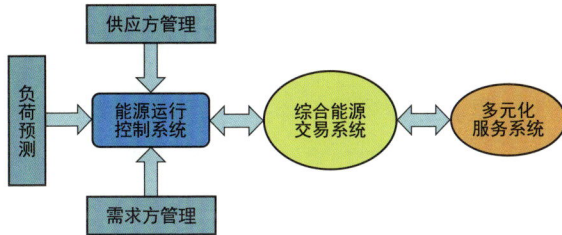

图 4-2　服务层架构示意图

（三）架构组成

服务层的核心是综合能源服务管理平台，其中包含供需方管理、负荷预测、综合能源交易系统、能源运行控制系统、多元化服务系统五个部分。

1. 供需方管理

供方和需方是业务系统平等的客户，在城市能源互联网的交易环节中，某一个体或组织，在此交易中为需方，在另一交易中也可能是供方。

供需方业务管理的主要内容是供方和需方的服务管理、关系管理、交易进程管理。服务管理的目标是建立标准化的市场准入体系；关系管理的目标是建立分层级的客户信息档案；交易进程管理的目标是建立规范化的交易流程。

供方服务管理要实现对能源生产方及其受托能源配售方进入交易市场的条件控制，考核指标有能源生产过程的合法性、稳定性、清洁环保指标，能源质量，基于输配距离和额外保护设备的成本核算等。需方服务管理要实现对能源消费者及其受托能源配售方进入交易市场的条件控制，考核指标与供方类似。供方关系管理要实现对能源生产方及其受托能源配售方在交易市场上分级，以促进其能力提高和结构优化，考核指标有能源生产的稳定性、清洁型，供应规模、时段、企业信用、资本条件等。需方关系管理的考核指标与供方类似。

城市能源互联网需要相关配套规范协议，其用途是制定整个网络的共

同规范规约，从制度上保障各环节的顺利运行，平衡各节点企业间的利益分配，最大限度地保障客户利益。

交易进程管理是要实现业务达成条件、业务不能达成条件、手续及流程、交易达成后践约、违约审查和责任判定等的规范化和制度化。

2. 负荷预测

能源不同于任何其他商品，其存储成本高昂，在时间和空间上的灵活供给能力都很弱，这决定了负荷预测是业务系统的核心功能之一，海量的数据库系统和强大的数据分析系统是负荷预测的基础。新能源自身的间歇性、波动性、周期性，分布式模式的分散化、小型化、自由化，能源交易的市场化、自由化、多选择性，使能源系统稳定运行的难度越来越大，因此，科学合理地进行负荷预测尤为重要。以电力的负荷预测为模型，按照预测时间跨度可分成超短期预测、短期预测、中期预测、长期预测。

超短期预测指的是全监视状态下的分秒级预测和预防控制状态的小时级预测，是能源管理系统的最高级应用基础。短期预测包括日负荷预测和周负荷预测。中期负荷预测包括月度预测、季度预测和年度预测，是电力日常调度的重要参考。长期负荷预测指的是三年以上的预测，是能源骨干网络升级改造的重要参考，主要的预测指标有新能源发展规划、新电源开发力度、设备研发制造、环保节能规划、区域经济水平、区域行业结构等。负荷预测是实现需求侧响应的基础，在多种能源互联互通、综合利用的复杂情况下，负荷预测的难度也提高到新的程度，在今后的研究和建设中需要更加重视基于负荷预测的需求侧响应技术。

3. 综合能源交易系统

能源供应方和需求方是完全平等的客户，业务达成是按照商品交换价值规律双方洽谈的结果，平台只承载这个交易过程，而不主导双方的决定。综合能源交易市场的准入是全开放的，过程是全透明的，只要符合一定的条件和约束，任何个人或组织都有权利参与能源的买卖，也都有权利监督能源交易过程。综合能源交易系统的运作是一种公共服务，当能源输送方

也是公共服务部门时，两者可以作为同一个运作主体，实现交易和调度的无缝衔接。

综合能源交易市场包括现货市场和期货市场。能源的现货交易具有即时性、偶然性和冲击性，如何通过供需匹配和备用调剂，实现能源传输的瞬时平衡，是能源现货交易需要解决的核心问题。新能源开发的能源接入，使供应端的情况更加复杂，能源期货市场对提前匹配、计划平衡有重要的作用。

数据交换平台提供智能小区所需要的互动信息，与用能信息采集系统、营销业务管理系统、充电管理系统、分布式能源管理系统、用能管理系统等实现信息交换。自助用电服务终端将自助缴纳电费、故障报修、预付费电能表卡自助充值、自助历史记录查询、多媒体业务信息查询、自助打印、用能策略制定等功能合为一体，为用电用户提供轻松、方便、快捷、安全、可靠的缴费手段，其关键技术包括网络营销技术、通信技术、设备实现技术、安全技术等。智能交互终端是实现家庭智能用电服务的关键设备，通过利用先进的信息通信技术，对家庭用电设备进行统一监控与管理，对家庭用电信息等数据进行采集和分析，指导用户进行合理用电，管控储能系统，调节电网峰谷负荷。此外，通过智能交互终端，可为用户提供家庭安防、社区服务、互联网服务等增值服务。

4. 能源运行控制系统

能源运行控制系统第一个任务是决定采用何种能源形式和输运方式。基于对供需双方的能源特点、规模、区域、价格等因素分析，结合区域能源供应情况，优选能源输运方案和各能源配比。

能源运行控制系统的第二个任务是对输运管网进行规模预测和平衡调节。无论电力电网运输、天然气管网运输、煤炭石油铁路公路运输，都有其输送容量，任何一个交易的调度都要协调其他交易并行或顺序进行。对电网任何超限或供需不均的电力输送都可能造成电网坍塌，对电网进行平衡预测，要综合考虑基本负荷消纳、最大负荷能力、用户侧分布式发电补

充、分布式储能和大规模储能调峰能力、电网等级和输送能力、各环节电力电子设备的稳控能力、各环节电能损耗、发电侧最大输出功率、发电侧基本输出功率、旋转备用发电能力、非旋转备用发电能力等，进行最大潮流和基本潮流分析，从而协调本次交易的输运调度。

能源运行控制系统的第三个任务是对输运管网进行指令下达。业务达成后，能源运行控制系统对输电网运营公司发送此笔输运要求详情，即时开始能源输送。多笔能源输送并行并保持长时间的容量稳定，是输运网络平稳、经济、高效运作的基础。对供方、需方、输送方等进行最优匹配和资源配置，体现了能源输运中心的优势，也是城市能源互联网的能源交易优于传统能源交易的特征之一。

5. 多元化服务系统

多元化服务系统是直接面向用户提供用能数据共享、节能监测评估、能效优化建议等服务，基于负荷特性可划分出建筑能效服务、交通能效服务、工业能效服务、商业能效服务、居民能效服务等。

（1）用户负荷监测、数据存储、数据分析等系统可以由企业自身建设，由节能服务公司协助进行。在线监测的对象是影响能源消耗和能源效率的全因素，具体的指标数据和分析内容包有能源使用成本、能耗指标对比、负荷运行状态等。

（2）能源使用成本。对能耗情况进行记录和分析，包括各项负载情况、运行效率、功率因数、电能质量、电能损耗等情况，实现能耗信息的分析，自动生成统计报表，并与历史用能数据进行对比，找出用能缺陷，提供优化用能的依据。

（3）能耗指标对比。通过系统提供的评估模型，结合能耗标准数据、电力消耗数据、热力消耗数据、设备消耗数据、系统损耗数据等指标进行分时段对比，对用能进行能效评估。

（4）负荷运行状态管理。实时监控记录各个用能单位、环节、设备的能耗及电能质量情况，实现状态报警、超限报警，实现智能管理，简化维

护工作。根据生产状态，合理计划利用能源，使用户掌握单位产品的环节用能比重和成本、发展趋势。

（5）多元化服务系统可提供用电信息查询、用气信息查询、用热信息查询、业务办理等功能，同时为智能小区/楼宇、电动汽车充放电、用气时段管理、能效监测等智能用电和用气业务提供访问入口。

（6）技术方案共享和咨询。技术、方案、发展趋势、政策法规等是面向全社会及节能服务公司的参考，这个平台建设由能源服务机构联合行业组织、中介咨询机构等，实行专业化、专营化的建设和管理。主要的共享信息有技术知识服务、分布式能源建设及接入咨询、用户节能优化方案、审核认证服务、咨询培训管理等。

第二节　关键技术支撑体系

要实现以电为中心的城市各类能源互联互通、综合利用、优化共享等多种功能，支撑城市能源互联网的物理层、信息层、服务层三层体系架构，需要突破新能源分散式开发利用、城市基础能源系统优化、电动汽车智能充换电服务网络、智能配电网、高性能能源通信网、用户需求响应和综合能源大数据服务等多种技术。关键技术体系对应城市能源互联网的层级支撑关系见表 4-1。

表 4-1　关键技术体系对应城市能源互联网的层级支撑关系

支撑层级	关键技术
物理层	新能源分散式开发利用
	城市基础能源系统优化
	电动汽车智能充换电服务网络
	智能配电网

续表

支撑层级	关键技术
信息层	高性能能源通信网
服务层	用户需求响应
	综合能源大数据服务

一 新能源分散式开发利用

(一) 基本概念及特性

1. 新能源概念

新能源又称非常规能源，是指传统能源之外的各种能源形式，指刚开始开发利用或正在积极研究、有待推广的能源，如风能、太阳能、地热能、海洋能、生物质能、氢能等。而已经广泛利用的煤炭、石油、天然气、水能等能源，称为常规能源。

风能是一种由地球表面大量空气流动而产生的能量。风能储量比较丰富，而且广泛分布。风能目前最常见的利用形式为风力发电，此外还有风力提水、风力制热以及风帆助航等利用形式。太阳能一般指太阳光的辐射能量。太阳能的主要利用形式有太阳能光热转换、光电转换。地热能作为由地壳抽取的天然热能，这种能源来自于地球内部的熔岩，并以热力形式存在。海洋能包括潮汐能、波浪能、海水温差能等，理论储量十分可观，限于技术水平，现尚处于小规模研究阶段。生物质能是以化学能形式蕴藏在生物质中的能量，生物质能的来源通常包括森林能源和水生植物、农作物秸秆等农业废弃物、禽畜粪便、生活垃圾和工业有机废弃物等。氢能是二次能源，清洁环保、转化利用效率高，能够方便实现多种能源的转换，是未来非常有发展前景的一种新能源。

分布式能源系统是指既可以生产或存储电能，也可以产生和利用热能，同时还可以对能源进行综合利用和控制的系统。分布式能源系统是世界能源工业发展的一个重要方向，其在用户当地或靠近用户的地点生产电、热、冷或其他能源形式，提供给用户使用。分散式发电又称分布式发电或分布式供能，是新能源的最佳利用方式之一。分散式发电一般指发电功率在几千瓦至50千瓦的中小型模块化、分散式、布置在用户附近为用户供电的发电方式。其不以大规模远距离输送电力为目的，所产生的电力就地消纳。我国风能、太阳能、生物质能等新能源分布广泛，适宜采用分散开发利用的模式。随着我国城市化进程的不断发展，在用户中心地区结合资源可得性、经济性等因素，对各类新能源进行分散式开发，可以实现能源的综合、高效利用。

2. 基本特性

相对于传统能源，新能源普遍具有储量大、污染少的特点，具备代替化石能源的良好条件。新能源资源丰富，分布广泛，为建立分散型能源提供了十分便利的条件；新能源技术逐步趋于成熟，作用日益突显，并且经济可行性不断改善。

分布式能源系统具有诸多特点：可以实现能源梯级利用，能源利用效率高。可以弥补大电网安全稳定性方面的不足。装置容量小、占地面积小，初始投资少，降低了远距离输送损失和相应的输配系统投资。新能源发电无论是风能还是太阳能，均具有随机性强、输出功率不稳定、调峰调频能力差、不能大规模储存的特性，如果采用大规模集中开发、远距离输送的方式，不仅对电网稳定运行造成较大风险，而且线损电量损失大、输配电建设投资巨大，还容易造成弃风限电、弃光限电现象，浪费宝贵的能源资源。相反，如果在资源富集地或者用户端推广分散开发模式，用户可以投资小型风力发电或光伏发电，自建自发自用，调度机构优先调度、系统整体平衡调节，富余电量可向电力市场出售，供电不足则由大系统补给。如此开发模式的优点显而易见：一是电力就地消纳，基本不弃风不弃光，电量得到充分利用；二是不用远距离送电，故不用配套新建大量高压、超高

压输变电设施，节省大量投资并减少大量输电损耗；三是电源分散，故接入系统电压等级很低，好比在"毛细血管系统"里运行，输出功率不稳定的电源对涉及主网安全和电能质量的电压和频率等重要参数指标影响甚微。

（二）应用现状

1. 国外发展现状

近几年来，新能源分散开发利用技术在美国、日本、欧洲发展较快，分布式发电已在电力市场中占相当比重。在欧洲一些开发利用新能源比较早的发达国家中，风力发电和太阳能发电均采用了分散开发、就地供电模式。例如丹麦，风电机组高度分散化，接入 20 千伏或更低电压等级配电网的风电装机容量约占全国风电装机容量的 86.7%。西班牙风电也采用比较分散的开发模式，单个风电项目规模都不大，风电电量占到全部电量的 16%。美国从 20 世纪 20 年代开始开发小型分布式风力发电项目，并在技术水平、设备制造及市场份额等方面均处于世界领先水平。德国光伏发电容量至 2011 年年底已超过 2300 万千瓦，并已超过我国三峡水电站装机规模，其设备基本都分散地建在用电户屋顶。日本光伏分布式发电不仅用于公用设施，同时也开展了居民住宅屋顶光电应用示范项目工程。目前丹麦、瑞典、芬兰、德国等国家都实现了产业化应用生物质能发电。冰岛、美国等许多国家都有地热水供热系统，并且世界上有 20 多个国家建设了地热发电站。欧美等国也是开发利用海洋能较早、技术较成熟的国家。

2. 国内发展现状

我国积极推动新能源发展，"十二五"末，新能源累计装机容量达到 171.48 吉瓦，居世界第一位。到 2014 年年底，国家能源局拟核准计划内的分散式接入风电项目有 18 个，共计 83.7 万千瓦；已核准 15 个项目，核准容量达 76.2 万千瓦。目前国内已建成并网的项目有 11 个，并网容量为 52.35 万千瓦，如华能陕西定边狼尔沟分散式示范风电场、内蒙古达茂旗风电场等。内蒙古达茂旗风电场机组投运后，给当地农网提供了有力的电源

支撑，在春、夏高负荷时期，有效地缓减了农网的用电负荷，减少了地区网损；风电场运行电量就地消纳，未发生过限电情况，等效利用小时远超当地大型风电场平均值。

根据国家能源局公布的 2016 年光伏发电统计信息，截至 2016 年底，中国光伏发电新增装机容量 3454 万千瓦，累计装机容量 7742 万千瓦，新增和累计装机容量均为全球第一。

分布式光伏发电装机容量发展提速，2016 年新增装机容量 424 万千瓦，达到上一年度新增装机容量的 2 倍，累计装机容量 1032 万千瓦，全年发电量 662 亿千瓦·时。新增光伏装机容量主要集中在东部地区，新增装机容量排名前 5 位的省份分别为浙江省（86 万千瓦）、山东省（75 万千瓦）、江苏省（53 万千瓦）、安徽省（46 万千瓦）和江西省（31 万千瓦）。

中国生物质发电平稳增长，截至 2015 年底，我国生物质发电累计装机容量 1060 千瓦，同比增长 17%，主要集中在华东、华北、华中地区，其并网容量分别为 339 万、271 万、204 万千瓦，合计占全国生物质发电总装机容量的 77%。

地热发电和海洋能发电进展缓慢，属于试验示范阶段。2016 年，我国无新增并网地热电站，目前装机规模最大的地热发电项目是西藏羊八井发电站；中国目前共有潮汐发电站 10 余座，总装机容量为 1 万多千瓦。

（三）关键技术

1. 新能源发电技术

（1）风力发电技术。随着我国风电设备技术进步、性价比不断提高，适合低风速地区的风机发展很快。我国 60% 以上风能资源区属于低风速地区，低风速风机技术将是我国风电产业发展的重要方向。此外，无叶片风机也是一个新的发展方向。以上这些都为全国各地分散开发建设风电提供了有利条件。

（2）太阳能光伏、光热发电技术。太阳能光伏发电的关键部件是光伏电池。太阳能光伏电池板利用半导体材料的"光生伏打"效应，将太阳光辐射能直接转换为电能。光伏发电系统大量使用的是以硅为基底的硅太阳电池，

它可分为单晶硅太阳电池、多晶硅太阳电池和非晶硅太阳电池。单晶硅和多晶硅太阳电池目前在工业生产和民用领域占据主导地位。2015 年，常规单晶硅及多晶硅电池片产业化转换效率分别达到 19.5% 和 18.3%。旋转太阳能发电和球形太阳能发电等新型发电技术不断涌现。太阳能热发电的原理是：利用集热器将太阳能聚集起来，加热水产生蒸汽，推动涡轮发电机发电。

（3）多能互补技术。单一种类的新能源发电功率波动大，为满足电力系统的实时供需平衡，可以依靠多种能源电源的互补特性，如发展风光互补发电系统。另外，不同新能源技术各有特点，可以结合多种技术达到产能优化，如光伏、光热组合式太阳能发电系统的总效率可达30%～40%；氢电一体化综合光热发电技术可以同时产生电能力和氢燃料，平均效率达 35%。

近几年我国也建起数座以风电为主、多能源互补的分布式微电网系统，如金风科技股份有限公司以风光互补发电系统为主的分布式智能微电网示范项目——江苏大丰商业园区分布式微电网示范项目，每千瓦·时电量成本为 0.48 元，单位电价低于电网，每千瓦·时电量可节省 0.11 元左右，为园区提供了 37% 的电力供应。

2. 并网支撑技术

（1）先进储能与输电技术。以电储能为主要代表的储能技术具备双向功率调节能力和灵活调节特性，可以显著提高城市能源互联网对分散新能源的接纳能力。在目前的各种储能技术中，抽水蓄能、压缩空气储能和锂离子电池等具有较大的发展潜力。如果大容量储能技术能够取得突破，就能够有效平抑新能源的间歇性和波动性；而且，在系统扰动时，储能装置可以作为电网的热备用，瞬时吸收或释放能量，使系统中的调节装置有时间进行调整，避免系统失稳。

柔性直流输电是目前解决间歇性新能源并网的有效技术手段之一，该技术基于全控型电力电子器件构成的电压源换流器实现。多端柔性直流输电及直流电网是柔性直流输电技术的进一步发展。

（2）新能源接口技术。城市能源互联网具有信息系统和物理系统深度融合的特征，能够利用信息系统的网络化云空间实现对物理系统的广域协调控制。仅进行物理接入的分布式新能源尚为一个孤立的物理实体，分布式新能源接入能源互联网，不仅是能量的底层注入，更承担着联系基层分布式"源—网—荷—储"，参与广域信息物理关联，进而参与更大范围调控的功能。为实现这种功能，必须使分布式新能源以及分布式负荷及储能设施通过具有信息物理融合特性的接口设备接入能源互联网。

城市能源互联网接口设备是基于电力电子和信息技术的新型全可控设备，除了传统的变压功能外，应该还具有变流、交直流混合配电、电能质量控制、分布式电源、储能、电动汽车、负荷接入等综合功能。整个能源互联网由该接口设备统一进行并网功能管理，统一能量管理，方便解决网络中分布式电源统一通用接入、一体化控制和高效管理，故障和扰动完全与上层网络隔离。

3. 非电利用技术

（1）光热转换技术。对于太阳能开发而言，太阳能热利用就是很好的非电化开发形式，目前在国内推广应用范围也很广阔。在国务院公布的《关于加快培育和发展战略性新兴产业的决定》中提到：要加快太阳能热利用技术推广应用，这意味着，多样化的能源利用方式正在取得政策上的重视。太阳能热利用的几个主要领域包括太阳能热水、太阳能集热采暖、太阳能制冷空调、太阳能干燥、太阳能工业用热等。太阳能集热器是把太阳辐射能转换为热能的设备，是整个光热转换过程的核心。

（2）热泵技术。热泵技术是一种新型的节能环保技术，通过热量和冷量的转移来实现供热取暖和制冷的作用，相比传统的供热技术不仅有着节能环保的优势，同时在供热的效率和质量上也有着更好的表现效果。地源热泵、空气源热泵和太阳能热泵等是将热泵技术和新能源技术相结合的产物。太阳能热泵采暖系统突出的优点就是通过极少量的电能获得数倍于电能的热量，能够有效利用低温热源。与地源热泵、空气源热泵耦合使用能

够有效解决太阳能间歇性的问题。

(四) 支撑作用

以新能源逐步替代传统化石能源，实现清洁能源在一次能源生产和消费中占更大份额，建立可持续发展的能源供应系统，是我国能源革命的主要目标，而能源互联网则是实现这一目标的关键途径。能源互联网强调新能源分散式开发利用，其能够利用广域内分布式能源时空互补特性、多能互补特性、分布式储能及可控负荷的系统调节潜力，实现各类设备的"即插即发、即插即储、即插即用"。城市能源互联网的构建中新能源分散开发利用将起到重要作用。

新能源分散式开发利用可以优化能源结构、实现多能源融合，利用分散的风能、太阳能等新能源，因地制宜发展分布式供能，是实现能源互联网的重要手段之一。分布式新能源是城市能源互联网的底层终端，利用区域内光电转换、光热转换、风电转换、地热能转换等方式，为区域提供电能、制冷和热能，实现多种可再生能源互补利用和优化匹配，最终达到城市能源结构由高碳转向低碳，能源利用由粗放转向集约。由此可见，新能源的分散式开发利用对城市能源互联网物理层的支撑起着关键作用。

二 城市基础能源系统优化

为了解决现阶段城市能源相互独立分散的运行模式带来的弊病，将多种能源统一整合、综合利用，实现真正意义上多种用能需求协调响应，需要对常规能源系统进行综合优化，以达到提高能源利用效率的目的。电、气、热三网融合是城市能源互联网的发展与实践要解决的关键问题，以电为中心重构能源供应方式，优化城市电、气、热基础设施布局，提高能源综合利用效率，是实现城市基础能源供应由多能并行的常规供能方式到综合能源绿色供应方式转变的重点。本部分对电、气、热三网融合的三个应

用层级，设备级、站点级和微网级分别进行重点阐述。

（一）基本概念

1. 设备级—冷热电联供系统

冷热电联供系统是一种建立在能源梯级利用基础上的综合产、用能分布式系统。设备级—冷热电联供系统的主要设备有发电机组、吸收式制冷机组及余热利用机组等。系统安装于用户端附近，首先利用天然气能源驱动发动机发电，再通过各种余热利用设备（吸收式制冷机、余热锅炉等）对余热进行回收利用，从而同时向用户提供电力、制冷、采暖等。

2. 站点级—能源站系统

能源站系统采用集中供冷、供热、供电系统，一般可再生能源系统（太阳能发电、生物质发电等）、热泵系统占据核心地位，搭配燃气轮机、冷热电三联供系统及蓄能装置等多个供能设备，共同组建成一个能源站。能源站可以连接电网，也可以独立工作，对比大型集中式电站，其容量和规模相对较小，能用使用效率较高。

3. 微网级—多能互补智能微电网

城市范围内的多能互补集成优化模式为：面向终端用户电、气、冷、热等多种用能需求，因地制宜、统筹开发、互补利用传统能源和新能源，优化布局建设一体化集成供能基础设施，通过天然气、冷热电三联供、分布式可再生能源和能源智能微网等方式，实现多能协同供应和能源综合梯级利用。多能互补智能微电网的组成元素主要包括微型电源、负荷、储能元件、开关、电力电子装置和通信设备等。

（二）应用现状

1. 设备级—冷热电联供系统

冷热电三联供系统可在某些大型办公建筑中独立使用。此类建筑对电力负荷稳定性有特定需求，且存在夏季供热或冬季供冷的区域。城市中商

用及办公建筑面积增长迅速，具有建筑单体大、耗能多、冬季供冷夏季供热的特点。分布式冷热电三联供系统可同时实现冷热电的供应，是能源梯级利用的科学模式。同时，在减少环境污染物排放和"削峰填谷"方面效果显著。

2. 站点级——能源站系统

能源站系统是发展趋势，能源站不应理解为就是一个大的制冷站或者供热站，而是要遵从区域能源理念，对规模不一的区域内能源资源进行整合，因地制宜地实现合理化的应用和匹配。能源站系统是向商业区、居住区或生产工业区等供给冷热量，用于建筑群的供热和空调或生产工艺冷热能的利用。与传统的分散式供冷供热系统相比，能源站系统具有节能环境效益好、系统热效率高、经济性好等优点。目前能源站系统越来越受国内外暖通空调制冷行业的重视和欢迎。

3. 微网级——多能互补智能微电网

多能互补是按照不同资源条件和用能对象，采取多种能源互相补充，以缓解能源供需矛盾，合理保护和利用自然资源，同时获得较好的环境效益的用能方式。《能源发展"十三五"规划》提出，推动能源生产供应集成优化，构建多能互补、供需协调的智慧能源系统，并将"实施多能互补集成优化工程"列为"十三五"能源发展的主要任务。2016 年 7 月，国家发展和改革委员会、国家能源局联合发布了《关于推进多能互补集成优化示范工程建设的实施意见》（以下简称《意见》），《意见》主旨在于鼓励多能互补工程建设，以多能互补为基础，促进可再生能源发展与传统能源的融合，并进一步提高传统能源能效，多能互补成为大势所趋。2016 年 12 月，国家能源局发布《首批多能互补集成优化示范工程评选结果公示》，有 23 个获批为示范工程，从项目工程承包方来看，除传统五大发电集团之外不乏许多民间资本的注入，由此看来，多能互补的前景已被绝大多数人所认可。

（三）关键技术

1. 设备级—联供优化运行技术

典型冷热电三联供系统示意图如图 4-3 所示。

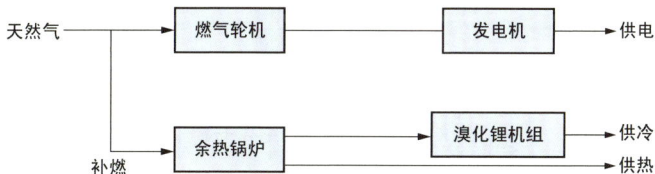

图 4-3　典型冷热电三联供系统示意图

由经济性原则可知，冷热电三联供系统以热定电，燃机满发时最为经济。根据不同区域用户冷热负荷不同，系统的运行模式不同，针对一般居民用户，系统在一年之中有冷热负荷的冬夏季运行；针对有常年热负荷的用户，系统全年运行。在现行的电价、天然气价格条件下，如果机组在过度季纯发电模式运行时的发电成本低于从电网购电价格，过度季运行对于系统的经济性是有利的。

2. 站点级—能源梯级利用技术

以某综合能源站为例对站点级能源梯级利用技术进行说明。能源站以"土壤源热泵＋冷水机组＋烟气型溴冷机组"构成区域内供热供冷系统。其中，热泵机组用于冬季供暖，冷水机组用于夏季制冷。能源站内冷热源设备配置的依据是建筑设计冷热负荷并考虑同时使用系数。夏季供冷由电制冷机组、土壤源热泵机组、烟气热水型溴化锂机组及水蓄能系统提供，冬季供热由土壤源热泵机组、烟气热水型溴化锂机组及水蓄能系统提供。另外，能源站还设置了预留热力接口，以备冬季能源站内热源设备不足以承担建筑热负荷。能源站各能源机组运行时间如图 4-4 所示。

能源站采用土壤源热泵与水蓄能相结合的方法作为空调的一种冷热源，可以大大提高能源利用率，降低一次能源的消耗，同时缓解了电网系统峰谷差的问题。土壤源热泵与水蓄能联合运行，不仅有土壤源热泵和水蓄能

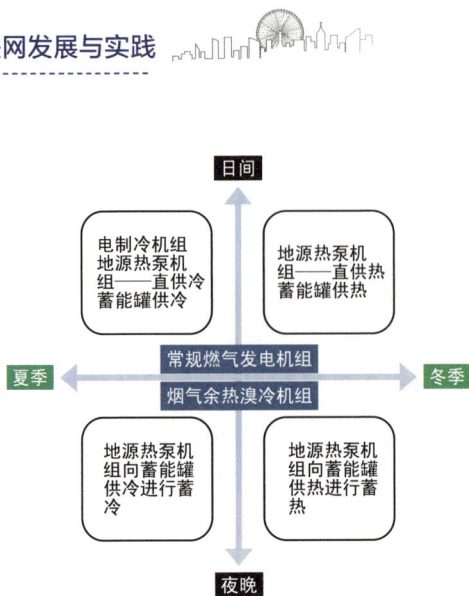

图 4-4 能源站各能源机组运行时间

的优点，还有其系统独特的优势。土壤源热泵与水蓄能联合运行，可实现热泵机组的间歇运行，减少机组的磨损消耗，延长热泵机组的寿命。再者，可减少机组在低效工况下运行的时间。另外，政府针对用电峰谷现象制定了峰谷电价，峰谷电价使得蓄能空调系统突显了节约运行费用的优点。

3. 微网级—多能协同互补技术

多能协同互补运行模式是对区域集中能源系统和分散式能源系统进行权衡配置，将目标区域中可资利用的能源如电网来电、气网燃气、太阳能、风能和生物质能等可再生能源优化整合，将目标区域中分散的小型、微型的分布式能源（包括楼宇冷热电联产 BCHP、燃料电池、燃用生物质能的锅炉、太阳能光伏发电以及小型风力发电等）所生产的电和热（冷），通过连接各建筑的电力微网和热力网络实现电力和热力的互联互通，互相补偿，从根本上建立能源的低碳应用方式。

多能互补系统可协同考虑传统能源和可再生能源，由于区域中各个建筑的负荷高峰不会同时出现，采用合理的同时系数可以大幅削减设备容量，科学设计并进行优化整合配置就可以起到很好的节能减排和节约投资的效果。如图 4-5 所示为微网级—多能互补系统示意图。

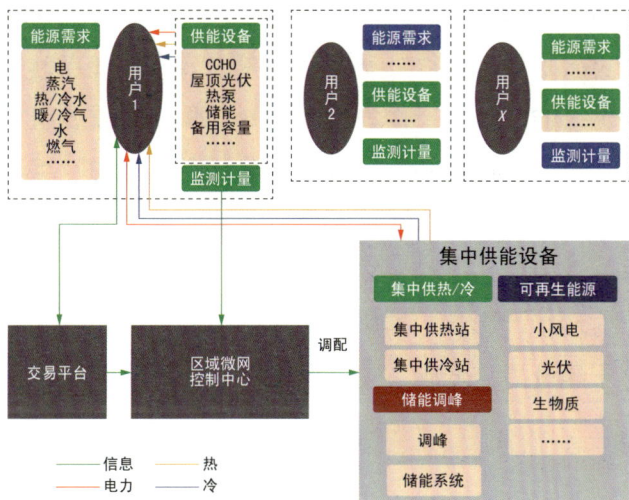

图 4-5　微网级—多能互补系统示意图

能源需求一般包括了电、气、冷、热等多种能源，传统的供能方式为各能源系统通过独立管网分别对用户进行能源供应。多能互补系统供能方式是将区域内的全部能源系统作为一个整体，综合考虑全部能源的输入、生产、传递、转化、消耗、排放和输出等过程，通过微网控制中心对各类能源进行集中调配，并在交易平台完成能源买卖。区域能源供给侧为集中供热（冷）系统、可再生能源（小风电、光伏、生物质等）和传统能源结合的综合功能系统，在微网内还将通过调峰和储能系统来实现能源保障功能。该多能互补系统具有以下三个功能：

（1）通过储能调峰，保障微网系统内能源平衡，尽可能消化更多可再生能源与清洁能源。

（2）监测用户能源情况，积累用户用能数据，预测用户负荷。

（3）通过负荷预测、实时技经分析，实现系统实时最优配置。

（四）支撑作用

电、气、热三网融合的体系构建为城市能源互联网的物理层架构提供

了重要支撑。作为缓解能源危机的重要手段之一，冷热电三联供具有污染排放低、布置灵活方便、运行可靠性高及高效节能等优点，是实现冷热电联产终端能源供给的新技术，作为城市能源互联网的重要组成部分，不但可以作为单体使用，还可以并网运行，具有双向互补的特点。在城市能源供应问题上采用能源站系统，既可以适应区域能源站分期开发特点，也有利于增强系统的安全性、可靠性，而且大大提高了能源的利用效率，最大程度上降低了对环境的影响。推广多能互补项目，可提高能源系统的综合利用效率，对于建设清洁低碳、安全高效现代城市能源体系具有重要的现实意义。

三　电动汽车智能充换电服务网络

能源短缺与环境恶化已成为全球最为关注的问题，节能减排是我国经济持续发展迫切需要解决的问题。电动汽车的推广使用，是实现以电代油最直接的体现形式，它具有零污染、零排放、经济环保、节能减排的明显优势，是城市能源互联网建设的重要内容。处于能源互联网中的各参与主体既是"生产者"又是"消费者"。电动汽车作为一种移动式、分布式的储能设施，未来将与扁平化、分散式、合作化的能源交互网络连接在一起，体现能源互联网的关键特点，并成为能源互联网的重要支柱。

（一）基本概念

杰里米·里夫金在著作《第三次工业革命》中所构想的能源互联网有五大支柱之一便是电动汽车融入电网。杰里米·里夫金所说的电动汽车包括了插电式电动汽车和燃料电池动力车，他预测，到2030年，电动汽车充电站和氢能源燃料电动汽车会普及全球，将为电网提供分散式的送电基础设施。电动汽车的普及将在运输领域掀起淘汰燃油汽车的巨大变革，有力推进能源革命。

能源革命的实质是可再生能源替代化石能源成为主体能源，最终目标则是淘汰化石能源。电动汽车能够实现电能对于终端一次化石能源的高效替代，使交通体系逐渐电气化，实现交通体系与电力体系的融合，逐步实现交通低碳化和近零碳排放。

电动汽车融入城市能源互联网存在以下几方面特征：

（1）移动式、分布式储能的独特功能。电动汽车既是交通工具，也是用电设施，同时也是储能设施。电动汽车在与电网的交互过程中，既可以在电价低时充电，起到电网低谷负荷的作用，又可以在电价高时向电网送电，参与电网调峰，从而成为能源互联网中的产消者。有研究表明，一般的电动汽车处于非行驶状态的时间大约是96％，在这些时间里它都可以发挥储能设施的作用。

（2）实现通信设施全覆盖。能源与通信的深度融合是能源互联网的核心特征。由于电动汽车和充电桩未来必须实现通信设施全覆盖，确保精确计量和实时通信，从而使电动汽车超越其他用电设施，率先实现能源网与物联网和互联网的深度融合，实现车辆的位置信息、初始电量、充电需求等信息实时接入互联网。电动汽车作为用电设施及储能设施，与其他电力供应者和电力需求者之间能够实现实时通信，从而构筑了能源互联网的坚实基础。

（3）有利于可再生能源消纳。电动汽车充电桩所用的电既可以来自于电网，也可以直接取自太阳能光伏。光伏与充电桩结合形成光伏充电站，是电动汽车促进可再生能源消纳的最直接的物理形态。未来，城市里的停车场可以实现与屋顶分布式光伏相联通，成为光伏充电站的电源；在高速公路上，服务区及公路旁边的光伏电站都可以成为光伏充电站的电源。

（4）激活电力市场。电力市场中的充电桩将是最先实现分时电价的用能设施，未来每一个充电桩、每一个充电站都是一个微型的售电商，它们根据地理位置、时段、供电资源乃至电网阻塞情况的不同，可以设计不同的价格。通过随处可及的充换电设施，电动汽车可以借助互联网技术在电

力市场中提供需求响应、备用、调峰、调频等服务，赚取收益。电动汽车将是激活电力市场的最活跃、最重要的增量因素。

(二) 应用现状

随着电动汽车产业的发展，各国政府不断加强对充换电设施的政策扶持力度，各国充换电设施建设运营规模和商业化程度逐步提升。美国在其经济刺激法案中为安装充电设施提供退税政策，私人家庭最高补贴达 1000 美元，企业达 3 万美元。部分州政府也提出了相应的退税政策，如夏威夷提供的退税优惠幅度为 30%，俄克拉荷马州提供的退税优惠幅度为 75%。美国充电基础设施主要分布在东部和西部的沿海地区，大部分是由充电设施专业运营商经营的充电站，其中，Charge Point 是美国最大的充电基础设施运营商。日本政府目前主要为公共快速充电设施提供补贴。日本经济产业省以快速充电设备建设总成本为补贴参考基准，实际补贴额度最高可达参考基准的 50%。日本充电基础设施的建设主体为私营公司，政府和整车企业为充电基础设施的建设提供支持。

随着我国"十城千辆"及私人补贴试点等电动汽车推广示范工程的推进，我国政府对充换电设施的政策扶持力度不断加大，国家电网公司及中国南方电网公司等企业积极参与充换电设施建设运营工作，目前我国已成为世界上充换电设备最多的国家。截至 2016 年底，国家电网公司已累计建成充电桩超过 4 万个，已经形成"六纵六横两环"的高速路快充网络，覆盖 1.4 万千米、13 个省份、95 个城市；其中，高速公路快充站平均间距不超过 50 千米，每个站点配备 4 台直流充电桩，单台最大功率 120 千瓦。在电动汽车运营管理方面，国家电网公司于 2015 年 12 月成立了国网电动汽车服务公司，经营范围包括电动汽车充换电技术服务，新能源汽车、电子产品的技术开发、技术转让、技术咨询、技术服务、项目投资等。图 4-6 为电动汽车充电桩规模化应用。

图 4-6　电动汽车充电桩规模化应用

（三）关键技术

1. 充换电技术

电动汽车电能供给方式主要分为充电和换电两种方式。其中，对于充电方式，根据充电时间的长短可分为交流慢充和直流快充；根据充电装置和汽车接收装置的不同连接形式可分为传导式充电和感应式充电。交流慢充是指采用小电流在较长的时间内对蓄电池进行慢速充电，一般充电时长为 5～10 小时。交流慢充技术充电装置和安装成本较低，可充分利用电力低谷时段进行充电，降低充电成本，保证充电时段电压相对稳定，但充电时间较长，难以满足车辆紧急运行的需求。直流快充是指较大的电流在 12 分钟到 1 小时的时间内为电动汽车进行充电的一种方式。直流快充技术充电装置和安装成本较高，充电时间短，在公共充电站应用率较高。换电方式是指用充满电的动力电池组更换车上需要充电的动力电池组，实现电动汽车能源的快速补给。换电可以利用低谷时段给蓄电池充电，同时又能在很短的时间内完成电动汽车电能补给过程，与现有燃油车的加油时间大致相当；同时，电池更换模式可以及时发现电池组中电池单体的问题，对于电池的维护工作具有积极意义。

2. 智能充换电服务网络规划建设

电动汽车智能充换电服务网络建设，应充分探索区域智能充电网、"互联网＋"及物联网有效融合途径，推动充换电网络向能源互联、高度智能、深度融合方向发展，充分满足电动汽车充电服务需求。一是以城市智能交通网络为基础，以高速、一二级公路、市内交通干线为主体，以路网交叉口、道路沿线、服务区、热点点位等为站点，构建城市充电基础设施网络，实现交通网与充电基础设施网的有机融合；二是融合电力网就是以智能配电网为支撑，综合考虑网架结构、站线容量、装备水平、供电保障、电能质量等因素，合理布局充电基础设施，保障充电服务的安全、可靠、优质，同时促进区域电网的完善和优化，实现电力网与充电基础设施网的有机融合；三是融合充电网就是综合考虑车辆出行、充电半径、服务时效等因素，在融合交通网、电力网的基础上，对充电基础设施站点和网络进行调整和优化，服务电动车通畅出行、快捷充电，实现交通网、电力网、充电网三网的最优融合。

3. 电动汽车与电网互动技术

电动汽车与电网互动技术（vehicle to grid，V2G，简称 V2G 技术），是新型电网技术，电动汽车不仅作为电力消费体，同时在电动汽车闲置时可向电网回馈电能，实现在受控状态下电动汽车与电网之间的能量、信息双向互动。V2G 技术既解决了电动汽车大规模发展带来的充电需求问题，又可将电动汽车作为移动的、分布式储能单元接入电网，用于调峰、调频和旋转备用等，在提高电网供电灵活性、可靠性和能源利用效率的同时，延缓电网建设投资。V2G 技术是融合了电力电子技术、通信技术、调度和计量技术、需求侧管理等高端综合应用，V2G 技术的实现将使电网技术向更加智能化的方向发展，也将使电动汽车技术的发展获得新突破。

4. 无线充电

无线充电技术利用电磁感应技术实现以无线方式对电动汽车进行电量补给。电磁感应器埋在地下，电动汽车上安装接收器，车开上去自动充电，

车离开后，又自动关闭。2014 年 9 月，国内第一条新能源汽车大功率无线充电公共汽车商用示范线在湖北襄阳正式启动并投入运营。此次投入运行的公共汽车无线充电装置总功率为 60 千瓦，每分钟可充 6 千瓦·时电能。该条线路单程距离为 17 千米，理论上充 4 分钟就可跑完单程。无线充电技术首先在行驶路线基本固定的公交线路上实现商业运用，并有望向小型乘用车领域扩展。

(四) 支撑作用

电动汽车智能充换电服务网络，对应城市能源互联网的物理层。从能源传输、转化、转移的角度看，能源互联网实现了能源在时间、空间、形式等方面的变化。电动汽车与能源互联网的互动可视是指电动汽车在受控状态下与智能电网的双向互动与能源交换。电动汽车在充电时，可看作用电负荷；在放电时，可看作储能装置。从能源形式角度看，能源互联网实现了多能源系统、多能源种类的复杂耦合，在电动汽车充电桩等转换元件中，多种能源形式实现相互转化。能源互联网能够通过分时电价来引导和协调用户在需求侧的充电行为，以实现电动汽车及相关用能设备的"即插即用"。

电动汽车智能充换电服务网络融入城市能源互联网提供支撑作用包含四个层次：

第一层次是**实现车桩匹配**。在电动汽车和充电桩资源数量不断增长的状况下，基于互联网匹配充电车辆和充电桩资源，使电动汽车实现方便快捷的充电。

第二层次是**繁荣电力市场**。电动汽车充分利用电力市场的实时电价政策，作为低谷负荷为电网"削峰填谷"并起到需求响应的作用，同时可以有效消纳城市分布式光伏。

第三层次是**参与辅助服务**。电动汽车借助互联网平台参与辅助服务，向电网公司、售电公司以及终端用电客户提供应急供电、需求响应、备用、

调峰、调频等服务，赚取收益，电动汽车可以成为实现能源共享的最活跃的要素。

第四层次是**实现智能集成**。未来电动汽车可以实现无人驾驶状态下自行到达充电桩自主充电和自主换电。在互联网相关软件支持下，车辆除了接送车主出行外，可穿梭在城市中，为乘客提供专车服务，同时灵活地选择充放换电，并通过参与电力现货市场和辅助服务市场向电网和用电客户收取服务费。电动汽车已成为能源共享经济的旗手和体现城市能源互联网的最佳标志性代表。

四 智能配电网

随着经济社会持续快速发展，以及温室效应、雾霾等环境问题的不断加剧，国家能源发展战略和结构发生深刻变化，风能、太阳能等清洁能源列入国家优先发展战略。新能源和分布式电源发展迅猛，社会用电友好互动要求不断提升。建设一个具有适应性、灵活性及开放性功能的智能配电网，可以优化城市能源供应和消费结构，降低传统化石能源的直接消费，为经济社会可持续发展提供更加安全、更加优质的能源供应。

(一) 基本概念

智能配电网是以坚强配电网架为基础，集成现代网络技术、控制技术和信息技术，兼容各类分布式电源，服务电动力汽车等多元化客户的"能源互联网"，是灵活高效的能源配置和互动服务平台。智能配电网应具备以下五个维度的核心特征。

安全可靠。坚强的网架和高水平的技术装备，是电能生产和传输的最重要保证。城市对电力供应的依赖性高，在建设智能电网的过程中必须把"安全可靠"放在首位，以保障对用户的不间断供电。

服务优质。城市作为区域经济中心，经济增长速度较快，负荷密度较

大，高端用户聚集，用电需求呈多元化，对电力服务质量要求苛刻。建设智能电网必须把提供高质量、多层次、多样化的服务放在重要位置，满足用户用电服务需求，塑造优秀的企业形象。

经济高效。 智能配电网在为城市经济社会发展提供坚强电力供应保障的同时，也必须注重提高设备利用率，确保智能配电网的经济高效运行。

绿色低碳。 "环境友好、资源节约"是城市经济社会发展的未来方向。智能配电网要充分发挥资源配置的重要作用，促进清洁能源发展和节能减排。

友好互动。 未来城市供电网不应仅仅专注于保证安全可靠供电的基本要求，还需要注重提升用户互动水平和增值服务能力，实现电网、电源和用户之间电力流、信息流、业务流的多向互动，在满足用户多样化需求的同时，激励用户主动参与电网调节，提高电网整体运行效率。

（二）应用现状

北京智能配电网示范工程选择在北京未来科技城实施，系统最大负荷不小于 200 兆瓦，220 千伏变电站 2 座，110 千伏变电站 5 座，10 千伏配电室不少于 30 座；清洁能源种类不低于 4 类：冷热电联产机组不小于 250 兆瓦、垃圾焚烧发电不小于 30 兆瓦、垃圾填埋发电不小于 54×1.25 兆瓦、多点接入光伏发电总量不小 5.68 兆瓦、风机不小于 1.5 兆瓦，电动汽车集中充放电站容量不小于 10 兆瓦、储能规模不小于 500 千瓦 /（兆瓦·时）。全网可再生能源装机不低于总负荷的 20％。示范工程完成后可实现 100％全额消纳可再生能源，核心区供电可靠率不低于 99.999％，具备提供无电压暂降和短时中断的高品质电力定制能力。

天津智能配电网示范工程选择在滨海新区中新生态城实施，为我国乃至世界智能电网发展建设发挥了示范作用。示范区在推进电网智能化建设方面，开展智能变电站、配电自动化、设备综合状态监测等子项建设。实现配电网双环网供电模式和配电自动化全覆盖，通过提升系统网架结构、

运行控制和在线监测能力,实现配电网自愈、精准调度、故障判断和预测性维护,提高能源利用效率、电网智能化和安全稳定运行水平;示范区在建设分布式能源网络方面,开展分布式电源接入、微电网及储能系统等子项建设。实现 4.5 兆瓦风电、10.5 兆瓦光伏,共计 15 兆瓦分布式电源的友好接入与全额消纳;在生态城动漫园依托 1.5 兆瓦冷热电三联供、922 千瓦峰值光伏以及 400 千瓦·时储能,建设 2 个微电网系统,构成园区多微电网;建设多级能源综合协调控制系统,实现风、光、储、冷、热、电多种能源协调优化运行,初步构建多能源协调互补、开放共享的能源互联网;示范区在探索用电侧服务管理方面,开展电动汽车充换电设施、自动需求响应、大数据平台等子项建设,建设 1 座充电站和 105 个充电桩的电动汽车充电网络,推动车联网平台在津上线运行,推进电动汽车等电能替代技术的应用;选取生态城 80% 以上的专用变压器用户和常住居民用户参与自动需求响应,实现"削峰填谷",提高能源利用效率;引入大数据分析等技术,建设基于能源大数据的能源信息服务平台,为政府、企业、居民和电力公司提供节能减排、用能策略、电力经济指标分析预测等智慧公共服务;示范区在发展基于电网的通信设施和新型业务方面,开展 100% 电力光纤到户、智慧家庭等子项建设,完善能源互联网信息通信系统。开通"电子化交费渠道",实现手机 APP、微信、支付宝购电,在线账单查询等功能;依托智能电网发展家庭能效管理,开展家庭能效分析及诊断,提供智能用电、智能家居、用户管理、终端管理和设备管理等系统服务。

(三) 关键技术

1. 智能变电站技术

智能变电站建设以实现"系统高度集成、结构布局合理、装备先进适用、经济节能环保、支撑调控一体"为目标,结合其工业设施的功能定位,合理应用新技术、新材料、新工艺,实现工程全寿命周期内资源节约、环境友好。智能变电站主要包括变电站过程层智能设备、保护测控集成装置、

一体化监控系统等，融合新一代智能变电站与模块化建设，扩大新一代智能变电站试点工程范围和覆盖电压等级，通过多功能测控装置、合并单元智能终端集成装置、保护测控集成装置、多合一装置、站域保护控制装置、集中式保护装置、预制式二次组合设备、一体化业务平台等智能设备与系统的研发，实现同一间隔电压测量数据和开关状态数据的统一接入，减少设备种类和数量，简化功能实现的流程，提高集成装置可靠性、提高整合资源的利用效率，加强智能化、小型化、长寿命、易维护、节能环保的智能一、二次集成设备的应用，提升装置的智能化水平。智能变电站推广应用过程主要分以下三步：

第一步，推广 110 千伏新一代智能变电站建设，全面巩固新一代智能变电站技术及模块化建设技术。采用高度集成的智能一次设备、层次化保护、多功能测控装置、合并单元智能终端集成装置，预制（舱）式二次组合设备，以及"前接线、前显示"二次装置，以实现变电站标准化设计、工厂化加工、模块化建设，提高建设效率，实现站域保护控制装置的实用化。优化监控系统的结构和功能，深化智能告警、信息综合分析、一键式顺控等高级应用功能，研究地级保护下放布置相关技术，研究环境、电磁干扰等对保护装置的影响，并在 110 千伏户外 AIS❶ 变电站试点应用。

第二步，深化标准化建设工作，固化变电站集成设备模式，规范一次设备与二次设备、二次设备间采用标准化连接；遵循 DL/T 860《变电站通信网络和系统》系列标准，实现信息、模型及接口标准化，提高互操作能力，实现顺序控制等高级应用功能模块化、标准化、定制化；研究二次设备和一体化业务系统标准化，实现不同厂家同类设备或应用功能模块的通用互换，实现智能一次设备、二次系统的一体化调试，实现变电站设备间的"即插即用"。结合电网公司建设方案，对达到预期寿命的变电站进行智能化改造。开展小型化、工具化机器人应用试点，建成变电站智能机器人

---

❶ AIS 为空气绝缘敞开式配电装置。

巡检信息管理平台。

第三步，巩固新一代智能变电站建设技术及标准化成果，全面建设以"安全可靠、控制灵活、运维简便、经济环保"为目标的智能变电站，进一步提升变电站总体智能化水平，逐步实现变电站的"即插即用"和远程监控维护特征，全面推广小型化、工具化机器人并全面配置变电运维班组。保证110千伏及以上变电站重要设备、"带病"设备可用成熟的在线监测装置，并接入变电设备状态分析及预警系统；110千伏及以上重度污染地区变电站建成污秽监测系统。

2. 分布式电源多能互补技术

在国家分布式光伏示范区积极开展分布式电源多能互补示范工程建设，建设光伏、风电、冷热电三联供分布式电源并网工程，采用智能接口设备、安全保护装置，满足渗透率超过25%的分布式电源接入需要，示范高渗透率分布式电源的友好并网。分布式电源多能互补技术示范应用过程主要分以下三步：

第一步，推广应用具有虚拟同步机特性的光伏逆变器、光伏—储能高效智能充电控制装备，集成型多功能分布式光伏并网接口装置，将具有虚拟同步机特性的光伏逆变器的功率调度纳入光伏微电网能量管理系统，研发光伏并网装置与分布式电源管理系统的实时信息交互功能，实现分布式电源"即插即用"和友好并网，提升配电网接纳分布式电源的能力。

第二步，推广应用分布式电源及微电网在线监测故障识别系统，利用微电网风险运行状态识别技术，构建风险运行状态特征专家库，自动识别风险运行状态；构建运维信息动态储备库，主动推送运维关键信息，实现运维全过程实时交互辅助支持。

第三步，推广应用分布式电源智能服务互动平台，掌握分布式电源在不同运营模式下对经营效益的影响，提高分布式电源运营信息化动态管控水平，为客户提供便捷优质服务，掌握分布式电源并网信息，监测分布式电源消纳与转供情况。

3. 微电网协调运行技术

开展微电网协调运行示范工程建设，建设包括光伏、风电、热泵等多类型能源的微电网，研究含高密度微电网的配电网广域监控、主动管理、协调互动和全局优化运行技术，安装有源滤波器和无功补偿装置，建立微电网运行调控平台，实现联络线有功功率、无功功率和电能质量的精确控制，示范微电网与大电网的协调运行。开展基于先进能效管理的智能微电网关键技术集成示范。微电网协调运行技术示范应用过程主要分以下三步：

第一步，选择示范试点区域开展基于先进能效管理的智能微电网关键技术集成示范。建设包含分布式光伏、冷热电三联供、地源热泵、水蓄冷、电储能在内的区域多微电网。

第二步，研究区域多微电网多种运行模式的协调控制与模式切换技术，研究基于冷热电联合调节的微电网综合能量管理技术，研究区域微电网对于园区多级能量管理系统的支撑技术。

第三步，在技术比较成熟的情况下，研究多方参与的区域规模化分布式光伏运营管控模式，包括投资建设模式、交易运营模式、运维管理模式等。研究区域规模化微电网管控的政策适应性。选择大型微电网接入区域，开展电能的就地平衡、区域自治和局域流通交易的示范。

（四）支撑作用

智能配电网是城市能源互联网物理层的核心组成部分。城市能源互联网的研究和建设首先是从配用电端开始的，因此智能配电网的发展前景是能源互联网。智能配电网可以全面监测感知城市能源供需情况、能耗指标，做到合理调配和使用电、气以及光伏、风电等能源资源，实现能源供给均衡、提高能源利用效率、减少排放，做到促进城市绿色发展，保证城市用电安全可靠，丰富城市服务内涵。一、二次能源的综合利用是未来智能配电网的"任务"，基于系统能效技术，智能配电网通过能源生产、储运、应用与回收循环四个环节能量和信息的耦合，形成能量输入和输出跨时域的

实时协同，实现系统全生命周期的最优化和能量的增效，能效控制系统对各能量流进行供需转换匹配、梯级利用、时空优化，以达到系统能效最大化，最终输出一种自组织的、高度有序的高效智能能源。

尽管城市能源互联网涵盖了多种形式的能源网络，构建城市能源互联网要确立电力作为能源资源的核心地位。智能配电网技术是城市能源互联网的核心技术，因为其对清洁能源应用的支持，从某种意义上支撑了城市能源互联网构建。未来，在智能配电网技术支持下的城市能源互联网，不仅是传统意义上的能源输送网络，还是功能强大的能源转换、高效配置和信息互动服务平台。面对清洁能源和分布式发展趋势，分布式网络越是发达越需要坚强的骨干网架给予强力支撑，因为大范围分布式的微型能源网络并不能全部保证自给自足，需要联网进行能量交换才能平衡能量的供给与需求。

五 高性能能源通信网

通信网在构建城市能源互联网的进程中发挥着重要的引领作用，是实现城市能源互联网的重要基础，通信技术与能源技术深度融合，实现调度运行、智能决策支撑的优化和提升，将极大地推动城市能源互联网的建设进程。

（一）基本概念

高性能能源通信网与能源技术深度融合，采用光纤、载波、无线等技术构建覆盖全市域、全领域的能源通信网，实现供电、供热、供气等各类能源主体信息的实时采集，形成信息流即时通畅、能源流经济高效、业务流多元互动的新型能源信息网络平台。能源通信网既是能源互联网实现高度智能化的技术保障，也是其充分发挥价值作用的实现基础。能源互联网通信范畴如图 4-7 所示。

　　可靠安全通信技术是能源互联网
的关键技术之一。能源互联网中通信
结构复杂，数据处理量大，要求高性
能能源通信网络满足网络时延要求
小、数据传输优先级分类、可靠传
输、时间同步以及支持多点传输等多
种功能。高级测量体系、分布式设备
的"即插即用"都需要高性能能源通

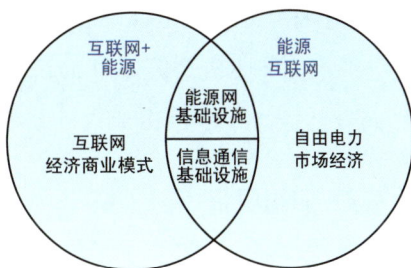

图 4-7　能源互联网通信范畴

信网实现负荷设备与调度机构通道支撑和分布式设备的识别与接口。具体
需求如下：

　　(1) 多样的信息采集能力和灵活的网络接入能力。分布式能源以多种
形式接入电网，需要适应不同环境的信息采集方式和网络通信方式，灵活
的网络接入可以保障已有网络的稳定运行。从另一角度看，多种网络接入
方式可便于广大用户随时随地参与到能源交易中。

　　(2) 高速可靠的网络传输能力和海量信息存储能力。能源互联网的发展
必然带来海量数据，而高速可靠的网络传输能力可以实现局域内部信息共享
和广域信息实时交互，海量信息存储能力可以保障数据资源的全面和完整。

　　(3) 高效的数据处理能力和规范的业务处理能力。能源互联网同样将
面临数据洪流问题，高效的数据处理能力可以实现数据有效筛选与管理，
规范的业务处理能力能够保障企业标准化高效运作，为用户提供更优质的
服务。

　　(4) 智能的数据分析和决策能力。能源互联网主要目标是实现能源网
络内部和能源网络之间的能源合理配置，实现绿色高效，而智能分析与决
策能力是实现这一目标的关键。

　　(5) 强大的网络和信息安全保障能力。能源安全、电力交易等关系到
国家稳定和广大用户的切身利益，工控安全、网络安全和信息安全是能源
互联网建设必不可少的环节。

未来配电网中，包括微电网、可控分布式发电（distributed generation, DG）、开关、可控负荷以及其他可控设备将呈现爆发式增长。合理的通信结构与通信载体对于配电网中各可控设备协调配合至关重要。

（二）应用现状

在石油管网领域，通信系统已形成了以光纤通信为主，卫星和无线公网为辅的网络格局。随着管网信息化建设的需求，传输的数据量越来越大，光传输通信已成为石油长输管道业务传输的首要通信方式，组建了庞大的光通信网络。现有的石油管网通信光缆由原来单一链路逐渐向环形网发展，从而连通已建设的各石油管道线、地区石油企业以及国内各大油田。建设高可靠性、高速度，能够满足未来新增业务需求，以及高传输质量的经济高效的光传输网，是未来石油管道通信网建设的发展方向。

在天然气管网领域，长输天然气管道通信方式的选择越来越多。传统的通信方式有公网（国家公用通信网）通信、微波通信、光纤通信、卫星通信等。卫星通信以其投资省、可靠性高、通信质量好、远端站建站快捷、维护量小等优势得到广泛应用。光纤技术也以其传输容量大，可与长输管道同沟敷设等优势，得到了极大的普及应用。通信系统逐步形成了卫星通信、光通信等多种通信方式并存的网络格局。

在电网领域，骨干通信网以光通信技术为主要方式。传输网覆盖和延伸能力不足的地区，租用运营商资源或与运营资源置换。终端通信接入网分为 10 千伏通信接入网和 0.4 千伏通信接入网。10 千伏通信接入网承载配电自动化、电能质量监测、配电运行监控、配电变压器监测、分布式电源控制等业务，并作为 0.4 千伏通信接入网承载业务的上联通道。0.4 千伏通信接入网承载用电信息采集、电力需求侧管理、负荷监控、电能采集管理和充电桩管理等业务。国内各城市电力通信网基本均形成了光纤通信技术为主的骨干通信网和光纤、载波、无线相结合的终端通信接入网，实现变电站、配电室、环网柜、分布式电源、电动汽车充换电站等全电压等级各

类型设备信息的上传。

在试点工程方面，国内部分城市如广州、大连、天津等，均结合自身业务特点和发展规划，开展了承载配电自动化、用电信息采集、配电网抢修移动作业等多业务的无线专网建设。通过无线专网建设，实现 TD-LTE、光纤网络、载波网络、无线公网等多种组网方式有效融合，构建"灵活接入、安全可靠、经济高效"的统一终端通信接入平台。

同时，各城市电网公司在积极推进"四表合一"。在智能电能表集抄基础上将智能水表、智能热力表、智能燃气表融为一体进行集中抄表，将采集的数据通过电力通信通道传输到管理平台，并为用户提供用水、电、热、气信息发布和查询平台，实现跨行业用能信息资源共享，市民享受一张卡、一张单的一站式便利服务。

(三) 关键技术

1. 接入灵活的无线技术

广泛互联是能源互联网的基本特征之一，无线接入技术是实现广泛互联的前提，多样化的无线接入网络，可以保证能源和信息设备随时随地的接入网络。基于专用网络、公用网络融合的能源电力通信网络体系架构，结合已有的光缆等电力通信技术，与 4G/5G、卫星通信技术等结合，构建广泛互联的通信网体系，多样化的无线技术为能源互联网提供了各种场景下的接入支持，为城市能源互联网提供全链条的通信技术支撑。接入灵活的无线技术便于广大用户随时随地参与到能源交易中，使得能源互联网更加的灵活。

2. 开放的软件定义技术

开放互动是能源互联网的另一个基本特征，而能源互联网要实现开放性，则需要可再生能源、储能以及用能装置的"即插即用"，产能与用能实体的灵活接入和实时平衡，区域到广域的能源互联，还需要跨能源与多种形式能源实体的互联协议的支持。将软件定义网络（software defined net-

work，SDN）理念引入到能源互联网中，结合能源互联网开放互动的基本特征和 SDN 灵活、高效、可编程的优势，实现能源互联网的开放互动。SDN 技术是基于控制和数据分离的网络架构技术，包含业务层、控制层和转发层，能够支持获得全局网络资源信息并对资源进行调配和优化。在能源互联网中，借鉴软件定义的思想，将可控负荷、储能等设备的控制功能进行抽象，通过能源交换机、路由器实现集中式控制，实现对能量流的优化和信息流的管理，实现能量网络/通信网络相互映射的控制平面和通信资源配置，形成支撑能源资源调配的自适应网络架构，从而实现电能和信息的一体化控制，达到电能高效利用的目的。

3. CPS

信息物理融合系统（cyber‐physical systems，CPS）是在物理世界感知的基础上，深度融合计算、通信和控制能力的系统。德国提出的"工业4.0"战略中，将 CPS 作为关键基础技术，旨在实现工业生产系统及过程的智能化。构建以 CPS 理论为基础，并考虑能源电力系统的特点，结合智能电网由大量的电气设备、数据采集设备和计算设备组成，通过电网、通信网两个实体网络互连的特性，可分为智能连接层、信息转换层、信息空间层、认知层和控制层。实现电力流和信息流的高度一体化融合。

4. AMI 通信

AMI（advanced metering infrastructure）承担着用户侧信息采集、传输的任务，在能源互联网下，由于用户侧数据量的增长以及业务复杂度的上升，AMI 通信也成为需要解决的一个关键问题。能源互联网下的 AMI 网络具有数据量大、数据采集点多、对信息时延敏感、覆盖范围广等特点，AMI 网络拓扑设计需要高效、低成本地满足能源互联网下的新要求。AMI 网络中的智能表计受计算能力、电池功率等限制，另外节点位置相对固定、网络规模较大且连接不稳定，符合低功耗有损网络的特点。

5. 通信网络安全问题

能源通信网网络结构可延伸至居民家庭中，信息安全中的机密性、完

整性、可用性在能源互联网的通信设施中都要得到保证。能源互联网中的能源交易情况会变得很复杂，会出现用户与能源公司的双向交易、用户与用户之间的双向交易。

（四）支撑作用

能源通信网对应能源互联网的信息层。覆盖城市能源所有地域、所有领域的能源通信网，是城市能源互联网的智慧支撑。城市能源互联网需要信息实时交互支撑，实现数据的自由流动，要借助先进的信息通信技术，将不同领域多通信协议和标准融合与交互，实现海量信息的有效处理、存储与分析，让电网更加自由地在各区域之间高效配置能源电力资源。

能源互联网的核心载体必须依靠信息网络的高级数据分析和应用才能实现目标，作为物理网和信息网间的纽带，能源通信通路为各类应用提供信息采集与传输通道的基础服务，以传感器、射频识别等传感装置为信息采集手段，以光纤、无线、电力线载波等为主，其他通信方式为补充的通信网络为载体，实现在广域范围内能源生产、传输、配送、转换、消耗等数据的自动化采集与可靠性传输。

高性能能源通信网的建设在电网领域对于有效推进配电自动化，试点并推广宽带载波、4G 无线专网等新型通信技术起到积极的作用，同时，有力助推了"四表合一"试点建设工作，其对城市能源互联网的支撑如图 4-8 所示。能源通信网实现了 110 千伏客户、重点 35 千伏客户、发电用户，利用现有数据专网对用户变电站的测量；对于重要用户、低压侧电网结构复杂的用户可将测量范围延伸至用户低压侧电网乃至重点用电设备。高性能能源通信网为城市能源互联网提供高效的信息支撑，有效延伸了能源互联网综合服务平台的测量范围，使电力消费者、电网、电力企业的联系更为紧密，实现端对端的连接；承载更多能源互联网管理型数据信息，实现大数据分析、网络管理及分布式处理等功能；从用户需求出发，为电力消费者提供多类型能源互联应用。

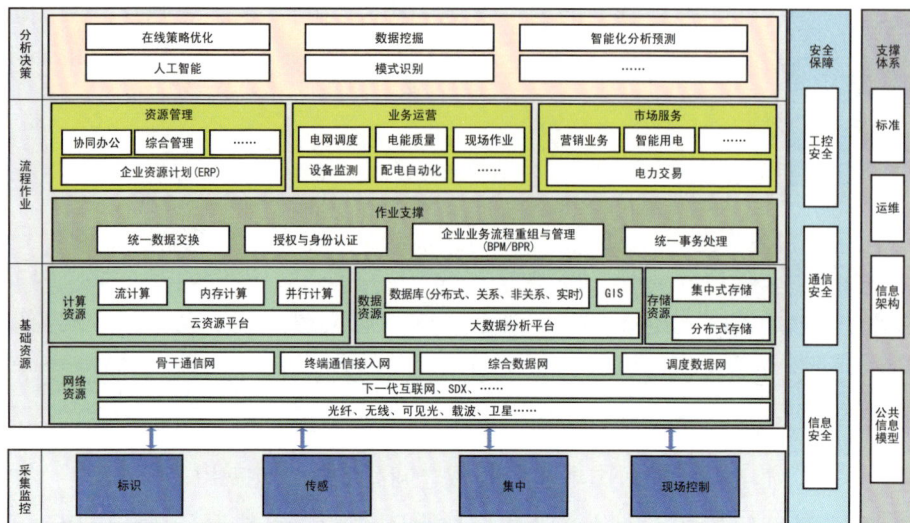

图 4-8　高性能能源通信网对城市能源互联网支撑

六　用户需求响应

(一) 基本概念

目前，需求响应概念主要应用于电力行业，是指电力用户在一定的时间因响应特定的价格信号、电费奖励补贴及保障电力可靠性的信号而采取的减少用电的行为，从而实现"合理错峰"和"削峰填谷"，统筹协调需求侧与供给侧资源，提高终端用电效率和改变用电方式。按用户不同的响应方式分为基于价格的需求响应和基于激励的需求响应两种类型。

基于价格的需求响应是指用户响应零售电价的变化并相应地自主调整用电需求，包括分时电价、实时电价和尖峰电价。用户通过内部的经济决策过程，将用电时段调整到低电价时段并在高电价时段采用减少用电的方式来实现减少电费支出的目的。

基于激励的需求响应是指需求响应实施机构制定相应政策来激励用户

在系统可靠性受到影响或者电价较高时，及时响应并削减负荷，包括直接负荷控制、可中断负荷等，其激励费率一般体现在电价折扣或者切负荷赔偿等方式。一般用户需要与需求响应实施机构签订合同，并在合同中明确用户的基本负荷消费量和削减负荷量的计算方法、激励费率的确定方法以及用户不能按照合同规定进行响应时的惩罚措施等。

能源互联网将互联网技术与互联网理念融合到传统能源行业，在城市能源互联网发展背景下需求响应不再局限于电力范围内，而将逐步扩展到用户对多种形式能源的综合需求响应，终端用户利用用户侧的多种能源管理系统，以各种能源的价格水平和激励措施为依据，主动改变用能模式和用能行为。这种能源行业新的变革为用户侧带来了新的机遇与挑战，其优点如下：

用户选择更加灵活。通过建立能源共享网络，允许多种能源形式的互联互通和综合应用。未来城市能源互联网用户侧的用能形式将打破现有固定模式，用户可以根据需要、经济性、环保需求等多方面的因素任意选择用能模式，增加了用户用能的灵活性。

增强能源系统可靠性。在一种类型能源网络出现故障或者局部、个别时段的能源短缺时，通过不同类型能源转换的方式进行能量补充。

更大范围内实现用户与运营主体双赢。通过用户侧多能源互补协同利用，实现用户侧参与能源系统调控，协调优化城市能源互联网中供需双侧资源，降低了系统的运行成本，实现用户与运营主体之间的双赢和更大范围的能源综合利用。

（二）应用现状

需求响应目前的研究应用主要集中在电力需求响应，经过几十年的发展，积累了丰富的实践经验。

1. 国外应用现状

20 世纪 70 年代中期，以美国为代表的西方发达国家率先开展了电力需

求侧管理和需求响应研究，以激励用户降低能源使用，经过几十年的探索发展取得了显著成效。

美国通过实施得克萨斯州自动需求响应项目，实现空调负荷智能管理，该项目利用温控器循环控制用户的空调，同时允许用户利用在线工具自行控制智能温控器，有效削减夏季下午的高峰负荷；针对工商业用户开展加州自动需求响应项目；提供辅助服务的需求响应项目，在需求响应服务上拓展了旋转备用功能并取得了显著成效。

自 20 世纪 70 年代石油危机，法国开始以最大限度降低能源消耗为目标，实行了多种需求响应政策措施。针对工业、第三产业、居民用户等实施不同的激励措施，例如推广变频电机、建筑物照明系统、节能灯和具有能效标志的节能家电等；以实时电价、峰谷分时电价和季节性电价为基础，确立分别适用于工业、第三产业以及居民用户的绿色电价、黄色电价和蓝色电价的电价结构，并实施高峰日减荷电价、可调电价等作为上述电价结构的补充。

英国典型的自动需求响应项目主要有两个：一是英国政府的能源信息反馈项目，利用智能电能表和通信技术及时反馈能源消费信息，从而成功达到减少能耗和转移峰荷的效果；二是英国南苏格兰能源公司的自动需求响应示范项目，面向工商业用户，采用自动控制产品接受需求响应自动化服务器发出的信号指令，并与楼宇自动化管理系统实现通信，对用户预设的运行参数进行短时的微调，如关掉部分灯源或启停部分设备。

2. 国内应用现状

我国需求响应研究起步较晚，尽管相比于西方发达国家有较大差距，但经过各方努力发展至今取得了较大成效。

自 2004 年起，从国家层面相继出台了《加强电力需求侧管理工作的指导意见》《电力需求侧管理办法》《有序用电管理办法》《关于做好工业领域电力需求侧管理工作的指导意见》等一系列需求侧管理、需求响应方面的政策规定，明确了"电力用户是电力需求侧管理的直接参与者，国家鼓励

其实施电力需求侧管理技术和措施"。随着 2012 年居民阶梯电价政策开始在全国范围内实施，同年北京市、江苏省苏州市、河北省唐山市和广东省佛山市确定为首批需求响应试点城市，2013 年全国电力需求侧管理平台的建设工作启动，我国的电力需求响应工作得到全面迅速的发展。

在基于价格的需求响应项目方面，我国当前主要应用的是分时电价（包括峰谷电价、丰枯电价两种形式）和尖峰电价两类电价政策，执行对象包括工业、商业和居民用户等。不同地区的电网负荷情况、行业结构、气候条件等存在差异，工业、商业和居民的负荷特性也有所不同。因此，各地制定的分时电价政策也不尽相同，在季节、时段划分、时段数量、比价关系方面都存在差异。

近年来，在国家相关政策支持引导下以试点城市、示范工程为基础对基于激励机制的需求响应项目开展相关研究。根据相关政策，试点城市可采用更为灵活的需求响应政策，如对钢铁企业等大用户实行可中断负荷电费补贴，对实行需求响应示范项目及能效电厂项目给予冲抵电费的政策支持。同时，充分利用分时电价、差别电价政策，促进"削峰填谷"，实现电力动态平衡。其中，实施尖峰电价与可中断电价是深入开展电力需求响应的标志性措施。2015 年夏季，作为需求响应试点地区的佛山市、苏州市、北京市、上海市通过省市级电力需求响应平台实施了电力需求响应。2016 年夏季，江苏省进一步明确和完善了需求响应实施细则，继续开展需求响应。

（三）关键技术

在能源互联网框架下的需求响应被赋予了更广泛的含义。相比于电力需求响应，综合能源领域的市场参与主体更多，能源市场竞争程度更剧烈，各个能源市场主体为了更好地满足用户需求，吸引更多用户参与，不仅需要提供能源供给服务、节能咨询服务，还要通过智能、安全的运维服务保障用户的可靠性和安全性，通过综合能源解决方案服务，提升用户体验，

提高用能效率。

1. 用户侧需求潜力决策分析

在能源互联网中，用户同时具备能源消费者、储存者、提供者等多重角色，与传统电力需求响应相比，城市能源互联网中的需求响应体现了用户和能源供应、能源需求之间更加多元、复杂的协调对应关系。在进行用户侧需求响应资源潜力分析时，首先需要考虑不同能源的替代性，其中在各种能源类型供应中可能具有时间断面的不同时性，如光伏发电、燃气、储能等能源供应具有明显的时间差异；其次需要考虑各种能源类型需求中具有的同时性，如居民用户对电能和燃气的能源需求等，充分挖掘用户需求侧调节能力。

多种角色的切换能够有效提高用户参与度、在能源互联网中每个用户/应用都是该网络的参与建设者，即同时具有能源消费者、储存者、提供者三重角色。这种以互联网进行大众开发、利用能源的方式，使得终端用户被动变为主动，提高了用户在系统运行和能源市场中的参与程度，有利于充分挖掘用户需求侧的潜在潜力。

用户参与需求响应（提供需求侧资源）的可能性取决于用户在部分能源终端或被替代或者部分削减需求的情况下还能保证终端需求的舒适度和在某一水平下使用能源的能力。需求响应是否获益需要用户通过内部的经济决策过程，根据自身使用的能源形式、利用方式的不同，依据价格信号或者激励措施的不同来具体实现。因此对用户侧进行深入、精细的用能模式挖掘，制定不同的能源价格机制或激励机制，引导用户合理用能，发挥用户在系统运行中的重要作用，有效提高用户的用能效益，是协调城市能源互联网供需侧资源的重要实现手段。

2. 高级量测体系

根据美国联邦能源政策委员会的定义，高级量测体系（advanced metering infrastructure, AMI）是一个强大的计量系统，它能够以每小时或更高频率记录用户的用电行为或者其他参数，并由通信网络将测量的数据传送

到一个中心。

城市能源互联网是能源互联互通、综合利用的复杂系统，在任一时段，用户可自由决定使用何种能源形式。因此城市能源互联网中的能源量测体系是一个包括硬件及软件的完整网络处理系统，是在用户侧实现能源综合利用的一个重要基础性功能模块。通过高级量测体系能够实现测量、采集、储存、分析和运用用户的各种用能信息，为城市能源互联网的规划、运行和运营提供大量的数据信息，从而达到更高的能源供应可靠性和更好的资产管理。尤其是对于大量分布式能源的管理，更需要通过高级智能仪表，精确地掌握和预测分布式能源的状态信息。对于用户端，高级智能仪表将根据系统给定的信息，对不同形式能源利用进行分开计量，依据不同价格或激励机制实行实时计价，不同时段不同价格，引导用户错开用能高峰，实现负荷的优化控制，不仅大大降低用户的经济成本，也大大提高了能源的利用效率，真正实现与用户互动的需求侧管理。

高级量测体系能够量测及收集能源使用咨询，支援尖峰电价计量，为用户提供进行决策所需要的信息，提供执行决策所需要的能力，支持故障侦测、故障定位及复电等停电管理，改善负载自动预测，进行用户用电品质管理，是目前国内外推动智能电网建设的切入点，为满足智能电网的互动特性提供了框架性基础。

3. 双向通信互动技术

综合能源系统具有互联互通、综合利用、优化共享特点，是在多种能源形式转换背景需求下考虑量测体系、双向通信、实时互动响应等功能特征的城市用能系统。

双向通信、智能互动用能服务是指随着现代化的信息技术、通信技术、计算机技术的发展，能源供给侧与用户侧之间能够实现能量流、信息流及业务流的双向互动，使用户享受到智能化、多样化的优质服务，同时，又能够提高能源供给企业对用户的有效管理与控制能力，并改善能源质量与服务。

从用户侧角度来说，双向通信互动技术能够为用户提供实时、透明的监测与预警数据，用户能够方便及时地获取能源价格、激励政策等信息，同时还能够收到能源使用情况、费用余额及购买套餐等反馈信息。信息获取手段更加灵活多变，真正实现企业与用户之间互动和信息的双向传递。

从企业侧角度来看，企业可以根据用户的需求，结合系统负荷特性进行分析，指导用户实现合理用能，生成最佳能源利用方案并发送给用户。为企业提供了便捷的信息发布服务，包括各种能源利用情况、用户服务定制、系统实时状态查询等功能。

对能源系统来说，能够提供系统故障的快速检测功能，并且能够远程控制设备开断。评估系统设备的健康状况，提高设备的利用效率，降低运行和维护成本。

（四）支撑作用

用户需求响应技术对应于城市能源互联网体系架构中的服务层，研究在城市能源互联网发展环境下，基于用户层面研究针对能源供给侧各种激励政策和运行信息，为家庭、工业、商业用户提供经济效益最佳的能源管理方案，包括为用户提供智能响应一体化解决思路；面向用户的多目标智能响应资源优化技术，研究需求响应控制决策技术。通过对用户需求响应技术的研究，能够深入挖掘用户侧参与需求响应项目的潜力，使用户侧负荷能够对系统侧信号进行更为精细的反馈，并满足用户多元化、个性化需求，充分发挥能源互联网的优势为客户提供增值服务，实现能源供给侧和需求侧的双向共赢。

七 综合能源大数据服务

随着大数据概念的提出到技术应用落地，大数据技术服务在各行各业得到了广泛的应用，并深入到科技、金融、经济、商业、教育、社交等日

常生活服务领域。大数据技术服务的意义不仅仅在于为科学理论研究提供数据支撑，更主要的目的是为商业决策提供更为精准、更为精细的数据分析，打破传统的商业营销模式，为更加科学合理的决策提供依据。

（一）基本概念

当前许多专家学者从体量、价值、时间、作用等不同的角度对大数据的含义进行了不同描述。麦肯锡全球研究所认为大数据是指其大小超出了典型数据库软件的裁剪、储存、管理和分析等能力的数据集，目前通用的大数据概念是指量大、多源、异构、复杂、增长迅速，无法用常规的方法处理的数据集合，大数据技术就是指能够处理表面上看似无关的数据之间的内在关系，在不同的数据资源中快速提炼提取出有价值信息的技术能力。

总体来看，不论何种定义，都从以下四个方面概况了大数据技术的基本特征。

（1）容量。数据容量的大小决定了所考虑的数据的价值和潜在的信息。

（2）种类。海量数据类型具有多样性。数据种类从数据结构上大体分为结构性数据、非结构性数据和半结构性数据。

（3）速度。数据容量之大不单单是指对于各种应用层面的计算性能要求，更是对获得数据的速度要求、大数据存储管理系统的读写吞吐量的要求；同时也对传输介质、传输带宽、数据传输效率等提出来较高要求，所以对于数据存储、计算、传输成为大数据技术一个非常重要的性能指标。

（4）可变性。在进行大数据技术分析研究应用时充分重视数据动态发展的特征，能更有效的记录某一事物的发展情况，为数据价值的挖掘提供了可靠保证。

随着研究深入和实践应用，大数据技术的内涵得到了进一步的丰富和拓展。从宏观层面上看，大数据不局限于一个数据集合，而是指以这个数据集为研究对象的一项综合性技术，在当前"互联网＋"发展背景下，更是传感量测技术、信息通信技术、计算机技术、数据分析技术等领域的结

合。从更为广阔的视角来看，大数据技术的概念拓展到认识论的范畴。大数据技术通过数据规模的不断增大和复杂程度的不断深入，充分利用数据挖掘、数据分析技术的研究和应用，从而认识事物的本质规律和发展趋势。

（二）应用现状

1. 国外应用现状

在早期阶段，大数据技术主要应用于商业、金融等领域，之后逐渐扩展到交通、医疗、能源等领域。2012 年，美国政府宣布启动"大数据研究与开发计划"。2013 年美国电力科学研究院启动了两项大数据研究项目：输电网现代化示范项目和配电网现代化示范项目，C3 Energy、Opower、Solar GIS、Auto Grid 等新生高科技公司是能源电力大数据研发中的活跃力量。C3 Energy 开发了能源分析引擎平台及电网分析包和电力用户分析包，并在近 20 家能源公司投入使用。美国 Opower 公司结合行为科学、云数据平台、大数据分析，为用户提供用能服务，帮助售电公司建立更稳定的客户关系并实施需求响应。

德国联邦经济和技术部启动了未来能源系统的技术促进计划，在其示范项目中普遍利用了大数据技术，分别从促进可再生能源发展、开发商业模式、能源服务、能源交易及传统的化石能源如何融入能源互联网等方面推出了能源互联网初步解决方案。

2. 国内应用现状

2012 年，我国在国家层面提出把"大数据"作为科技创新主攻方向之一。同年，国家电网公司发布了国家电网公司公共信息模型，为各信息系统之间的数据集成融合提供了依据。从 2013 年开始，国家电网公司在输变电运行管理、智能配电网、用电与能效、电力信息与通信、决策支持等专业领域开展大数据应用关键技术研究，启动了多项智能电网大数据应用研究项目。

2013 年，中国电机工程学会发布了《中国电力大数据发展白皮书》，明

确了电力大数据是资产、是财富的价值理念，并指出电力大数据技术能够为电力企业带来显著的财务收益，在企业内部应用电力大数据技术将极大提高电力企业的运营效率和营收能力。

2014 年，国家电网公司启动了大数据应用试点研究，在电网设备状态监测、营配贯通、用电信息、客户服务信息等多个方面开展大数据研究和示范应用，并启动了营销大数据应用场景分析和应用规划研究。与此同时，国家电网公司下属的各个省公司也先后开展了智能电网大数据方面的应用尝试。如国网江苏省电力公司、国网上海市电力公司、国网福建省电力公司、国网浙江省电力公司等已在设备状态预警、用户能耗分析、优化用电方案、营配调数据融合、故障抢修管理、服务快速响应等方面取得了一定的成效。

随着城市能源互联网和信息化建设不断推进，以物联网和云计算为代表的新一代信息通信技术在能源互联网系统中广泛应用，能源数据资源急剧增长并形成了一定规模，大数据技术贯穿能源生产、管理及服务等各个环节，为城市能源互联网持续、高效发展提供保障。

（三）关键技术

在传统的能源消费模式下，能源供应商仅为用户提供单一的能源形式服务，城市能源互联网强调多种形式能源的互联互通、综合利用，需要满足用户日益多样化的用能需求，保障各参与方的利益得到体现，确保城市能源互联网持续、高效运行。能源转换技术、智能化设备的不断成熟，大数据技术、人工智能等发展应用，为城市能源互联网提供了重要基础和保障。

1. 能源信息数据采集技术

应用大数据技术对海量的能源信息数据进行快速、多样化提取分析，通过包括电、气、冷、热等多种能源形式的数据平台，实现各种用能信息的综合采集。

各种形式能源系统的高度融合以及与信息通信系统的交互为城市能源互联网的物理结构基础提供支撑，在能源生产消费过程中涉及大量设备和系统，这些设备和系统的规划与运行过程产生了大量的数据；同时由于城市能源互联网具有"开放共享"等特性，在其系统规划发展和运营过程中，更容易受到外部环境数据的影响，如天气、政策机制和电价、用户心理等。

城市能源互联网是一个多能源互联互通、综合利用的网络，具有采集终端较多、数据来源广泛、数据形式多样、数据交互频繁等特点。从能源生产消费过程的角度看，城市能源互联网中的数据源包括能源生产、能源传输、能源交易、能源转化、能源消费等各个环节；从数据形式的角度看，能源互联网中的数据分为结构性数据、非结构性数据以及半结构性数据等；从时间维度看，可以分为历史数据、实时数据等。

总体来说，城市能源互联网中数据源具有数量巨大、结构复杂、实时性要求高等特点。

(1) 与传统单一形式能源系统相比，城市能源互联网不仅是多种能源的生产和应用的简单加和，其更重要的意义在于能源转化和电力系统、供热系统、供冷系统、燃气系统、交通系统互联互通，而且更强调在互联网思维影响和互联网技术支撑下的各方参与。因此能源互联网的数据源进一步扩大。

(2) 城市能源互联网大数据结构复杂、种类繁多。除传统的结构化数据外，还包含大量的半结构化、非结构化数据，如客户服务中心信息系统的语音数据，设备在线监测系统中的视频数据与图像数据等。

(3) 城市能源互联网中的大数据中包含着很多实时性数据，很多场景下能源生产、转换和消费要求瞬间完成，能源互联网大数据实时性要求高且增长快，数据的分析结果也往往具有实时性要求。随着智能化水平的提高，智能交互设备、智能量测体系、设备在线监测、现场移动检修系统，以及服务于各个专业的信息管理系统的逐步建成与应用，能源系统产生数据的规模和种类快速增长，对实时采集和分析的要求也逐渐提高。

（4）大数据应用贯穿能源互联网的每个环节，包含着巨大的价值，为科学决策和调度提供理论支撑。通过大数据技术应用可对能源生产、配送、转换和消费各个阶段进行科学预测，及时发现潜在风险，保证安全性和经济性；大数据应用支撑能源互联网新业态的产生，为各方参与者提供新服务。

2. 大数据集中处理技术

建立大数据处理分析系统，充分挖掘数据蕴含的价值，能源交易平台能够帮助能源互联网中的每个参与者快速地完成交易，随着交易平台的运营，能够收集到海量的购电交易、评论、用电量等用户行为数据。将这些数据与其他外部数据源进行整合，形成能源互联网的全景大数据。

城市能源互联网大数据集中包含众多利益相关方，是综合了多种能源形式的复杂网络，在数据处理分析过程尤其需要特别注意数据融合、数据质量方面等问题。

（1）冗余数据分析筛选。能源的生产、传输、消耗过程的数据呈爆炸性增长趋势，势必给数据传输、存储和分析带来挑战；同时，冗余的数据在一定程度上影响了系统的性能，因此，需要确保对有效数据的可靠采集和筛选分析。

（2）数据融合问题。采集的各类数据存在种类交叉、数据不一致、格式不统一、采集频率和存储频率差异性大等问题；同时，由于各种能源行业之间的数据壁垒，缺乏统一的数据模型定义与主数据管理，业务链条间尚未实现充分的数据共享，这为数据融合带来很大的技术挑战。

（3）数据质量问题。目前，能源领域数据可获取的颗粒程度以及数据获取的及时性、完整性、一致性和数据源的唯一性、及时性、准确性有待提升，数据量越来越大，但信息缺乏、数据质量低、基础不牢、共享不畅等瓶颈依然存在，数据安全等问题仍需要引起高度重视。

在此基础上，利用大数据进行处理、分析的方法，构造一个"智慧大脑"支撑能源互联网的高效运行和运营。从供给侧角度来看，大数据集中

处理技术包括能源供应计划做决策支持、分析生产运行状态、提升对机组的控制和优化策略、故障诊断的能力。从传输侧角度来看，大数据集中处理技术包括实现预测性资产维护、提升能源互联网运行的可靠性、分析和评估外部环境对各种设备的影响程度、快速定位能源供应中断的地点、识别故障原因、估算恢复时间、提高事故的响应程度等作用。从用户侧角度来看，大数据集中处理技术包括分析客户用能行为、引导客户提升利用效率、平衡负荷、判断用户侧故障来源、提升系统整体运营效率等作用。

3. 综合能源服务共享技术

建设能源互联网综合服务平台，实现综合能源服务共享，以用户侧需求为导向，更好的承载城市能源互联网商业运营模式，提升城市能源互联网运营管理的效率和效益。综合能源服务平台是城市能源互联网的核心和指挥中枢，可以引导、指导、管理能源建设，在生产、传输、消费、存储等方面为城市能源互联网高效运转提供有力保障。

综合能源服务平台实现能源供给侧和用户侧的互联互通，在互联互通的基础上，利用平台承载用户侧商业运营模式，提升城市能源互联网运营的效率和效益。另外，依据供给侧情况，利用综合能源服务平台实现对需求侧的综合协调控制，进一步提升用能的经济性和安全性。

通过用户侧基础设施的延伸，提供更加智能高效的能源供应服务，使得终端能源消费适应更加便捷，为用户提供坚强的基础网络平台。依托城市能源互联网公共服务平台，通过用户行为分析、用能分析等促进终端用电更加广泛、更加高效。城市能源互联网理念将在为用户提供的服务中得到全面体现，为用户提供丰富便捷的用能服务，在数据资源价值、业务服务模式与用户服务方面带来重大变革。

（四）支撑作用

城市能源互联网以大数据技术服务为依托，通过能源信息数据采集平台、大数据处理中心以及综合能源服务平台建设，连接消费者、生产者、

制造商、运维商等各方，使能源网突破了传统意义上生产、传输和分配给用户使用的单向物理网络的认识，在互联网理念渗透下、在信息与物理融合的实体之上，通过业务融合和商业模式创新持续满足用户需求，不断创造满足用户新需求的服务平台层。实现源于用户选择性和扩展性的价值诉求，从根本上实现"源—网—荷—储"的深度互动，推动产业链发展，实现与交通、制造、信息、城市管理等领域的协同发展。

本章小结

（1）城市能源互联网的体系架构要遵循"系统化"的建设理念，强化顶层设计，其架构理念与城市能源互联网的发展理念相一致，并以此引领关键技术的发展与融合。

（2）根据系统功能及特征科学界定边界，将城市能源互联网划分成三层逻辑架构，分别为物理层、信息层、服务层。

物理层是结构坚强、运行灵活、多种能源互通互联的能源供给网络，是城市能源互联网的物质基础；信息层是覆盖城市能源所有地域、领域的能源通信网，是城市能源互联网的智慧支撑；服务层是城市能源互联网供给侧与需求侧紧密联系的纽带，是城市能源互联网服务的管理中枢。城市能源互联网通过三层架构真正意义上实现了能源流—信息流—价值流的合并统一，推动各类能源主体的开放共享优化配置，通过价值创造和价值分配实现"源—网—荷—储"各环节的协调运行。

（3）城市能源互联网是城市能源发展的重大战略创新，也是重大技术创新成果。技术创新为城市能源互联网发展奠定了重要基础，未来需要在新能源、电网、通信、大数据等多个技术领域实现创新突破，不断提高城市能源互联网的经济性、可控性和适应性。

（4）在支撑城市能源互联网物理层架构方面，新能源分散式开发利用相关技术是实现设备"即插即发、即插即储、即插即用"的关键，创新重

点是新能源发电技术、并网支撑技术和非电利用技术；城市基础能源系统优化相关技术是提高能源系统综合利用效率的关键，创新重点是设备级联供优化运行技术、站点级能源梯级利用技术和微网级多能互补协同技术；电动汽车智能充换电服务网络相关技术是实现能源在时间、空间、形式等方面变化的关键，创新重点是充换电技术、智能充换电服务网络规划技术、V2G 技术和无线充电技术；智能配电网相关技术是实现能源转换、高效配置和信息互动服务的关键，创新重点是智能变电站技术、分布式电源多能互补技术和微电网协调运行技术。

（5）在支撑城市能源互联网信息层架构方面，高性能能源通信网相关技术是将不同领域多通信协议和标准融合与交互，实现海量信息的有效处理、存储与分析的关键，对实现电网感知、调度运行、智能决策支撑的优化和提升具有重要支撑作用，创新重点是无线技术、软件定义技术、CPS 技术、AMI 通信技术和通信网络安全技术。

（6）在支撑城市能源互联网服务层架构方面，用户需求响应的相关技术是发挥能源互联网的优势为客户提供增值服务，实现能源供给侧和需求侧的双向共赢的关键，创新重点包括用户侧需求潜力决策分析技术、高级量测技术和双向通信互动技术；综合能源大数据服务相关技术是为商业决策提供更为精准、更为精细的数据分析的关键，创新重点是能源信息数据采集技术、大数据集中处理技术和综合能源服务共享技术。

第五章

城市能源互联网商业运营模式创新

与传统能源行业相互独立、彼此隔离的运行模式相比，能源互联网建设需要实现多种不同类型的能源的综合利用，因此拥有一种更加开放、互补、灵活的商业运营模式极为重要。城市能源互联网商业运营模式的创新以价值网理论为基础，结合组织机制、市场机制和运行机制，并综合考虑能源需求侧、供给侧的特点，提出综合能源商业运营模式和综合服务平台。

第一节　价值网模型

一 价值网模型的基础理论、 发展及应用

（一）价值网模型的基础理论

价值网是由客户、供应商、合作企业和它们之间的信息流构成的动态网络。它是由利益相关者之间相互影响而形成的价值生成、分配、转移和使用的关系及其结构，其利用具有相互协作、数字化特征的网络为所有的参与者（包括企业、供应商、客户）提供价值。

与传统的价值链理论不同，价值网打破了传统的线性思维和价值获得顺序分离的机械模式，其以用户价值为核心重构已有的价值链，使价值链中的各环节以及活动主体按照整体价值最优化目标进行衔接、融合以及动态互动。

价值网中的利益主体不仅关注自身价值，而且更加关注价值网中各个节点之间的相互关系，从而提高价值网中各主体间的相互作用，进一步提高各价值主体对价值创造的推动作用。价值网更加关注客户的需求、与供应商之间的关系及整个价值网中整体效率的提升。价值网将客户看作整个企业经营活动中的子成员，因此，以价值网理念为核心的企业常常仅关注某一细分领域，在这一领域中，企业为客户提供超乎预想的服务、方便的解决方案，以及极具个性化的产品。与此同时，通过对已有业务流程的优化重构，价值网中的各个成员均在自己的核心能力环节上保持低成本运作。因此，在价值网的商业模式下，企业能够在保持良好的成本运作前

提下，提供与众不同的高质量产品和服务。

根据上述对价值网理念的阐释可以看出，价值网具有如下四个特征：

（1）顾客价值是核心。

（2）领导企业是价值中枢。

（3）数字化关系网是支撑体系。

（4）具有核心能力的生产厂商、供应商是微观基础。

价值网理论模型包含优越的顾客价值、核心能力和相互关系三个核心概念。三个核心概念之间的相互作用关系，如图 5-1 所示，从图中可以看出，优越的顾客价值是价值网中价值创造的目标，其决定了价值网中成员的核心能力，同时强化价值网成员间的相互关系；核心能力是价值网的关键环节和合作关系建立的基础，核心能力限制着相互关系的质量，同时创造优越的顾客价值；相互关系促进实现优越的顾客价值，同时维持价值网核心能力的动态均衡。价值网的动态运行正是这三个核心概念彼此相互影响、相互强化的自增强循环过程。

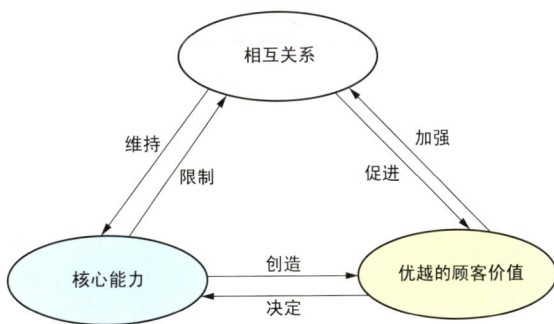

图 5-1　价值网理论模型

将上述理论模型与传统价值创造相结合，可以得到企业在价值创造过程中的价值网。该价值网可以用价值主张、价值生产、价值传递和价值获取四个环节来进行描述，与微观经济学中的用户、企业、产品市场、生产要素市场的四个基本要素相对应，其模型如图 5-2 所示。企业和用户之间

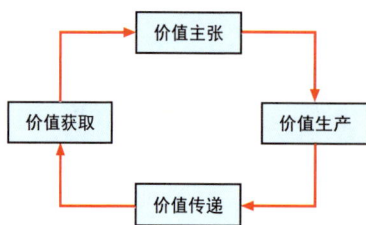

图 5-2　基于价值创造
过程的价值网模型

的产品市场和要素市场的循环流动关系，在客观上反映了企业创造价值的核心逻辑。所有企业价值创造过程均可以总结为价值主张、价值生产、价值传递、价值获取，具体含义如下：

（1）价值主张是价值创造的起点，这是由用户需求决定企业存在客观规律所规定的。价值主张包括行业和市场定位、客户和产品选择以及产品卖点组合。

（2）价值生产是应对价值主张的对象和需求。价值生产包括组织、人力、资本、信息系统、合作网络等。

（3）价值传递是满足用户的需求，实现用户的价值。价值传递包括渠道、客户关系等。

（4）价值获取是实现企业员工、股东等利益相关者的价值。价值获取包括成本、定价、收费等。

上述四个基本活动是一切企业价值创造活动的核心，它保证了企业永续经营、持续发展。

价值网动态运行时表现为价值流、能源流和信息流的交互作用，并以价值流的形式贯穿价值创造始终，最终实现价值网络汇总各利益相关方的价值，所以价值网运行管理的实质是价值流管理，价值流是以顾客价值为出发点，以利益相关者价值为基础，描述价值从源头到终点的运动过程的概念。价值流是对价值在活动中流动传递的抽象表述，价值流从源点到终点，经过营销链中的关键节点并通过每一次的价值交换得以实现。在每一次的价值交换中，不对交换价值的双方所获得价值的大小进行估算，因为这些并不是价值流所关心的内容，其更关注的是价值流在营销活动中流动的顺畅性、相关利益者是否能够实现价值最大化、是否存在着阻碍价值流动的因素以及如何消除等。

（二）价值网模型在国内外的发展历程

价值网的概念来自于亚德里安·斯莱沃斯基（美）的《发现利润区》，美国学者大卫·波维特在其《价值网：打破供应链、挖掘隐利润》中对价值网理论做了进一步的发展研究。《发现利润区》一书中指出，正是由于顾客的需求不断增加、市场的高强度竞争以及互联网的冲击促使企业的价值理论从价值链向价值网转变。《价值网：打破供应链、挖掘隐利润》一书则进一步指出了价值网的核心业务模式，即将新的、具有明显差异化的服务和产品交付于用户。

在这之后，国外学者对价值网的理论展开了多角度的论述，从战略的角度将整个价值链体系重塑为价值网体系，并提出了价值网的三要素以及三要素之间的相互关系，在此基础上，指出价值网中的企业可以基于传统的基础设施数据和交易信息，以更积极的方式响应用户的需求，在这一过程中，尽可能地结合并协调所有可用资产适应市场。此外，国外学者还提出价值网络应为企业提供信息、获取资源、开拓市场等服务，提升实现规模经济和范围经济的可能性，从而达到企业的战略目标。

国内关于价值网理论的研究起步相对较晚。国内学者针对价值链的不足提出了价值网模型，并进一步指出，价值网是由效用体系、资源选择、制度与规则、信息联系、市场格局和价值活动等基本要素构成的系统。国内学者提出了联盟体的价值网组织结构，提出了以客户为中心，采用存取客户信息、培养关系、通过服务与数字一体化方式保证顾客满意，并提出管理供应商网络，确保快速、低成本运作的高绩效网络模型。此外，基于组织模块化的价值网模型，国内学者还指出企业应以构建基于价值网的无形能力为核心，积极整合价值网。

无论国内还是国外的学者在研究过程中均意识到传统价值链的管理方式已无法满足现代企业的需求。与之相对，价值网能够使企业重新认识自身的优势和未来的发展机遇，能够发现原有价值链的全新运行规则，进一

步改善价值网中各个成员之间的关系。价值网是在高速发展的信息技术、全球化经济和日益细化的专业化分工背景下对价值链的集成，它是价值链理论的进一步发展和变革后的新型价值理论，其以顾客需求为核心，从更宏观的角度来组成一个由各个相互协作企业所构成的虚拟价值网。

（三）价值网在国内外的应用

随着科学技术的快速发展和行业竞争的日益加剧，各行各业的从业者均意识到，企业间的竞争不再是简单的产品品质的竞争。一个企业能否走向成功，越来越倚重该企业所采用的商业模式，在这之中，价值网理论与商业模式相互结合则成为各个企业开展商业模式创新研究与实践的重要手段。以下通过几个典型行业实例叙述价值网理论在各行业中的应用。

在 21 世纪初，电信行业同时面临从传统 2G 网络向 3G 网络升级的技术转型压力以及企业间的竞争压力，与此同时，传统用户不再满足手机网络仅能拨打电话、收发短信的基本应用，迫切希望电信行业能够提供更为多元化的增值服务。在这种情况下，我国电信企业开展了一系列商业模式创新，价值网理论在这一系列创新活动中得到了充分应用。中国移动提出的"移动梦网"计划和中国联通提出的"联通在线"计划，均将自身定位为信息运营平台，利用各方资源向用户提供了信息、娱乐、通信、位置、商务等一系列增值服务；中国电信提出的"互联星空"计划，将用户、信息内容提供商、平台商、中国电信自身进行了整合，利用其平台优势建立了基于价值网的"互联星空"商业模式。除此之外，价值网理论还在我国石化企业、汽车产业链、烟草行业等领域中得到了广泛应用。

手机行业在过去的几十年中一直遵循着"研发、生产、销售、服务"的经典产业链模式，随着互联网技术的快速发展，手机行业受到了极大的冲击，传统手机生产企业的利润率不断下滑，甚至有些老牌企业在这一冲击中纷纷倒下。在这一过程中，以苹果、谷歌公司等为代表的企业打破了传统的思维模式，逐渐形成了以终端用户为核心的新型商业模式。苹果、

谷歌公司分别开发了 ios 和 Android 手机操作系统，利用操作系统与用户直接接触这一巨大优势建立了各自的商业网络。在商业网络中，用户成为整个经营活动的核心，手机成为与用户最接近的平台终端。网络运营商、手机零件供应商、整机制造商、销售渠道商、软件开发商均被整合在所搭建的平台终端中，从而实现了企业的飞速发展和整体行业价值的最大化。

从上述实例可以看出，价值网理论是解决企业发展瓶颈、提升企业竞争力、加速企业升级转型，甚至改变整个行业发展方向的重要科学依据之一。

二 利用价值网理论研究城市能源互联网的必要性

城市能源互联网由城市中电力网络、天然气管网、供热网络等能源输送网络组成。传统意义上，这些网络分属于电力公司、燃气公司和供热公司，各个公司之间既不存在严格意义上的竞争，也不存在显性的合作关系。传统能源行业在价值链模式下的价值创造活动可以总结为"能源生产—能源输送—能源配售—用户侧能源利用"四个典型环节，这种价值链下的价值创造活动存在的问题有：①能源开采与生产企业受原料成本、输送通道的制约，从而承担更多的经营压力；②单一能源输送模式的价值创造速度缓慢且能源损耗率高，利润空间较小；③在用户实际利用能源阶段，用户只能被动接受单一产品，用户在整个价值链中的参与度极低。随着新能源分散式开发利用、城市基础能源系统优化、电动汽车智能充换电服务网络、智能配电网、用户需求响应、高性能能源通信网、综合能源大数据服务等城市能源互联网关键技术的不断发展，传统能源价值链亟待重构。

在城市能源互联网的构建过程中，先进通信技术、大数据分析与技术、能源系统将深度融合，从而将进一步引起整个城市能源互联网的价值模式发生变化。这一变化主要体现在传统的"生产—输送—存储—销售"产业链将被打破，以用户为核心、用户深度参与的新型产业模式即将形成。显然，价值网模型与城市能源互联网的发展趋势相吻合，因

此，利用价值网分析城市能源互联网具有极高的适应性。

此外，从发展需求看，城市能源互联网的建设与运营是需要多方参与的复杂系统工程，投资需求大、产业链条长、覆盖面广，需要规划、设计、建设、运营等各个环节开展系统研究和顶层设计，稳步推进城市能源互联网发展。从战略实施看，需要研究城市能源互联网建设、运营和商业模式的系统实施策略，使各方在行动策略取向上相互配合，在实施过程中相互促进，在实际成效上相得益彰。城市能源互联网的构建需要利用价值网模型搭建价值共创、共享的平台，满足各方价值诉求，营造合作共赢的能源互联网发展生态，促进城市能源互联网的价值最大化。

三 城市能源互联网价值分解

（一）城市能源互联网的价值来源和主张

城市能源互联网中的价值创造过程可总结为价值主张、价值生产、价值传递、价值获取四个基本活动。其所包含的内容如下：

（1）价值主张：包含城市能源互联网中各企业的行业定位与市场定位、用户对各种便捷的能源消费产品的需求、城市能源互联网中的用户分类和相应的能源消费产品设计。

（2）价值生产：包含城市能源互联网中各类企业联盟、优质技术人才交流平台、金融资本服务、能源综合服务平台等。

（3）价值传递：包含城市能源互联网中的用户需求响应、大数据服务等。

（4）价值获取：包括差异化的能源产品分类与定价、灵活的能源产品结算方式等。

城市能源互联网在动态运行时表现为价值流、能源流和信息流的交互作用。在这之中，能源流代表的是产品从生产、输送、配售到用户终端利

用的全过程。城市能源互联网最终以价值流的形式贯穿价值创造始终，最终实现以价值网汇总城市能源互联网中各方的价值。在这种以价值流管理为核心的城市能源互联网运行管理过程中，能源用户的价值是整体价值流的起点，价值流最终流向城市能源互联网中的各个利益相关者。城市能源互联网中的价值流不对交换价值的双方所获得价值的大小进行评估，其更注重价值流在价值创造活动中流动的顺畅性，以及能源生产企业、能源输送企业、能源产品销售企业、用户能否实现价值最大化，在这个城市能源互联的动态运行过程中，是否存在着阻碍价值流动的因素等。

根据上述理论分析可以看出城市能源互联网中价值创造的核心是用户的需求，而用户的需求与价值主张密不可分。在城市能源互联网中，用户用能的需求主要体现在充足性、便捷性、清洁性、选择性、扩展性五个不同的层次。

充足性的价值来源是用户对用能的基本需求，即能源供给应满足人口增长、经济发展以及生活水平不断提升带来的能源需求。对应的城市能源互联网的价值主张就是要提升能源不间断供应能力、推动能源的多元化供应、提高可再生能源在城市能源中的利用程度。

便捷性的价值来源是用户对用能在充足性需求层次之上的进一步要求，即伴随着大规模能源供给和新型设备、系统的广泛应用，需要城市能源互联网提供具备"即插即用"、安全可靠的能源交互系统。对应的城市能源互联网的价值主张就是要以提高居民生活水平为基础，支持各类智能消费终端、电动汽车、电源、储能装置等设备的便捷接入，为用户提供定制化、网络化和个性化的服务。

清洁性的价值来源是用户对用能过程中节能环保的要求，即在用能过程中，用户希望能够减少能源开发、输送和利用过程中对生态环境的影响。由此可知，清洁性对应的城市能源互联网价值主张就是要促进节能减排、提升各类清洁能源高效开发利用、推广应用各类绿色用能设备、引导用户绿色用能。

选择性的价值来源是用户对用能产品多元化、可选择化的需求，在此基础上，用户和企业均需要能源商品化、多元化、市场化。对应的城市能

源互联网价值主张就是要进一步提升民生服务，利用开放、透明、公平、共享的综合能源服务平台提供专业化的服务，从而提升城市能源的优化配置，最终推动经济社会的发展。

扩展性的价值来源是指对城市能源互联网更高级的需求。城市能源互联网作为公共基础设施的重要组成部分，要能够提供便捷的整套解决方法，主动与城市交通、制造业和城市管理等系统高度互联。对应的城市能源互联网价值主张就是要提供开放共享的能源大数据综合服务平台，支持智能社区、智慧城市的建设和发展，进一步提升整个城市的服务效率。

（二）城市能源互联网的价值分解

贯穿城市能源互联网构建全过程的核心要素是城市能源互联网的价值，其价值的具体分解如下：从城市能源互联网情境下的充足性、便捷性、清洁性、选择性、扩展性的用户用能需求出发，分析分解城市能源互联网给用户及行业各方带来的价值来源，其分解示意图如图 5-3 所示。城市能源互联网的价值就是利用能源系统提升电能供需匹配的能力和效率。

提升电能供需匹配的能力可按照能力维度细分为满足用户多元化需求的能力、接纳清洁能源的能力和市场配置能力。三种能力可进一步细分为六个效率价值，包括服务规模效率、智能技术效率、电网规模效率、能源范围效率、交易规模效率和制度效率，具体内容如下。

服务规模效率重点满足用户用能的便捷性和选择性需求，其价值来源是利用综合服务平台向能源互联网中的用户和企业提供便捷多元的选择。

智能技术效率重点满足用户用能的清洁性和扩展性需求，其价值来源是利用城市能源互联网各类关键技术实现用户绿色用能、高效用能，同时为智慧城市提供关键技术支撑。

电网规模效率重点满足用户用能的充足性需求，其价值来源是利用高互联互通率的城市能源互联网为用户提供高可靠性的持续用能服务。

能源范围效率重点满足用户用能的选择性和扩展性需求，其价值来源

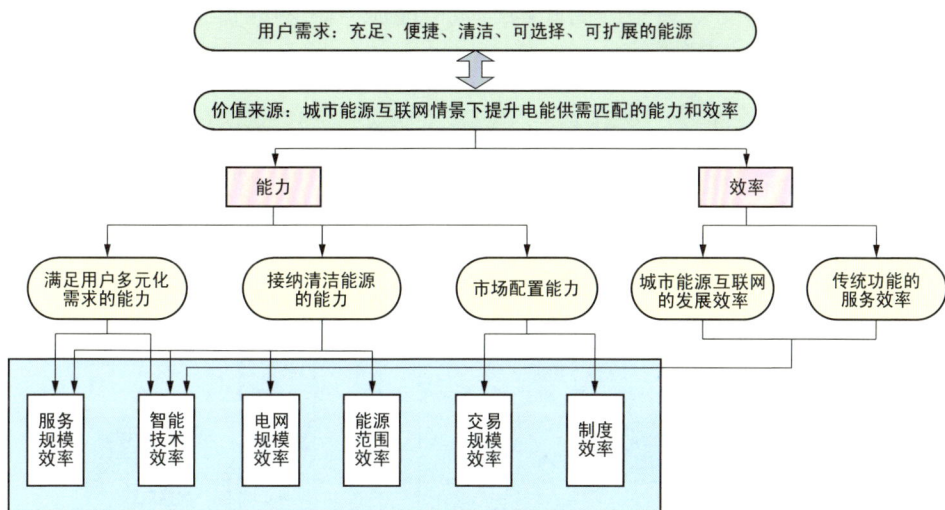

图 5-3　城市能源互联网的价值分解示意图

是用户用能需求从单一用能产品向多种能源综合服务产品需求的转变。

交易规模效率重点满足用户用能的选择性和便捷性需求，其价值来源是企业与用户对能源产品和服务市场化的需求，最终目的是提升整个城市能源互联网的能源利用率。

制度效率是满足上述各效率的法律法规保障，能够规范市场运行、提升整个能源互联网市场的配置能力。

提升电能供需匹配的效率可以分解为城市能源互联网的发展效率和传统功能的服务效率，而这两种效率又可归结到提升能源供需匹配能力中的智能技术效率。

四　城市能源互联网价值构建

（一）基于价值网的城市能源互联网价值构建

根据前文所述，城市能源互联网的运营涉及价值域、业务域、能源域

和信息域之间的交互关系。由此构建城市能源互联网的价值架构如图 5-4 所示。

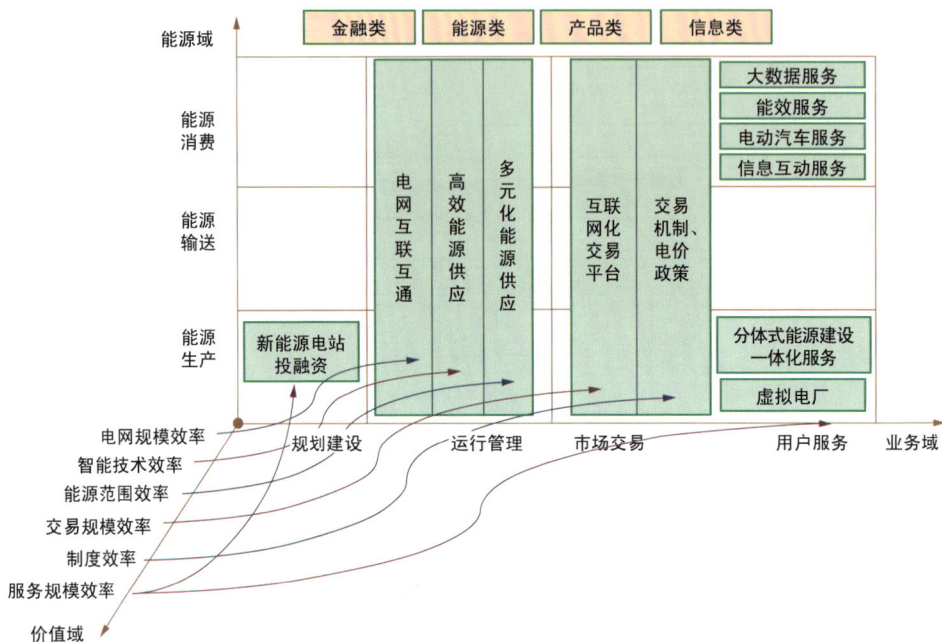

图 5-4　城市能源互联网的价值架构

城市能源互联网中的四种域存在着四条价值共创的主线，这四条主线以用户为核心进行价值创造过程，每一条主线均融合了实体的价值链和虚拟的价值链，在此基础上，借助信息域实现各个企业的价值共创，各条主线之间相互作用，具体实现过程是指以价值域的主张、生产、传递和获取为主线，以能源域中生产、输送、消费各环节可开展的业务服务为价值载体，在信息域的信息采集、传输和应用等过程的媒介作用下，实现价值网络的整体价值和各利益相关方的价值。

城市能源互联网价值域具有六大价值来源，可将其分解为价值域中具体的业务服务载体，如图 5-4 所示。电网规模效率主要通过提高电网互联互通率，扩大电网规模实现；智能技术效率主要通过智能技术提高电网侧

电力供应效率等进行提升实现；能源范围效率主要通过扩大能源供应种类，提供电、气、热等综合能源供应实现；交易规模效率主要基于城市能源互联网交易平台的构建，将交易主体延伸至微小用户等交易主体，扩大交易种类，实现交易的规模效率；制度效率主要通过优化交易机制、电价政策来实现；服务规模效率主要通过开展新能源电站投融资、资产证券化和大数据等用户服务，扩大服务种类实现。

作为城市能源互联网的价值载体，业务域可以按照工程规划建设运行的不同阶段划分为规划建设、运行管理、市场交易和用户服务四个部分。规划建设包括各类新型能源站的投融资规划建设，对应能源域中的能源生产过程，需要配套的金融类产品进行资金支持；运行管理包括能源互联网间的互联互通，高效可靠的能源供应网络，电、气、冷、热多元化能源供应，对应能源生产、输送和消费全过程，提供金融类、能源类配套产品的技术资金支持；市场交易包括互联网化的交易平台、配套的交易机制和合理的电价政策，能够为城市能源互联网提供相依的产品，贯通整个能源生产、输送、消费过程；用户服务主要是向用户提供各类具备信息属性的多元化综合服务产品，主要包括大数据服务、能效服务、电动汽车服务、分布式能源建设一体化服务、虚拟电厂技术等，用户服务位于能源生产和能源消费两端。

（二）城市能源互联网的价值网模型

城市能源互联网的价值网由用户、价值网平台拥有者以及相关的八个节点企业构建，对应价值网理论中的客户、价值网集成者、节点企业以及相关配套规范协议。城市能源互联网的价值网模型如图 5-5 所示，其中，节点企业涉及装备安装与维护商、装备制造商、金融机构、能源配售公司、分布式能源生产与解决方案提供商、数据资源商、硬件提供商和软件提供商。

用户是城市能源互联网的价值网的核心。除了向价值网平台拥有者直

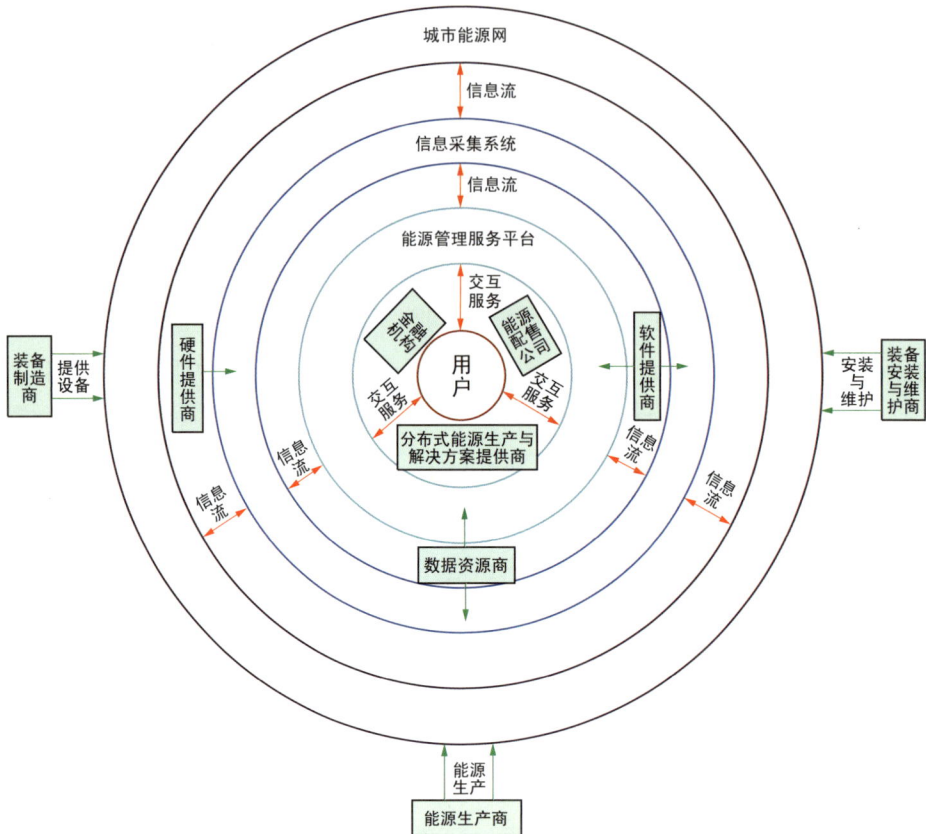

图 5-5　城市能源互联网的价值网模型

接提供服务的硬件、软件供应商和数据资源商外，其他节点企业和平台拥有者均向用户提供一系列服务，包括提供资金、设备、电网接入服务和解决方案等。用户不再是能源产品和服务的被动接受者，而成为整个城市能源互联网的积极参与者。可以说，用户是整个城市能源互联网价值网价值创造不可或缺的组成部分，用户与其他节点企业、平台之间的互动程度直接反映了整个价值网的价值流动是否顺畅，用户的需求能否得到满足直接决定了整个价值网的价值主张能否实现，价值创造活动能否到达最大化。需要说明的是，这里的用户从整个价值网看是能源互联网的终端用户，而从网络连接关系上看则是网络中能源提供商、输送商以及配售商等节点

企业。

价值网平台拥有者即价值网集成者，其是整个城市能源互联网价值网的规划、设计、运营、组织者，肩负着整个价值网的建立和正常运行任务。其为价值网中的供应商和用户提供开放公平的平台，整合城市能源互联网的资源，优化资源配置，提升整个网络效率。价值网中的所有节点企业、用户都直接或间接地与价值网平台进行接触。价值网平台拥有者作为顾客能源消费和利用的最直接参与者，根据用户的需求对整个平台进行整合和优化，并和其他节点企业保持顺畅的相互作用关系。价值平台拥有者通过与节点企业共同制定规则和协议的方式，令平台公开、透明、有序地运行。

城市能源互联网中的其他节点企业包括能源提供商、装备制造商、软件开发商、售电服务商等，这些节点企业都具备相对独立互补的产品，向其他客户提供新的增值服务。这些节点企业各自相互独立、相互竞争、相互补充，是城市能源互联网中的重要组成部分。数据资源商、硬件/软件提供商为平台的搭建提供微观技术基础，确保价值网平台在技术上保持先进，在服务上保持快捷优质。分布式能源生产与解决方案提供商为整个城市能源互联网提供了用户深度参与价值网价值创造活动的先进能源技术，如分布式发电技术、储能技术等。装备制造商和装备生产商一方面向平台提供先进的能源生产、输送、分配装备，另一方面通过平台向用户提供先进的产品。金融机构与价值网平台相互作用，一方面向价值网平台提供资金支持和相应的财务解决方案，另一方面通过价值网平台向网络中其他节点企业和用户提供差异化的资金支持。

上述用户、平台和节点企业构成了整个城市能源互联网价值网中的基本元素，通过先进的能源生产与输送技术、互联网技术、大数据技术，实现整个城市能源互联网的能源流动、业务流动、价值流动以及信息流动。此外，城市能源互联网需要相关配套规范协议，协议通常包括国家法律法规，相关政府政策性文件，国家、行业和企业标准等。配套规范协议的用途是制定整个网络的共同规范规约，从制度上保障价值网的顺利运行，平

衡各节点企业间的利益分配，最大限度的保障客户的利益。

（三）城市能源互联网的价值网特征

（1）能源用户的价值是网络中的核心。城市能源互联网从用户的角度出发重构整个价值网，用户将深度参与到整个城市能源互联网的价值创造活动过程。

（2）传统能源行业先进企业是价值中枢。位于传统能源行业中关键位置的技术先进企业将成为城市能源互联网中的价值中枢，承担整个城市能源互联网的价值平台建设与运营。

（3）高速通信网络、互联网技术、大数据存储与分析、云计算技术成为整个城市能源互联网的支撑体系。

（4）具有核心产品研发与制造、关键技术创新能力的能源领域的设备生产商、网络运营商、能源产品销售商是整个城市能源互联网的微观基础。

在基于价值网的城市能源互联网中，城市能源的提供商、输送商、配售商以及终端用户不但应关注自身利益，而且应更加关注价值网中各个主体的相互关系。在这之中，能源提供商、输送商、配售商将通过先进的运行技术和商业模式共同提高整个能源网的效率。除此之外，价值网中的能源用户从传统的能源单一消费者，逐渐转变为具备一定网络运行参与度的能源网络子成员。在这种情况下，能源用户的需求将被提升至重要位置。

以价值网理念为核心的能源互联网中的企业将为能源用户提供更多元化、定制化的服务以及简便快捷的解决方案。举例来说，传统的能源消费模式是居民用户需要分散、多次缴纳电费、供热费、燃气费，城市能源互联网将这种传统缴纳方式转变为"统一计量、统一消费"的集中快捷缴纳。居民缴纳费用方式也从传统的人工收取转变为网络快捷支付模式。此外，部分具备分布式发电、储能储热设备的用户将从单一的能源消费者转变为能源消费和提供者，在缴纳日常用能费用的同时还将在生产能源过程中获得相应收益。

第二节　合　作　机　制

一　组织机制

　　城市能源互联网的建设是一项复杂的系统工程，需要政府相关部门、各相关企业通力合作，建立相互依存、互信互利的组织机制。城市能源互联网的组织机制可以分成企业联盟形式的松散型组织以及政府和社会资本合作模式的紧密型组织。

（一）企业联盟形式

1. 企业联盟含义

　　企业联盟的定义目前最具有代表性的有两种观点。

　　一种观点认为，企业联盟是由实力强大的，平时是竞争对手的公司组成的企业或伙伴关系，是竞争性联盟。该观点强调企业联盟是规模实力相当的竞争公司之间的合作。

　　另一种观点认为，联盟是超越了正常的市场交易但并非直接合并的长期协议。它的一般做法是通过与一家独立的企业签订协议来进行价值活动（如供应协定）或与一家独立的企业合作共同开展一些活动（如营销方面的合资企业）。美国华盛顿大学的查尔斯·希尔教授也认为，企业联盟是实际的或潜在的竞争者之间的合作协定。我国经济学家张维迎教授同样认为，企业联盟是企业间在研发、生产、销售等方面相对稳定、长期的契约关系。这种观点强调企业联盟是一种长期的契约关系。

　　现在的杂志书刊一般把企业联盟定义为，由两个或两个以上有着对等经营实力的企业（或特定事业和职能部门），为达到共同拥有市场、共同使

用资源等战略目标，通过各种契约而结成的优势相长、风险共担、要素双向或多向流动的松散型网络组织。

2. 企业联盟运作与管理

（1）战略规划。企业战略规划是对企业现有的内、外部环境进行分析，以便确定联盟是否必要、是否可行。对企业内部环境的分析是为了认识企业自己所拥有的能力和资源，并发现自己的不足之处，以便能在战略联盟中进行准确的定位。企业的外部环境是不可控的，对之进行分析是为了了解企业受到哪些方面的挑战与威胁，又面临怎样的发展机遇，从而能把握市场发展趋势，抓住企业发展机遇，这是建立企业联盟的基点和方向。

（2）寻求合作伙伴。合作伙伴是决定企业联盟成败的一个关键因素。企业必须要根据自己的战略目标，选择一个能帮助自己实现战略意图，具备自己所缺乏的某种竞争优势，能带来互补性技能、生产能力与市场的合作伙伴。

（3）联盟的谈判阶段。从联盟谈判开始，就要考虑到各种可能出现的情况，事先进行细致约定，就可以大大减少这些机会主义行为。可以说企业联盟成功的规则之一就是：关注一切细节。细致周全的谈判准备，你来我往的谈判过程，字字斟酌的联盟协议，以及方方面面的管理是企业联盟的必修课，也是双方进一步加深了解的过程。因为每一个实施细节若处理不当，都有可能导致联盟的破裂。

（4）联盟的协议和管理。在联盟协议里，必须要考虑到以下问题：要明确规定联盟的阶段性目标；要明确注明联盟建立的具体组织形式；要制定合理的业绩评价标准和利润分配方式；要有知识产权保护条款；要有若发生重大变化就变更联盟协议的条款；要有解散条款；要设法建立良好的信息沟通平台；要建立一种约束机制用以防止成员企业的机会主义和投机主义。

3. 城市能源互联网下的企业联盟

建设城市能源互联网需要一个合作、竞争、共赢的企业联盟作为组织

支撑。在城市能源互联网背景下，传统能源行业需逐步拓展、融合服务范围，实现向综合能源管理服务的角色转型，成立综合能源管理服务商有助于推动城市能源互联网建设和发展。

（1）企业联盟组织架构。高效运转的企业联盟的建立必然遵循价值网模型的主要特征，即领导企业是价值中枢，具有核心能力的生产厂商、供应商是微观基础。领导企业是城市能源互联网的整个网络组织者，肩负着企业联盟的建立和运营任务。城市能源互联网背景下的领导企业即综合能源管理服务商，其可以由各能源企业共同组建形成或由最具创新性和代表性的传统能源企业转型形成。

节点企业包括装备安装与维护商、装备制造商、金融机构、能源配售公司、分布式能源生产与解决方案提供商、数据资源商、硬件提供商和软件提供商等，是企业联盟正常运转的重要组成部分。遴选资质业绩良好、技术水平较高的能源相关企业组成企业联盟，种类包括咨询企业、金融企业、设计企业、施工企业、监理企业、设备生产企业、代维企业等提供各类人力、财力、物力或服务供应的企业。通过服务链上相同环节联盟成员之间的竞争降低客户的能源相关投入，通过上下游联盟成员之间的合作为联盟成员提供更多商机。

企业联盟是以综合能源管理服务商为领导企业，以各节点企业为基础，以相关配套合作协议为保障，相关企业和部门自愿参与的合作组织，组织内形成由决策层、管理层、执行层组成的权责清晰的组织架构。决策层是由包括政府能源主管部门在内的各能源企业共同组建的组织，决策层主要在城市能源互联网的发展方向和目标上进行决策和组织；管理层是以综合能源管理服务商为核心的业务管理机构，管理层重点是从发展、经济、技术、监管等方面开展城市能源互联网研究和发展工作；执行层是自愿合作形成的企业联盟成员，负责城市能源互联网的全业务链规划、设计、建设和运营等。城市能源互联网企业联盟组织结构示意图如图 5-6 所示。

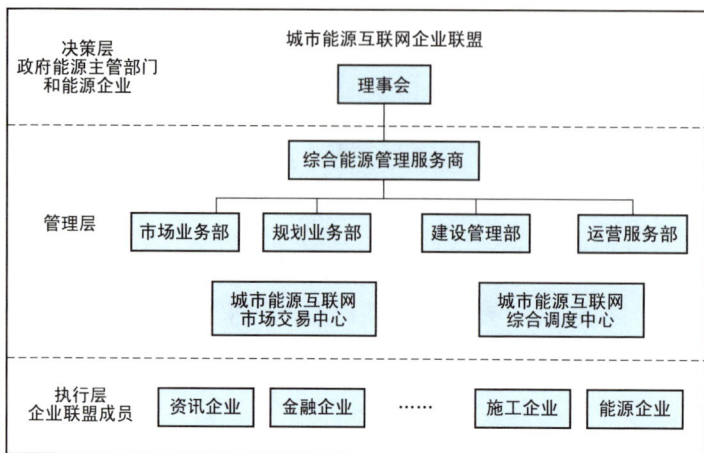

图 5-6 城市能源互联网企业联盟组织结构示意图

（2）企业联盟运转模式。综合能源管理服务供应商与客户签订综合用能服务协议，为客户提供综合用能服务，收取服务费用。企业联盟成员作为综合能源管理服务供应商的支撑，与综合能源管理服务供应商签订合作框架协议，综合能源管理服务供应商依据实际发生的服务向企业联盟成员支付相关费用。同时，综合能源管理服务商还应管理企业联盟成员的资质、业绩、能力、合作协议、履约情况、不良记录等，引导企业联盟成员业务开展方向，在企业联盟成员之间共享业务信息，提高联盟凝聚力。通过组建企业联盟，促进与能源相关的咨询设计、设备制造、技术研发、工程建设、运行维护、金融租赁等企业的发展。

综合能源管理服务供应商以平台为载体，以数据优势、管理优势、技术优势、品牌优势为驱动，为客户提供综合能源全寿命周期服务，提升客户综合能源的经济性、安全性、可靠性，同时带动企业联盟成员的业务运转，拓展企业联盟成员的业务空间，使综合能源服务供应商成为城市能源互联网建设、管理、运营的引领者，与客户、企业联盟成员形成三方共赢的良好局面。城市能源互联网企业联盟运转模式如图 5-7所示。

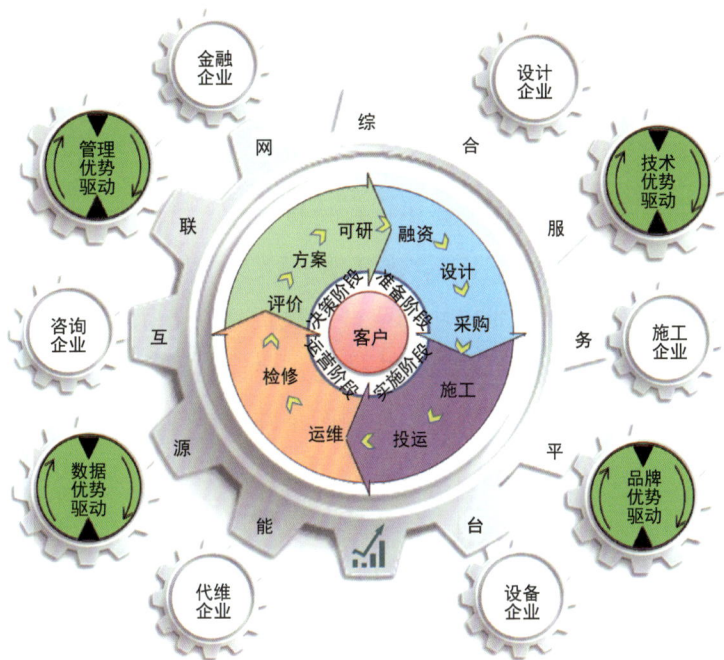

图 5-7　城市能源互联网企业联盟运转模式

（二）政府和社会资本合作模式形式

1. PPP 模式介绍

《国家发展改革委关于开展政府和社会资本合作的指导意见》（发改投资〔2014〕2724 号）对 PPP（Public - Private Partnership，公私合营）项目适用范围给出了规定，并对操作模式选择给出了合理建议。

（1）PPP 模式适用范围。PPP 模式主要适用于政府负有提供责任又适宜市场化运作的公共服务、基础设施类项目。燃气、供电、供水、供热、污水及垃圾处理等市政设施，公路、铁路、机场、城市轨道交通等交通设施，医疗、旅游、教育培训、健康养老等公共服务项目，以及水利、资源环境和生态保护等项目均可推行 PPP 模式。各地的新建市政工程以及新型城镇化试点项目，应优先考虑采用 PPP 模式建设。

（2）PPP操作模式选择主要分经营性项目、准经营性项目和非经营性项目。经营性项目：对于具有明确的收费基础，并且经营收费能够完全覆盖投资成本的项目，可通过政府授予特许经营权，采用建设—运营—移交、建设—拥有—运营—移交等模式推进。要依法放开相关项目的建设、运营市场，积极推动自然垄断行业逐步实行特许经营。准经营性项目：对于经营收费不足以覆盖投资成本、需政府补贴部分资金或资源的项目，可通过政府授予特许经营权附加部分补贴或直接投资参股等措施，采用建设—运营—移交、建设—拥有—运营等模式推进，要建立投资、补贴与价格的协同机制，为投资者获得合理回报积极创造条件。非经营性项目：对于缺乏"使用者付费"基础、主要依靠"政府付费"回收投资成本的项目，可通过政府购买服务，采用建设—拥有—运营、委托运营等市场化模式推进，要合理确定购买内容，把有限的资金用在"刀刃"上，切实提高资金使用效益。

2. 我国能源行业PPP模式应用

PPP模式在电力领域的运用非常广泛，无论是国内还是国外，都有很多PPP电力项目在建或者已实际运营，所有这些PPP项目对缓解政府资金短缺起了很大的作用。PPP模式已成为基础设施建设运营的首选模式。

（1）电力建设项目。电力建设企业的主要业务是电厂、电网建设项目，但随着市场领域的不断开拓，很多电力建设企业也承揽了大量市政设施、交通设施、公共服务类项目。目前为止电力建设企业已签约的PPP项目还不多，主要集中在市政设施、交通设施、公共服务、资源环境等领域。对于电力建设企业，PPP虽然是一个较新的概念，但对于PPP框架内的BOT（build operatetransfer）、BT（build transfer）项目却并不陌生。在前几年推行的BOT、BT模式过程中，个别地方政府的违约问题给企业带来了较大风险，在一定程度上降低了企业参与的积极性。然而，目前国家推动的PPP模式，将原有的BOT、BT等模式加以规范，并逐步出台相关法律法规以保障企业的利益。在这样的背景下，作为电力建设行业的两大航

母——中国能建和中国电建，对 PPP 项目均持积极态度。

（2）发电项目。根据国家公布的 PPP 项目表，能源领域项目中基本均为发电项目，如风电、光伏发电、光热发电等，分别根据实际情况采用移交或者运营等具体操作形式。2016 年 10 月，财政部公布了第三批政府和社会资本合作示范项目，天津滨海新区光热发电技术研发与产业化基地获批入围，这是天津市首个 PPP 立项的国家级公共能源示范项目，目前天津市先行的 PPP 项目总投资超过 30 亿元。

3. 城市能源互联网下的 PPP 模式

城市能源互联网是覆盖城市的能源基础设施，投资需求大、产业链长、带动力强，对经济增长具有强劲的拉动作用，将不断催生新技术、新业态和新产业，是未来实体经济发展的新生力量，将为金融业发展创造新需求、开辟新领域、提供新机遇。同时，金融业的发展又能为城市能源互联网重大项目投资提供长期、稳定的资金保障。城市能源互联网是复杂的系统，涉及能源生产供应的各个环节，涉及能源投资与消费的互动，涉及跨地域的资源配置，因此其商业模式应该是开放的、多元的。同时，城市能源互联网覆盖地区广、投资金额大，需要构建多元化、多主体、多层次的投资体系。对于其投、融资模式，PPP 模式是一种较为理想的项目投资模式。

为加快推动城市能源互联网建设，可以考虑从以下三个层面推动 PPP 模式的创新应用：

（1）建设综合性服务平台。建立城市能源互联网项目库，打造工程承包商、专业咨询机构、金融机构的对接平台。城市能源互联网合作组织、电力工程承包商商会、金融机构商会可在其中发挥重要作用。

（2）培育具有主导力的投资实体。在传统的授予特许经营权的投资方式以外，政府可与社会资本联合组建投资实体，将合作环节前移，共同设计投、融资策略，实施开发建设，共担项目风险。

（3）综合运用多种投资方式。PPP 模式包含 BOT、BTO（build transfer operate）、BOO（build owning operation）、BOOT（build own operate

transfer）、BT 等多种具体形式。城市能源互联网的建设可根据具体项目的特点、投资规模、电力监管要求、经济实力、技术水平等，因地制宜，灵活选用不同投资方式。同时，要综合运用各种股权融资与债权融资、直接融资与间接融资、传统融资与创新融资工具，构建经济、可靠、多元、灵活的融资保障体系，实现股权融资主体多元化，债务融资渠道多样化，资金资源配置最优化。

从城市基础设施的投资经验来看，PPP 模式是一种较为理想的大型项目投资模式。PPP 模式有利于整合城市优势资源，能够匹配大型电网项目较长的项目周期，有助于加强政府和社会的资本合作，从而能够有效地分担和化解投资风险。

二　市场机制

（一）单一能源市场机制

1. 电力市场机制

2015 年 3 月 15 日，《中共中央　国务院关于进一步深化电力体制改革的若干意见》（中发〔2015〕9 号）（以下简称《意见》）发布，提出了"三放开、一独立、三加强"战略，标志着备受社会各界关注的新一轮电力体制改革开启。《意见》提出通过建立市场化的机制，解决电力发展中存在的问题。改革的方向是市场化，改革的目标是还原电力商品属性，构建有效竞争的电力市场。为贯彻落实《意见》有关要求，国家发展和改革委员会、中国能源局发布了 6 个配套文件，其中《关于推进电力市场建设的实施意见》就推动电力供应使用从传统方式向现代交易模式转变，推进电力市场建设提出了建设性意见。

（1）电力市场构成。主要由中长期市场和现货市场构成。中长期市场主要开展多年、年、季、月、周等日以上电能量交易和可中断负荷、调压

等辅助服务交易。现货市场主要开展日前、日内、实时电能量交易和备用、调频等辅助服务交易。条件成熟时，探索开展容量市场、电力期货和衍生品等交易。

（2）市场模式分类。主要分为分散式和集中式两种模式。其中，分散式是主要以中长期实物合同为基础，发用双方在日前阶段自行确定日发用电曲线，偏差电量通过日前、实时平衡交易进行调节的电力市场模式；集中式是主要以中长期差价合同管理市场风险，配合现货交易采用全电量集中竞价的电力市场模式。各地应根据地区电力资源、负荷特性、电网结构等因素，结合经济社会发展实际选择电力市场建设模式。为保障市场健康发展和有效融合，电力市场建设应在市场总体框架、交易基本规则等方面保持基本一致。

（3）电力市场体系。分为区域和省（区、市）电力市场，市场之间不分级别。区域电力市场包括在全国较大范围内和一定范围内资源优化配置的电力市场两类。其中，在全国较大范围内资源优化配置的功能主要通过北京电力交易中心（依托国家电网公司组建）、广州电力交易中心（依托南方电网公司组建）实现，负责落实国家计划、地方政府协议，促进市场化跨省跨区交易；一定范围内资源优化配置的功能主要通过中长期交易、现货交易，在相应区域电力市场实现。省（区、市）电力市场主要开展省（区、市）内中长期交易、现货交易。同一地域内不重复设置开展现货交易的电力市场。

《关于推进电力市场建设的实施意见》要求，遵循市场经济基本规律和电力工业运行客观规律，积极培育市场主体，坚持节能减排，建立公平、规范、高效的电力交易平台，引入市场竞争，打破市场壁垒，无歧视开放电网。具备条件的地区逐步建立以中长期交易为主、现货交易为补充的市场化电力电量平衡机制；逐步建立以中长期交易规避风险，以现货市场发现价格，交易品种齐全、功能完善的电力市场。在全国范围内逐步形成竞争充分、开放有序、健康发展的市场体系。

电网企业的经营环境发生深刻变化，电网公司传统的盈利模式为电力产品的"购销商"，即按照政府核定的上网电价从发电企业购电，再按照政府核定的售电价格向各类电力用户售电，其模式示意图如图5-8所示。这一盈利模式下，公司盈利的关键点为平均购销价差和售电量。

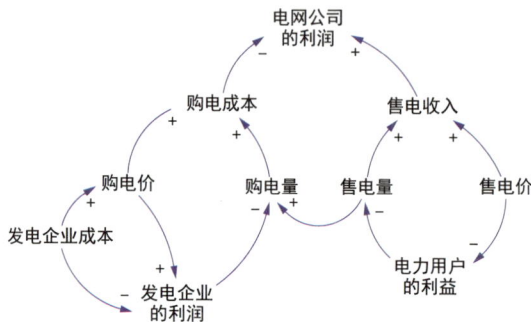

图 5-8　电网企业传统盈利模式

随着新一轮电力体制改革对"监管中间"的要求，电网公司的角色转变为电力产品的"物流商"，这一角色下公司盈利模式的关键点为政府核定的输配单价和过网电量。

电力体制改革释放了大量的红利，具有竞争力的发电企业和第一批售电牌照获得者（主要包括试点区域内有望获得售电牌照的企业以及龙头发电企业），分布式能源企业，致力于电网自动化、能源互联网建设的电力设备企业最有可能从改革中获益。各类社会资本和电力行业主体应紧紧抓住能源创新和服务创新来发展，在资本市场中获得更大的竞争优势。电力行业市场化可以视为综合能源市场化的先行者和领路人，日益成熟的电力行业市场化机制可以为未来综合能源市场发展提供借鉴和支撑。

2. 天然气等传统能源市场机制

我国天然气产业格局纵向一体化程度较高，产业链条比较多，各业务板块的市场开放程度存在一定差异，上中游的市场开放程度相对弱一些，下游销售的市场开放程度则相对较高，目前我国天然气行业已初步形成上中下游"金字塔形"的市场开放结构。从我国天然气产业链来看，终端成

品消费已对社会、民营资本开放，基本上属于竞争性环节。天然气运输管道由于属自然垄断环节，干线基本上由中石油和中石化所有，省内支线管道各省份的情况各异。虽然我国天然气行业的市场开放程度正在进一步扩大，但是相应的外部市场监管及法治环境建设缓慢，适应天然气行业健康发展要求的市场准入、技术标准和资质管理等仍为空白，天然气行业监管法律政策体系亟待建立。天然气产品市场化定价机制正在逐步形成，天然气门站价格现已初步按照"市场净回值法"确立价格调整机制，实现了存量气和增量气的并轨，并试点放开液化天然气（liquated natural gas，LNG）、非常规天然气和直供用户门站价格等，非居民用天然气价格已基本实现市场化定价。

目前我国正在酝酿天然气的改革方案，通过市场化改革，还原能源商品属性，培育地位平等、多元参与的市场主体，构建有效竞争的市场结构，完善公开透明、有序竞争、规范运行的天然气交易机制，构建有效竞争的天然气市场体系。

3. 新能源市场机制

目前我国对新能源的利用形式以新能源发电为主，发电利用形式有"自发自用、余电上网"和全额上网两种。提高可再生能源发电和分布式能源系统发电在电力供应中的比例是深化电力体制改革的基本原则之一。促进新能源电力并网消纳是电力体制改革实施方案和试点工作中的一项重要内容，可为通过更好的顶层设计解决可再生能源消纳难题提供契机。目前，国家出台的 6 份电力体制改革配套文件中与新能源消纳关系最密切的配套文件主要有 2 份，分别是《关于有序放开发用电计划的实施意见》与《关于推进电力市场建设的实施意见》。《关于推进电力市场建设的实施意见》中提出，选择具备条件地区开展试点，建成包括中长期和现货市场等较为完整的电力市场，在非试点地区按照《关于有序放开发用电计划的实施意见》开展市场化交易。

对电力体制改革文件中关于新能源消纳的提法进行归纳，可以看出，

电力体制改革形势下我国新能源运行消纳存在两种方式：一是在非试点地区，新能源不直接参与电力市场，以优先发电的形式，继续保留在发用电计划中，同时也鼓励其参与直接交易，进入市场。二是在试点地区，新能源作为优先发电签订年度电能量交易合同，根据分散式市场或集中式市场等不同市场类型，按实物合同或差价合同执行。但由于新能源发电成本普遍较高，发电特性不确定性较大，新能源发电要想进入电力市场与常规电厂竞争面临较大的困难。

（二）综合能源市场机制

综合能源市场机制是形成城市能源互联网发展动力的制度基础。城市能源互联网在多种能源传输和系统互联共享方面有着巨大的效益，为充分发挥这些效益，并能够使市场价值体现在城市能源互联网的投资收益中，需要建立公平、开放、竞争的城市能源互联网市场机制，引导能源企业、用户的充分参与。未来城市能源互联网的形成和有效运营需要建立在综合能源市场机制的基础上。

城市能源互联网市场机制的构建要遵循市场经济基本规律和能源行业运行的客观规律，积极培育市场主体，建立公平、规范、高效的综合能源交易平台。具备条件的地区逐步建立以中长期交易为主、现货交易为辅的市场化综合能源平衡机制，逐步建立以中长期交易规避风险，以现货市场发现价格，交易品种齐全、竞争充分、开放有序、健康发展的市场体系。

1. 基本构成

为保证城市能源互联网的安全、稳定、可持续发展，需要建立以综合能源交易为核心的，包含多种市场盈利方式的综合能源市场机制。除了综合能源交易之外，市场机制还应能提供多种市场运作形式，构建灵活高效的市场机制。比如新能源投资公司可以通过开展分布式电源的建设运维获取利润，节能服务公司可以通过开展多种多元化增值服务争取客户等。

（1）综合能源交易。综合能源交易是城市能源互联网市场机制的核心。

综合能源交易对象：借助电能、天然气等传统能源的市场化改革，考虑综合能源的内部差异性，确定综合能源的可交易对象除了常规的电能、天然气外，还可以交易冷、热等生产和生活用能形式。比如综合能源供应商为地源热泵＋储热储冷形式的，将在冷、热的能源交易中占据一定优势；综合能源供应商为燃气三联供＋储能形式的，可以在电、冷、热的能源交易中全面开展业务。

综合能源市场构成：综合能源交易市场主要由中长期市场和现货市场构成，中长期市场主要开展多年、年、季、月、周等日以上综合能源交易，现货市场主要开展日前、日内、实时能量交易等。

综合能源交易形式：交易形式主要可以分为双边协商、集中竞价和挂牌交易。双边协商交易指市场主体之间自主协商交易能源用量、能源价格，形成双边协商交易初步意向后，经安全校核和相关方确认后形成交易结果。双边协商交易应当作为主要的交易方式；集中竞价交易指市场主体通过综合能源交易平台申报能源用量、能源价格，能源交易机构考虑安全约束进行市场出清，经综合能源调度机构安全校核后，确定最终的成交对象、成交用量（辅助服务）与成交价格等；鼓励按峰、平、谷段能源用量（或按标准负荷曲线）并进行集中竞价；挂牌交易指市场主体通过综合能源交易平台，将需求能源用量或可供能源量的数量和价格等信息对外发布要约，由符合资格要求的另一方提出接受该要约的申请，经安全校核和相关方确认后形成交易结果。

综合能源交易是一项涉及多类市场主体、多种能源和多种交易形式的复杂市场行为，综合能源市场机制为综合能源交易提供了坚实的保障和支撑。

（2）金融辅助服务。远期综合能源市场交易服务平台以综合能源交易业务为主业，以数据分析技术为支撑，拓展平台业务范围，开展能源贷款、保险、期货等金融服务业务。

　　能源贷款业务是指拓展平台业务范围，开展能源贷款业务，构建能源贷款平台，为能源用户及能源企业提供能源费用贷款服务平台；能源保险业务是指拓展平台业务范围，开展能源保险业务，构建能源保险平台，开展能源保险业务，对冲能源用户用能损失；能源期货业务是指预期能源期货市场紧随现货市场启动，期货市场启动后，开展能源期货业务，对冲能源价格波动，规避能源价格突增风险，提高综合能源服务商盈利能力。

　　(3) 多元化服务。随着综合能源系统运营业务的开展，与用户的沟通渠道和物理连接将不断成熟和紧密，综合能源供应商可进一步挖掘用户需求，开展定制化的增值服务。综合能源服务商可进一步围绕用户在能源、设备、资金等方面的利益诉求，发展更多的盈利增长点，从而形成更为丰富、优势互补、良性促进的业务体系。多元化增值服务包含但不局限于以下方面：

　　1) 充换电设施建设运营。这一业务是针对园区及用户新的用能需求而开展的。总体的业务模式为，综合能源供应商发挥专业成熟的资源整合和运维能力优势，借助 PPP 模式、设备租赁等方式引入合作资本，建设充换电服务网络，向园区及用户提供充电服务，获取充电收入。

　　2) "互联网＋光伏发电" 运维。该项多元化服务主要有两种模式，一是单独提供分布式新能源服务，即通过用电数据分析，识别用电习惯适合安装光伏的用户，并向其提供业务咨询、太阳能条件评估及多种财务解决方案；二是提供一揽子解决方案，售电商可将光伏系统的咨询、安装、维护服务和只收取用户夜间电费的售电方案打包，作为分布式光伏的一揽子解决方案❶，从而吸引有意安装分布式光伏的用户。

　　3) 节能服务。该业务主要迎合用户降低用能费用的需求。其服务内容

---

❶　一揽子解决方案：针对同时存在的多个问题或某个时间段产生的一系列需求，通过分析、权衡，把解决这些问题、需求的方案集中、整理、归纳在一起，形成一个最终完整的解决方案。

可概括为：为客户提供能效评估、方案设计、项目投资、技术改造的全过程服务。这项服务的盈利机制是基于合同能源管理收益分享机制，具体为，综合能源供应商向用户提供节能技术改造、升级、换代的成本，分享用户未来的节能收益作为成本补偿和合理盈利的方式。

4）需求侧响应业务。作为区域综合能源系统的运营主体，综合能源供应商自身存在提高电网运营效率的需求，因此，围绕综合能源供应商自身的运营需求，可开展需求侧响应业务，其总体模式为：综合能源供应商通过向用户提供价格信号或经济激励方案，与用户约定在特定时段减少用能负荷，并向其支付响应报酬。通过这一业务，用户收获了响应报酬，而综合能源供应商减少或延缓了满足用户高峰时段负荷所需要的系统扩容投资，提高了综合能源系统的运行效率，实现了利益共赢。

除此以外，市场主体还可积极探索基于互联网的用电维修服务、托管式的分布式电源与储能服务，冷热电三联供服务，最佳用电设备的咨询服务，智能家电的监控服务，用电设备能量监控服务，参与碳交易市场服务，能源大数据服务以及能源投融资服务等多元化服务。

2. 实施路径

综合能源市场机制是在各独立能源市场机制的基础上形成的联合市场。首先应从各独立能源形式的多边长期交易合同起步，在统一规则的基础上，逐步实现多种能源的市场联合交易，发展多种能源的短期灵活能源交易、辅助服务交易等。随着各独立能源市场交易的完善，电力交易市场、油气交易市场和其他能源形式交易市场的供能逐渐融合，逐渐建成面向城市所有能源所有者和能源用户开放的、促进自由交易的综合能源市场。

综合能源市场的构建是一个循序渐进、由局部到整体的发展过程，具体实现过程中可以优先借鉴市场化进程较快的电力市场化改革经验和成果。当前电力体制改革已提出组建相对独立的电力交易机构。按照政府批准的章程和规则，组建电力交易机构，为电力交易提供服务。

综合能源市场的建立可以以各省（区、市）成立的电力交易机构为基础，逐渐融合其他能源形式，主导城市能源互联网综合能源市场机制的建设。综合能源市场的建立主要包括以下重点内容：

(1) 组建综合能源交易机构。

(2) 搭建综合能源市场交易技术支持系统。

(3) 建立综合能源优先交易制度。

(4) 建立相对稳定的中长期交易机制。

(5) 建立跨省跨区综合能源交易机制。

(6) 建立有效竞争的现货交易机制。

(7) 建立辅助服务交易机制。

(8) 形成促进其他形式新能源利用的市场机制。

(9) 建立市场风险防范机制。

3. 效益展望

城市能源互联网为人类搭建了开放互联的能源基础网络平台，未来能源领域将以城市能源互联网为基础，综合能源市场机制将为市场主体提供开放、互动、共享供应的综合能源市场平台。城市能源互联网市场机制的构建将由各利益相关方共同完成，除了各国各地区的传统能源企业外，综合能源供应商将成为未来城市能源互联网投资和使用的重要力量，将有共同需求和愿望的用户联系起来，共同参与综合能源市场机制的建立和运行，并广泛参与城市能源互联网的投资，同时拥有使用城市能源互联网的权利。所有能源企业和能源用户均可以接到城市能源互联网上，根据连接点所在的位置和电压等级等能源网络等级，支付一定的网络接入费即可共享网络资源，并通过开放的综合能源市场机制自由买卖综合能源，同时可以享受其他综合能源多元化服务。综合能源交易的信息流及时传递到各级综合能源市场交易机构，并按照规则进行结算，城市能源互联网的运营商、供应商、服务商从交易中分享收益，实现互利共赢。

三 运行机制

(一) 单一能源运行机制

现阶段城市能源供需模式不尽合理，城市能源供给系统发展的传统思路是针对电、热、气等能源供应系统分别供应、各自平衡。这一模式虽然减少了各类系统发展过程中相互耦合的复杂关系，但由于每类能源系统均需要满足实时的能源供需平衡要求，各系统之间缺乏统筹协调和互联互通，为保证大多数用户能源需求峰值，每类能源供应系统均要在需求低谷时独立面对因大量设备轻载而造成的投资浪费问题，负荷峰谷差大，设备利用率低，造成投资浪费、运行风险和运维成本增加，提高了整个能源供能系统投资成本与运行风险，无法跟上"互联网＋"时代经济模式强调共享的发展步伐。

1. 电力运行机制

近年来，随着国民经济宏观调控政策的落实和电力体制改革及电源建设步伐的加快，虽然长期制约国民经济发展和人民生活水平提高的电力供应紧缺问题基本得到缓解，但是由于用电结构已经并将继续发生根本性的变化，电网峰谷差日益增大，峰谷比不断下降，电网面临的调峰能力不足的问题日益突出。电网峰谷差的加大，系统调峰、调压难度的提高，使得电网安全面临较大风险。

为确保电网的安全、稳定、经济运行，发电侧必须采取调峰措施，如水、火电机组调峰运行，建立抽水蓄能、燃气发电等调峰电厂，而发电侧调峰能力是有限的，且是以牺牲机组寿命、降低能源利用率、高投资等为代价的。在电力系统的输电侧也要采取相应措施，主要包括：合理安排电网运行方式；深入开展电力需求预测，加强电网运行方式计算分析，保证电网运行方式安排与实际运行系统的适应性；继续加强电网运行风险评估

分析，杜绝严重削弱电网网架结构的多重停电；加强电网运行监控和实时调度；全面梳理电网可行的调峰调压措施，充分发挥水电的调峰潜力和无功补偿装置的调压能力，有效应对电网运行峰谷差大、电压水平偏高等问题；加强实时调度，及时调整电网开机方式和机组输出功率，及时、准确处理电网运行中出现的异常情况。为了做到资源的合理配置，用电侧也必须采取调峰措施，进行"削峰填谷"。目前在政策上实行了峰谷电价差，随着峰谷比不断下降，峰谷电价差将进一步拉开。

2000 年以来，我国电网峰谷差逐年增大，多数电网的高峰负荷增长幅度在 10% 左右甚至更高，而低谷负荷的增长幅度则维持在 5% 甚至更低。峰谷差的增加幅度大于负荷的增长幅度。目前针对这一问题已开始逐步推广储能技术的应用，在电网中引入储能系统是实现电网调峰的迫切需求。储能系统除了能平滑电力负荷、提高设备的运行效率和可靠性，还能降低电网冲击，调节可再生能源发电系统供电的连续性和稳定性。总的来说，储能的效用贯穿电力系统各个环节，用于可再生能源并网、电网调峰调频、配电网侧的分布式储能和用户侧的分布式微网储能，以及重要部门和设施的应急备用电源，未来巨大的市场需求将会拉动储能行业快速增长。但由于储能技术成本较高，大规模的开发利用还存在经济技术多方面的制约，储能技术已成为可再生能源和智能电网大规模发展的主要瓶颈。解决电网运行机制存在的问题还需要其他能源形式的互联互通，优化共享。另外，由于电力网络相关规划原则对容载比规定的范围一般在 2.0 左右，这又对电力网络规划建设的冗余度提出了较高的要求，随着峰谷差的增大，电网设备的利用率呈下降趋势，不利于全社会供能成本的节约。

2. 天然气运行机制

随着经济的发展和科技的进步，人们对天然气这种清洁能源的需求也越来越大。天然气在走进千家万户的同时也逐渐运用到工业生产中去。管道是天然气走向市场的重要环节，是沟通气田与天然气用户的重要纽带，也是促进气田开发，加速天然气消费利用的重要手段。世界各国天然气工

业发展的经验表明，天然气工业要发展，管道必须先行。

从整体而言，我国天然气管道运行现存在的主要问题有：一是管输利用率偏低。我国现有天然气管道管径小，压力低，运距短，输量不足。大部分的管道利用率仅为50％，而国外输气利用率一般为70％以上。二是旧管道自动化水平低。三是管道能耗大，而且我国天然气管道单位输气耗气量是国外水平的2倍左右，管道老化现象严重。

我国天然气管道分布零散，没有形成相互关联的网络，不能互相调配统一管理，管道利用率低。由于管道燃气企业固定资产投资规模大，城市管网和场站建设形成固定资产计提折旧金额大，一旦出现由于投资前没有充分市场调查和经济可行性分析等问题，将会导致建成市政燃气管道长时间处于闲置状态，或因销售用户少，管网使用率低，燃气市政管网折旧将直接增大了燃气运营成本。由于新管道的投产和输送量的逐年增加，天然气管道年耗能量、综合单耗呈上升趋势。

随着我国大量管道的建成投产，天然气管道的迅速发展，各管道相互连接转供，逐渐形成了日益庞大的天然气管网，各管道已不再独立，而是成为相互之间的影响因素。管道在建设，沿线天然气市场在变化，国外天然气资源的引入等，种种因素造成管网的输量和周转量都在超出预期的速度迅速增长，管网的运行变得越来越重要，管网运行中的问题日渐凸显。我国的天然气管道建设进入了一个快速发展阶段，常规的天然气发展思路，如注重全国输气管道的合理规划，形成一个反应快速、运作优化、协调统一的全国天然气管道网络，固然可以满足市场需求，但是以天然气作为单一能源建设的能源管网又不可避免地存在利用率低以及为保证燃气供应的安全性而增加大量的设备投资等问题出现。

如何对天然气长输管道及天然气管网能耗及设备利用率数据进行科学、有效地分析，建立起供应侧和需求侧互联共享的综合能源转化和共享网络，实现使用较少的能耗完成天然气输送任务，实现节能降耗是目前最为重要且亟待解决的问题。

3. 新能源运行机制

新能源发电包括太阳能发电、风力发电、生物质能发电、地热发电、潮汐发电等，新能源发电具有资源潜力大、环境污染低、可持续利用的特点。与传统发电相比，风力发电与太阳能发电最显著的特点是其输出功率具有随机性和不可控性以及很强的季节性，且采用基于变流器的发电系统，会给电网带来调峰调频，电压稳定与谐波等问题。

风力发电有功输出功率的随机性和波动性，将会对系统调度运行产生重大影响，系统拥有足够灵活的可调节容量是系统接纳风电的先决条件。风电场输出功率在日内会出现由最大输出功率降至 0 或由 0 升至最大输出功率的情形，这会造成电网的调峰需求大幅度增加，电网的调峰能力可能成为风电发展的技术瓶颈，因此需要调用其他地域的调峰资源参与调整风力发电输出功率波动，从而减少弃风电量，实现风能资源合理有效的利用。

光伏电站因其清洁环保、不消耗常规能源的特性，在公网状况允许的情况下，投运后各级调度系统应保证其按最大输出功率工况运行，以节省常规能源的消耗，特殊情况时可根据实际要求限制输出功率。光伏电站在晴朗天气下的输出功率形状类似正弦半波，其时间基本在 7：00～20：00 内，当云层遮挡阳光等非理想天气状况下，光伏电站输出功率减小。由于光伏电站输出功率同样具有波动性，所以对电网的调峰能力又提出了更高的要求。

生物质能发电机组包括垃圾发电机组、沼气发电机组和秸秆发电机组等，目前发展比较快的是秸秆发电机组。秸秆直燃发电技术简单，生产过程无污染，能实现二氧化碳零排放，比较具有发展潜力。目前，国内已有部分地区建成秸秆直燃发电厂。秸秆焚烧锅炉容量不宜太大，主蒸汽参数不宜太高，否则会导致秸秆焚烧发电项目的能源利用效率相对较低，发电燃料成本偏高。实现热电联产是提高秸秆焚烧热效率、降低发电成本的有效途径，因此，在具备集中供热条件、秸秆产量较大的地区，对秸秆焚烧发电项目进行规划和设计时，应统筹考虑秸秆焚烧和集中供热，这对减轻

秸秆焚烧发电项目的生存压力、提高市场竞争力大有益处。生物质能发电是电网友好型电源，具有输出功率调节性能好等特点，生物质能可以参加电网调峰，和电网容易匹配，其不受煤矿、铁路的能力和价格变动制约，在各种新能源电力中，生物质能发电是最好的新能源发电方式。

受电源装机、调峰能力、送出通道等因素影响，局部电网接纳清洁能源的能力已超极限，新能源消纳问题相对突出。

（1）电源装机整体过剩压缩了新能源消纳空间。近年来装机容量持续增长，发电能力普遍过剩。西北、东北地区装机容量均超过最大用电负荷的 2 倍，影响了新能源消纳。

（2）供热期系统调峰能力不足影响新能源在本地消纳。华北、东北、西北供热机组装机占比高，机组供热期可用调峰幅度仅为 15%～25%，远低于常规燃煤机组 50% 左右的调峰能力。北方供暖期与大风期重叠，部分省网冬季低谷期间调峰能力严重不足，弃风问题突出。

（3）送出能力不足影响清洁能源跨区消纳。清洁能源基地装机增长快，送出通道建设相对滞后，影响新能源跨区消纳。

（二）综合能源运行机制

城市能源互联网需要建立高效协同机制，综合能源运行管理是一项组织严密、技术复杂的系统管理工程。城市能源互联网价值网的高效运转需要配套相关规范协议，其用途是制定整个网络的共同规范规约，综合能源的统一调度规则和协同的运行机制是配套规范协议的重要组成部分，也是城市能源互联网安全运行的基本保障。未来城市能源互联网协调运行的特点更加突出，形成统一协调的控制运行规则和职责体系对城市能源互联网运行尤为重要。未来城市能源互联网的特点有：一是网络成分复杂。未来将形成多种能源形式互联共享的综合能源网络，网络上各项资产可能分属不同企业，需要协调机制解决产权分散与统一运行的问题和矛盾。二是间歇性资源众多。未来大量的能源来自具有间歇性运行特点的可再生能源，

这就需要更大范围的联网优化运行以及各类储能设备。三是多能转换复杂。综合能源网络中将存在一定数目的能源转换节点，以实现多能转换共享，降低综合能源的备用容量，提高综合能源利用率。

1. 运行机理

城市能源互联网综合能源系理论体系是从实现多能共享、减少各能源网络备用容量角度入手，通过分布式能源获取和终端用户侧多能共享、多能转化技术，得到综合能源传输网络结构和容量配置原则，从而构建满足实际工程建设需要的典型综合能源供应模型。

能量流与信息流的相互融合、有效传导是城市能源互联网的基本特征之一。在物理层面上，城市能源互联网对各种形式的能源主体、市场主体开放，分散式和集中式的能源模块都能自由接入，从而实现能量流的双向互通、协同互补。在信息层面上，城市能源互联网秉承互联网思维，促进多种能源系统的信息共享，将能量流与信息流通过信息物理系统紧密结合，信息流贯穿于能源互联网的各个环节。

从能量流传导的角度看，传统的、相对单一化的能源输送网络向多元化智能化输送网络发展，具有普适性的能源接入端口，实现分布式与集中式能源供应模块的"即插即用"。同时能量流与信息流的融合度提高，能源携带信息的能力提升，从而进一步提升能源资源在广域范围内的优化配置能力。

从信息流传导的角度看，在传统能源供应网络的基础上，依托互联网技术，实现信息资源的实时共享，信息流贯穿于能源开发利用的各个环节。这种资源共享机制具有双向传导特性，用户与信息控制系统、能源供应模块、多元智能输送模块之间都存在信息双向传导能力，用户与用户之间也可实现用能信息共享。随着能源网络开放度进一步提升，市场参与主体、信息发布主体更加多元化，网络中的信息流、信息系统架构也更加复杂。

城市综合能源系统的能量流以网架结构坚强、自动化程度高、供电可靠性高的现代智能电网为核心，沟通发电客户、用能客户和储能客户。常

规能源或者新能源的集中发电厂站所发电力流入智能电网，电力流通过智能电网流入各种消费能源客户和集中式或分布式储电、蓄冷、储热的厂站，随着分布式发电、储能等技术的发展以及设备小型化，用能用户和储能用户将自身所发、所储电力流入智能电网，平衡优化智能电网运行和客户能源网运行。该新型清洁能源系统综合利用社区分布式光伏发电设备，所发电力部分供居民楼内部动力及风机自用，剩余电力上送至公共台区，可供社区内其他居民和慢充充电桩使用，如还有剩余电力可通过 10 千伏线路，就近供给周边商场或者快速充电桩使用。城市综合能源系统使电力流从发电客户，通过智能电网，到达智能用电客户或储能客户，实现典型区域内电力流流动。

城市能源互联网的信息流以能源互联网综合服务平台为核心，沟通互联网、企业联盟、发电客户、智能电网、用能客户、储能客户。城市综合能源系统进一步促进不同形式能源之间、能源行业与其他行业之间以及能源行业内部各环节的相互融合，跨越多个时间、空间尺度，实现传统气网、电网、热网与交通网等多种能源网络的互联互通，加强能源资源之间的有效互动、传导和协同优化，成为一体化的新型能源供应输送网络。

2. 构建过程

城市综合能源系统首先应加强电网智能化建设，充分体现电网开放、共享、互动的互联网特性，进而实现城市多种能源的互联互通、共享优化。构建综合能源服务管理平台，实现"源—网—荷—储"各类能源主体的信息采集和互动交易，挖掘能源全过程价值，促进清洁能源优先利用，解决城市能源电力就地平衡的瓶颈，促进各类能源与电能转换，提高清洁能源在供给侧和电能在消费侧的使用比重，优化城市能源结构、提高能源利用效率、促进清洁能源开发利用，最终实现城市能源消费的基本无碳化。

综合能源运行机制需要应用"互联网＋"时代经济模式，强调共享的理念，从而实现能源输配、储存和消费三个环节的共享。

（1）多种能源传输和配送容量共享。针对现阶段城市电、热、气等能

源系统分别供应、各自平衡的建设模式导致的设备利用率低和投资浪费等问题，在小区、商业楼宇等终端用户侧建设热泵和冷热电三联供机组，实现冷、热形式能源通过电力和燃气管网的共享传输，同时利用电、气、冷、热能源需求时间分布特性的不同，实现多能间峰—谷叠加，从而提高电力和燃气管在原独立供应模式下负荷低谷时段的负载率，实现能源传输和配送备用容量的共享。

（2）多种能源储存容量共享。针对电力、燃气这两类城市主要的外部输入能源在直接利用过程中峰谷差大的问题，在冷、热负荷中心建设冰蓄冷等储能装置，将储存代价高的电力、燃气能源转换为易储存且需要在电力、燃气负荷高峰时段直接使用的冷、热形式能源，实现能源储存共享。

（3）能源消费共享。淘汰传统的暖气＋空调消费模式，在居民、商户等能源消费场所推广建设具备冷、热传输能力的新风系统，通过该系统将热泵和冷热电三联供机组生产和储能系统释放的冷、热能源统一配送至最终用户，达到有选择的利用不同能源供给形式满足同一能源消费需求的共享目的。

3. 效用展望

构建城市能源互联网调度中心，保障城市能源互联网安全高效运行，各能源行业已根据各自网络结构和特点形成了调度中心，随着城市能源互联网的发展，需要建立城市能源互联网调度中心，保障城市能源互联网的安全、稳定、高效、经济运行。

城市能源互联网调度中心在综合能源运行和交易过程中都起到重要的支撑作用。能源网络的有限性和稳定性要求，决定了综合能源运行必须兼顾计划和实时，以及一定比例的储备容量调剂余缺，通过多种形式的协调配合，完成安全稳定运行的任务。在综合能源交易合同达成前，城市能源互联网调度中心在考虑能源网络安全约束的基础上进行安全校核，并向综合能源交易机构提供安全约束条件和基础数据，配合交易机构履行市场运

营职能。城市能源互联网调度中心应严格按调度规程实施能源调度，负责系统实时平衡，确保能源网络安全，并通过合理安排电网运行方式，保障综合能源交易结果的执行。

第三节　商业运营模式创新

一　能源互联网的商业运营发展趋势

（一）城市能源互联网商业模式发展趋势

商业模式是指为了实现客户价值最大化，把能使企业运行的内外各要素整合起来，形成一个完整的、高效率的、具有独特核心竞争力的运行系统，并通过提供产品和服务实现持续盈利的整体解决方案。能源互联网的创新不仅在于创造出了一个信息互联的网络技术体系，更在于孕育出全新的互联网思维方式与商业运营模式，将以信息为纽带，把分散的大量实体在信息系统中聚集起来，并将数据中蕴含的信息转变为价值，同时以用户为中心，切实地为用户创造价值。为了支撑能源互联网时代丰富多样的商业模式，不仅需要构建合理而灵活的市场体系，而且要设计相应的配套机制。根据 2016 年 12 月国家发展和改革委员会、国家能源局印发的《能源生产和消费革命战略（2016～2030）》通知，基于能源互联网的新业态，将重点发展能源互联网交易体系，创新能源交易商业模式，培育绿色能源交易市场，发展能源大数据服务应用等。

目前我国城市集中了 1/2 的人口，3/4 的资源消费，4/5 的 GDP，产生2/3 的碳排放，解决城市经济社会发展中低碳和能源高效利用的问题尤为重要，能源互联网的形式也将是我国城市能源的主要业态。能源互联网在物

理层面上将实现电、气、热等多种能源形式的相互耦合与标准化交易，在价值创造层面上将创造能源的现货、期货两级市场。与此同时，能源互联网还将衍生出除能量市场以外的其他各种市场，如碳交易、绿币、能效、配额交易等。在建立新环境下的商业运营模式时，需要考虑投资渠道、投资主体、盈利模式、服务定价机制，以及与之相配套的国家政策及税收支持等相关问题。

传统的能源行业，电、气、热等各种形式能源系统在规划、运行等各方面几乎都是保持独立的，致使各种形式的能源难以体现协同效益和协调应用，以及从生产到消费的高效性、便捷性。各类能源在生产、传输、存储、消费等环节均存在一定程度的壁垒，致使多样化的能源运营方式和能源生产、传输、存储、消费等自由组合运营难以实现。另外在各能源行业内部，也存在诸多的管制和约束。在电力行业中，省级电力交易中心负责全省的整体平衡，是一种集中式优化决策的资源配置方式，作为个体的能源供应者和用户，很难获取整个区域能源的信息，因此分散化的决策困难很大，信息获取成本很高。在天然气行业中，由于上游资源、中游管道基本由中石油、中石化和中海油这"三桶油"独揽，下游各城市燃气企业的终端销售价格则由政府制定，整体行业相对封闭，供应存在一定壁垒。在供热领域中，目前存在单一能源、集中供热等方式，采暖用能给生态环境造成巨大压力，难以通过分户计量提高能效、使用户主动参与，难以实现节能和能源的综合利用。城市能源系统规模越大，相互关系越复杂，信息变化越快，获取整个系统全部信息的困难也越大，整体优化决策的效率也越低。

能源互联网将打破城市传统意义上对于能源供应、消费环节泾渭分明的"鸿沟"，实现多种形式能源综合管理的"横向突破"，以及能源从生产到消费自由运营的"纵向突破"，孕育众多商业主体，创造百花齐放的商业模式。能源行业在互联网技术和政策的影响下，商业模式的发展趋势如图5-9所示，具体体现在以下几点。

图 5-9　能源行业商业模式的发展趋势

（1）在能源利用方面，由传统的电、气、热独立运行，向能源综合利用，横向多元互补发展，能源互联网将打破现有各种形式能源"条条框框"，实现能源固有组织方式的突破，并逐步实现能源的清洁替代和电能替代。

（2）在信息获取方面，信息全面、透明，信息获取成本低，能量运行在信息指导下进行，通过能源大数据的挖掘，指导能源的运行，并实现以用户为中心的能源供给。

（3）在商业模式方面，传统能源和价格受到管制、交易参与退出受限，逐渐放开，允许部分能源供应消费自主交易，商业运行模式多样、交易主体多元。

（4）在能源市场方面，能源互联网将促使能源供应企业自觉提高竞争力，通过更高效、更低成本的生产优质能源，并以用户为中心提供个性化的用能服务。

（5）在决策优化方面，能源互联网构建多类型能源综合平台，允许能源信息的共享和流通，实现由传统的集中式优化决策，转变为分散决策、局部平衡。

（二）能源互联网商业运营模式的主体

在能源互联网背景下，电、气、热的协调优化将广泛地应用于整个能源行业，并与能源互联网的技术与体制相结合，形成整个能源系统的协调优化运营模式。能源的"源—网—荷"协调具有更深层次的含义："源"包括石油、电力、天然气等多种能源资源；"网"包括电网、石油管网、供热网等多种资源网络；"荷"包括电力负荷及用户的冷、热等需求。能源互联网中横向

和纵向协调优化运营模式的主要架构如图 5-10 所示，主要包含两个方面。

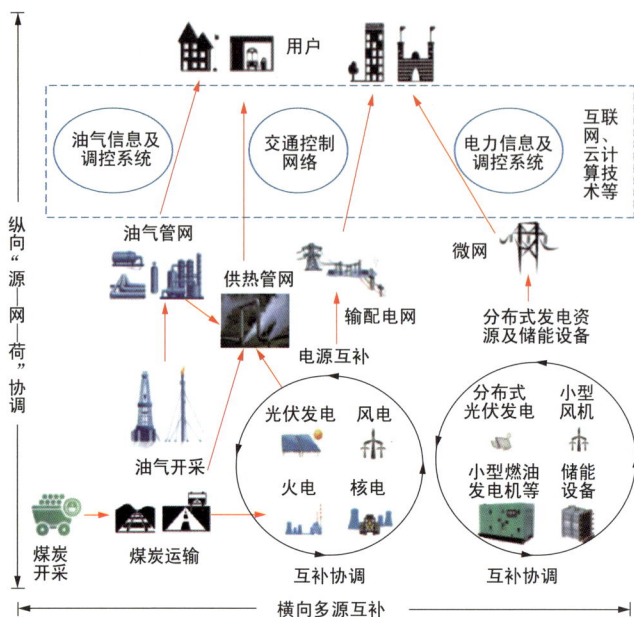

图 5-10 能源互联网中横向和纵向协调优化运营模式架构

（1）横向多源互补。横向多源互补是从电力系统"源—源互补"的理念衍生而来的，能源互联网中的横向多源互补是指电力系统、石油系统、供热系统、天然气供应系统等多种能源资源之间的互补协调，突出强调各类能源之间的"可替代性"，用户不仅可以在其中任意选择不同能源，也可自由选择能源资源的取用方式。而能源供应企业要面对多样化的用能需求，不仅是单一形式用能的解决方案，还有电、热、冷等综合能源解决方案；不仅有用能需求，还有节能需求。

（2）纵向"源—网—荷"协调。包括两层含义，其一是通过多种能量转换技术及信息流、能量流交互技术，实现能源资源的开发利用和资源运输网络、能量传输网络之间的相互协调；其二是将用户的多种用能需求统一为一个整体，使城市能源需求管理扩大化，成为全能源领域的"综合用能管理"，将需求侧资源在促进清洁能源消纳、保证系统安全稳定运行方面

的作用进一步放大化。在这种情况下，全新的供用能体系将产生。以电力为例，电网企业面对的不再是传统的"发—输—配—用"单向的 B2C 模式（商家对顾客），更多"用—配—用""用—用"等双向电力供给的 C2C 模式（消费者对消费者）正在形成，能量交换途径更加多样化。用户不仅是被动接受价格，还可以依据价格信号主动向系统反映新的用能意愿。

遵循开放、互动和互利互惠的原则，电、气、热等多个能源行业将共同参与组成联合体来运营可能成为未来可行的运营方式，其中涉及几方面主体包括：①能源供给/消费者，是能源的生产者和消费者；②能源网络运营商，以电网为主体，多种能源运营商联合经营能源配送网络；③能源代理商，是前两者的中间媒介，代理商的重要职能是在能源的交易中平衡各方利益；④政府，是能源互联网运行的可靠保障。其中能源网络运营商通过信息通信网络采集用户的全部用能信息及能源供应侧的基础数据，通过云端信息处理系统的分析处理为用户提供优化的用能方案，通过合理的电价机制及需求侧响应措施，引导用户用电主动追踪清洁能源发电输出功率；并充分发挥电力系统的纽带效应，优化其他能源模块（如供热、供水、燃气供应等）的运行。

二　需求侧商业运营模式

（一）智能家居的能量管理模式

2013 年 9 月，国家发展和改革委员会、工信部等 14 个部门共同发布《国家物联网发展专项行动计划》，明确将智能家居作为战略性新兴产业来培育发展，将智能家居列入 9 大重点领域应用示范工程中。智能家居作为能源互联网的末端环节，可关注用户互动、需求响应及家庭能源节约情况，并通过智能用电设备对家电实现智能化管理及远程控制等业务。智能家居的核心是家庭能量管理模式，当在冬天使用空调时，当室温达到设定的温度以后不再自动制热，那么只能说使用的是一台节能空调，还不能人性化

地控制能源消耗。能源互联网环境下的智能家居，既解决了人们对节约能源的需要，又满足了人们对高质量生活的追求。智能家居的能量管理模式涉及信息的采集、能源的管理，以及双向互动服务等运营模式。

在信息采集方面，能源服务公司将通过基建投资的方式，逐步实现对电能表、水表、燃气表、热力表等居民家用收费表计的自动周期性远程抄表或远程启动停/送等功能。用户通过家庭内部部署的各类智能终端、传感器、无线网络平台，可以实现远程随时的对家庭用能、环境、设备运行状况等信息的快速采集与传递，可以实时了解自身的用能情况，并实现对电能表、水表、燃气表、热力表四表数据采集及远程控制，从而为用户参与能源管理和需求侧响应的运营模式奠定基础。

在能量管理方面，越来越多的家庭开始安装分布式能源设备，并利用微网技术进行控制，形成对电网的有效补充，实现电网和用户的双赢。能源公司通过开放的运营及以客户为中心的服务，将带动住户主动参与到双向互动的能源网建设中，并对采集到的家庭用能信息分析，使用户可以实时查询自身能源使用情况，结合能源交易中心公布的用能策略，指导用户合理用能，提高用能效率，降低能源损耗，减少能源花销。用户则会依赖于能源互联网，更有效地管理家庭住宅能源的消耗，同时配合电力公司推动需求侧管理，通过节约用电、降低尖峰需求及负荷控制等。智能家居的能量管理系统通过对数据的采集分析，将最后的结果以简洁明了的形式反馈给智能中央控制终端，通过智能家居控制系统，根据住户家居环境及能源控制中心发出的指令，经过分析计算做出适当的调整，实现双向互动服务，指导用户科学合理用电，进一步提高能量利用效率，促进低碳经济的发展。

在双向互动服务方面，能源企业通过与家庭的实时互动，引导用户主动参与能源网的建设和管理，为用户提供更好的服务。如节能定制服务，各智能插座（已在能源服务平台注册）采集相关基础数据，通过厂商提供的管理控制平台，按相关标准加密后，调用接口发送至能源服务云，管理

控制平台调用能效计算服务，计算其能效数据。管理控制平台根据该用户的长期能效数据开展用户用能行为分析（如工作日 8：00～18：00 间大部分电器功耗较低，18：00 后空调、热水器等电器的功耗较大），通过大数据分析技术，结合电网负荷、季节、当天温度、光照等数据，为其生成多套节能方案（如光照足够，可让用户选择是否关闭电能热水器电源，改用太阳能热水器；12：00～16：00 是否关闭窗帘，以减少外界热能辐射等）。另外能源服务公司的节能控制服务，可根据用户选择的方案适时向相应智能设备的管理平台发出标准控制指令，通过管理平台调整智能设备的状态，以达到节能的效果。异常预警服务，能源服务云能效综合诊断服务通过对用户智能家居的分析，生成用户用电行为模型，能效服务云对各智能装置收集的能效数据进行分析，如发现采集到的能效数据明显异常，则将其作为异常预警，及时向用户推送提醒，并根据经验库向用户提示可能的原因，如用户冰箱功耗有较大幅度的增大，用户可收到冰箱用电异常提醒，并提示该异常可能是由于冰箱门未关闭引起的。

　　智能家居可以视为能源互联网的基本组成单元，通过新能源的采集、转换、汇集、存储、消纳形成最基本的"能源局域网"，促使能源互联网改变传统的各能自成体系并实现有效协同。在能源互联网的发展过程中，智能家居将作为能源互联网中的"微商"，驱动着能源互联网经济的发展。区域综合能源系统包含了分布式的终端综合能源单元（即微网）和与之相耦合的能源供应网络，由于它与用户直接相连，又需考虑能源供应网络的各类约束，因此耦合关系更为密切，动态特性更为复杂，也是整个综合能源系统中亟需优化协调的部分。另外智能家居作为"智能信息的感知末梢"，在能源互联网领域有其独特的优势，可为能源交易中心电力网提供大量来自用户实时用能状态信息，实现设备信息的直接交互。同时，结合电力生产科学严谨的业务逻辑，能源系统可以"智慧地"进行自我判断、自我决策和自我执行，从而提高电力系统的自主调峰，提高电能传输和使用效率，提升能源企业与用户的互动能力。

(二) 智能园区的运营模式

智能园区是城市能源互联网的重要组成部分，其能源供应将与传统供电、供热、供气模式有较大的不同。在配备了分布式电源和储能设备后，智能园区可以基于风电、光伏，以及微燃气轮机等分布式供能系统，满足园区内部的电能和热能需求，同时园区可以作为微电网独立运行，也可以与主电网连接，互相输送电力，从而在根本上改变了传统能源供需的方式。智能园区可以根据电网发布的实时电价调整总体购电时段，从负荷侧实现"削峰填谷"的目标，降低用电成本，同时也能利用微燃气轮机等分布式能源机组同时提供冷、热、电；在分布式可再生能源接入后电力盈余情况下减少其他能源的消耗，或为外部电网提供富余电力获取利益；可以实现自动智能缴费，提高园区服务效率与用户体验度，在电、水、气高级量测一体化技术、电动汽车充电服务等基础上能够充分实现智能园区的智能、方便与快捷。供需关系的改变导致了传统能源需求侧商业模式的颠覆，并将在用户和功能企业间建立一种新型的商业关系。

能源互联网环境下城市智能园区商业模式，涉及投资分摊类型、收益模式，以及运营主体等方面。

1. 投资分摊类型

智能园区建设过程中将电、气、热的量测一体化，其信息传输可以和电话、电视、互联网等通信路径融合，形成"多网合一"，直接涉及市政的不同部门行业，因此在智能园区投资过程中需要各方进行充分的协调合作，寻找合适的投资方案将有助于促进智能园区未来的发展。

智能园区有广阔的发展前景，但也存在很多问题。基于科技发展现状，智能园区建设的投资较大，设备采购及维护成本较高，投资回报率低且投资回报时间长。当前智能园区的建设投资主要以电力企业投资及课题项目研究经费为主，如何实现智能园区建设的投资分摊将在其未来发展中起到重要的作用。综合各国智能园区的发展，主要投资分摊类型包括政府补贴、

银行借款、债券融资、电力公司投资、市政投资、开发商投资、第三方投资及混合投资，如图 5-11 所示，对各部分分析如下：

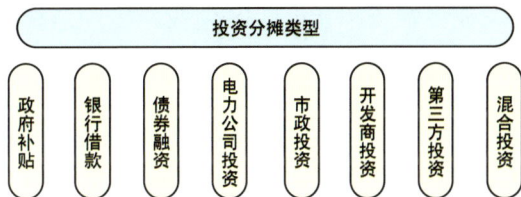

图 5-11　城市智能园区商业运行投资分摊类型图

（1）政府补贴。由于在技术发展变革初期投资成本较高，为了促进技术的孵化发展，可以利用政府财政补贴支持先进技术的发展应用，从而促进社会的发展进步，便利人民的生活。智能园区的投资较大，成本与维护费用较高，投资回报率低且周期长，投资者以及普通民众对智能园区的接受程度不高，在此基础上政府可以根据财政情况对智能园区建设或者改造进行补贴，从而提高投资者的投资积极性，提高普通市民的接受度，促进智能园区的建设发展，也能实现节能减排保护环境的长远目标。中央及地方各级政府的补贴资金来源可包括政府财政资金、国债资金等。政府补贴的优点是在一定程度上促进了智能园区的发展，为智能园区的建设改造提供了便利与资金支持，保证了运营初始阶段不会造成较大亏损。其缺点是根据补贴力度不同，促进效果不同，如果缺乏有效监管，容易出现智能园区建设改造以劣充好、骗取补贴的情况。

（2）银行借款。银行借款指为了满足资金需求，向商业银行、政策性银行等单位提出申请、筹得款项，并且按照约定，在规定的日期时间归还本金利息的一种融资方式。智能园区建设是与居民日常生活息息相关的重要组成部分，属于政府支持发展项目，因此在银行借款市场中往往具有较高的信用度。银行借款的优点是政府支持信用度高，在贷款议价上能力高，能够获得优惠的贷款条件，减低企业的筹集资金成本，也是智能园区建设非常重要的资金来源。其缺点是倾向于政策性支持，可能会由于政府收紧

银根等问题导致融资紧张，银行作为盈利性机构，需要借款担保和按时还款付息，存在一定的还款压力。

(3) 债券融资。债券融资指智能园区企业，按照法律规定的程序发行，并且在一定期限内还本付息的有价证券，它是智能园区建设改造筹集资金的一种方式。按照债券发行期的长短，可以分为短期、中期和长期。智能园区企业根据自身投资需要及其实际情况，可按照相关法律规定发行一定的金融债券进行融资，筹集资金从而加速智能园区的建设发展，解决资金不足的问题。债券融资的优点是通过金融市场来筹集资金，解决了智能园区建设改造的部分资金问题。智能园区建设改造作为政府支持项目，信用度较高。其缺点是融资成本相对银行借款较高，由于智能园区企业的资金流动性不足、回报率低、回报时间长等特点，存在一定的还本付息压力，还款压力显而易见。

(4) 电力公司投资。电力公司在智能园区中担负的技术变革责任重大，而且是智能园区建设的主要建设者与推动力，因此可以考虑采取电力公司全部投资并运营的方法。其优点是电力公司可根据实际情况对适合改造建设的园区考察后进行分批次投资建设并且运营。电力公司可利用智能园区作为外界电网载荷调控缓冲机制，提供紧急功率，充分发挥"削峰填谷"的作用，提高外界电网的安全性，同时能够保证总体盈利。但缺点是电力公司难以一次性提供投资资金，投资时容易根据自身利益选择性投资，忽视园区居民的用电利益。投资建设慢，容易拖后智能园区建设发展步伐。

(5) 市政投资。智能园区牵扯到市政公司的多个方面，也可以考虑采取市政公司投资的策略，方便多个部门之间进行协调。市政投资与政府补贴的区别在于，市政投资中政府作为一个法人实体，向智能园区投入资金支持其发展，并且从其预期收益中获取适当的回报。市政投资的优点是智能园区建设运营涉及电力公司、物业、消防等多个部门，市政公司投资运营可方便多个部门之间协调管理。其缺点是基于中国人口现状，城市新建智能园区投资与老旧园区智能化改造费用巨大，政府负债率较高，市政建

设资金缺口较大。市政企业效率低下，冲动性投资，无法充分实现智能园区的功能，用户满意度低，易亏损。

（6）开发商投资。开发商投资是指智能园区的建设改造由房地产开发商负责，并且进行后期运营维护。如若开发商投资进行智能用电构架运营，方便整个园区的物业传承管理。开发商投资的优点是建设改造资金易解决，利于物业统一管理，同时比较容易收回投资成本。其缺点是为节省成本，易出现过度宣传及后期维护不利情形，无法更好地为用户提供智能化服务。

（7）第三方投资。第三方投资是指由除市政、开发商以外的第三方企业单位投资建设改造智能园区用电设备，可以解决资金募集过程中的问题。其优点是利用第三方企业单位容易解决筹集资金问题，同时基于利润导向型的第三方投资也会根据实际情况控制成本，从而早日实现成本回收与盈利。但缺点是过分追求利益最大化，如提高电价与维修费用，需进行有效监管，同时在运营上与园区物业存在潜在利益冲突，需要明确细化产权责任，减少可能发生的潜在问题。

（8）混合投资。以其中一方为主体，其余各方可选择性出资，根据谁投资谁受益的原则进行效益分配。由于智能园区建设改造投资巨大，任何一方单独投资都存在困难，因此可以采取一方为主导（如电力公司、市政公司或者物业），在一个融资平台上多方参与混合投资的方式进行建设。混合投资的优点是方便提供投资资金，有利于电能充分利用，为用户提供优质服务。其缺点是容易产生投资与利益分配纠纷，出资人太多也易导致建设运营时难以达成一致意见，产生潜在的冲突，从而导致工程实施的滞后或者运营上的意见不统一。

以上投资类型中，智能园区建设与改造的任何一方单方面投资都会面临资金缺口及管理问题，有一定的局限性。综合各方面因素考虑，政府补贴一方主导的混合投资方式最为稳妥，能够有效地避免各种问题，在实际操作中可以根据实际情况考虑部分银行借款与债券融资，只要政府加强监管，即可实现在公共平台上的资金募集问题，也能尽可能实现智能园区的

智能化综合应用，最大限度地建设使用智能化园区设备并规避风险，通过企业化高效管理尽早收回投资成本，实现环境与利益双赢的目标。

2. 盈利模式

智能园区的投资费用较高，如何收回成本及盈利是众多相关人员关心的话题。如何充分利用现有资源为住户提供优质服务的同时保证实现投资者盈利，是智能园区建设与推广能否成功的关键。智能园区的盈利方式主要通过征收传统能源费用（包括电费、水费与管道煤气费等）、通信网络费用（包括电话、互联网、有线电视费用等）、电动汽车充电费用、仪表改造费用，以及通过分布式新能源发电与电能峰谷调配获利；同时智能化抄表计费系统节省了传统的抄表收缴费人员，也可降低成本，实现盈利；通过深入挖掘智能园区资源，为用户提供增值业务，如电子广告和远程医疗，也能增加智能园区投资回报。能源互联网环境下城市智能园区的盈利模式如图 5-12 所示。

图 5-12　能源互联网环境下城市智能园区的盈利模式

（1）基础服务收费。智能园区的盈利模式之一可以通过向用户提供基本服务收取费用，如征收仪表改造费、电动汽车充电费用以及能源费用与通信网络费用等。智能园区投资巨大，为了让用户享受更加优质、健康、现代化的智能园区服务，在智能园区建设改造时可以根据实际情况向用户征收一定的仪表改造费用，降低投资。为了避免因征收费用造成的用户不满以及降低用户参与的积极性，可以免收相关改造费用，由政府对此处费用进行补贴。智能园区电动汽车充电站可以方便园区内用户为电动汽车充

电，根据不同的充电方式，如快充和慢充，收取不同的单位用电费用。智能电网运营过程中，通过一体化的电、水、气量测交互终端设备，智能园区中央服务系统可以实时获知业务的电、水、管道煤气的使用量及缴费与剩余费用情况，可以通过缴费服务获得收益。

（2）新能源参与能源调控。智能园区可以在外界电网电价低时，从外界公用电网获取电能存储在储能容器中，在用电高峰电价较高时段释放电能，从而获取差值电价利润。分布式新能源的应用，如太阳能电池板，也能够为智能园区提供一部分电能供给。智能园区的公共照明部分，可以根据不同天气状况，使用不同照明开启方案，如部分开启和低亮度开启，从而节省用电成本。根据电能使用历史统计数据，对智能园区内公共用电与用户用电进行分析，提供节能建议。

（3）新能源发电及冷热供应。智能园区可以安装小型风力、太阳能等可再生能源发电设备，实现部分电能的自发自用，减少购电费用，在发电富裕时，还可以出售给电网，获得利益。工业园区中的自备电厂可以通过热电联产、余能（余热、余压、余气）综合利用等形式存在，为相关用户提供廉价的热力，将有效节约资源，大幅度提高能源利用效率。商业用户也可以基于微燃气轮机等小型机组，实现冷热电三联供，通过减少供热和制冷成本而获得收益。

（4）增值服务收费。智能园区可以根据现代化的智能环境，开发并提供各种增值服务，从而实现盈利，如远程医疗服务和电子广告等。根据用户的不同需求，为用户提供电动汽车充电结束短信提醒，电、水、气催缴费用短信提醒，并收取相应的服务费。各种用能信息在脱敏后可以作为信息资源进行出售，获得收益。

智能园区作为新兴服务业务，初始建设改造阶段需要大量资金投入，为保证成本回收，必须考虑其今后的盈利模式问题。在智能用电园区的初始发展阶段，建设改造过程缺乏相关成熟的经验，必然会走一些弯路，耗费一定的时间与经济成本，因此建设改造成本相对较高以积累经验，此时

争取政府补贴与资金支持是十分必要的，以促进新技术、新方法的应用，促进社会的进步。基本服务收费是保证智能园区正常运营的费用来源，鉴于征收仪表改造费用可能会降低用户参与的积极性，在初期可以通过政府补贴减免等方式进行；在多网融合后也可以通过征收能源使用费、通信网络费以及电动汽车充电费来保证平时现金流。在使用了新能源管理技术后，智能园区管理部门可以通过实现园区内能源存储错峰调配实现获利。在此基础上，智能园区可以通过开发增值服务进一步提高盈利能力，提升服务水平，提高用户的参与度与满意度。同时，由于智能园区的后期运营自动化水平较高，所需人力较少，日常开支成本较少，盈利能力能够有所保障。

3. 智能园区的运营主体

能源互联网的追求目标，决定了电力网和电能必将在其中起主导作用，这主要源于电力网络具有能源实时传输、自动化程度较高和用户侧已基本实现"即插即用"等优点，而电能本身也具有易于传输、转换和使用的特点，在电、气、热等各种能源中居于核心位置。将智能化的电力网作为骨干网络或核心平台，更利于能源互联网目标的实现，而杰里米·里夫金在其《第三次工业革命》一书中，更是做出"智能电网＋分布式能源"即是能源互联网的论断。

智能园区实现园区内电、气、热的综合能源供给，在园区内配置了分布式发电和储能设备，形成了智能园区能源网。在智能园区用户侧的分布式新能源发电设备和储能设备，其购买、安装调试和园区能源网络维护运营可由供电方、用户方或者第三方来实施。根据智能园区能源网络运营权归属的不同，运营模式主要有电力公司主导型、物业公司主导型、第三方公司主导型三种模式，下面针对这三种运营模式，来分析其投资成本和经济效益问题。

（1）电力公司主导型。电力公司主导型模式是以电力公司作为智能园区运营主体的一种模式，又可以分为电力公司直接主导型和电力公司间接主导型两种类型。该模式的主要特点是智能园区的运营由电力公司承担。

　　电力公司直接主导型模式是指通过电力公司自身直接从事具体相关运营维护工作和提供增值服务的一种运营模式。该模式下，电力公司依托电力光纤到户、智能园区的建设为智能家居的业务发展提供了良好的基础平台，有利于智能园区的建设和运营。电力公司直接建设和运营管理园区能源网，可以通过现代化的通信调度手段对智能园区实现远程调控，从而根据外界公共电网的实际用电需求情况对园区内能源资源进行调控。当外界公共电网处于用电高峰时，电力公司可控制智能园区减少用电，甚至向主电网输送电能；当在用电低谷时，外界公共电网为智能园区储能设备及电动汽车进行充电，降低整个电网的峰谷差值，有利于实现负载均衡。电力公司运营时，通过规模购买可降低设备成本，减少安装成本，且在后期维护过程中，电力公司自行维护成本降低。运行过程中，电力公司可通过电能远程调度调控而获取利益，降低运营成本。为提高智能园区用户的积极性，电力公司可通过降低用户电价的方式，与用户共享一部分利益。但这种模式的缺点是，过分追求电网总体电能调度，降低用户的体验度。

　　电力公司间接主导型模式是电力公司成立专门的运营公司机构负责智能园区的运营。电力公司可将智能园区能源网络使用权租赁给园区用户，共担成本，共享利益。智能园区用户可根据自身需求情况优先满足自身的电能需求，同时电力公司也具有园区能源网的主导控制权，可进行远程电能调度，实现对外界公共电网运行的支持保障与调控作用。电力公司间接主导型模式的优点是可以降低智能园区安装维护成本，与用户共担风险；用户也能以较少的费用，享受高度自主性的园区用能服务。其缺点是，该模式需要在电力公司电网电能优化调度与优先满足用户需求之间协调，容易产生纠纷，降低用户的满意度。

　　（2）物业公司主导型。物业公司主导型模式是指物业公司作为智能园区运营主体，负责智能园区部分建设投资以及建设完成后的运维和增值服务的一种模式。物业公司主导型模式的特点是物业公司负责自己服务范围内的智能园区运维和提供增值服务。物业公司可以根据智能园区实际情况，

自行购买微电网储能设备与新能源发电设备，建立自治性能源网，自主操作，自主供电。在符合与外界公共电网并网标准的条件下，智能园区可以向外界公共电网买电，在特定时段，也可向外界公共电网卖电。

智能园区在物业公司主导情况下，可根据园区用户的需求，自主操作进行电力供应，实现物业公司利益最大化的目标。在外界公共电网用电高峰，实时电价较高时，智能园区可通过综合能源的利用减少对外界电能的依赖，甚至向外界公共电网卖电；在外界公共电网电价较低时，智能园区可从外界公共电网购买电能，使园区电能账单最小化。电力公司可利用电价杠杆进行用电负荷平衡。该种模式下，智能园区能源网的建设成本较高，资本回收周期长，且营运不利易导致亏损。物业运营专业性不足，若管理不善，设备维护不足，难以实现最大化利用。同时面临智能园区用户是否可以选择外界公共电网直接供电的问题，与电力公司具有一定的竞争关系。

（3）第三方公司主导型。第三方公司主导型模式是指智能园区建设完成后，将运维及增值服务全部实现纯商业化运营的一种模式。这种模式可通过遵循市场规律原则，按照市场化原则进行商业化运作模式。在第三方公司主导型模式中，部分智能园区设备投资、设备运营维护全部由第三方公司承担，并且第三方公司负责开展增值服务，收益全部归第三方公司所有。第三方公司可与电力公司建立合作关系，取得电力公司的电网电能调配支持，并且可向电力公司销售额外的电能。第三方公司可给予智能园区能源网用户一定额度的优惠，吸引电网用户的使用。同时，可以通过外界公共电网低价时买电、高价时卖电的策略实现盈利的目的。

智能园区用户规模较大，市场需求大，市场环境和市场机制较好，融资渠道较通畅时，第三方公司可以形成规模效益，容易解决投资资金难题，降低运营成本，提高增值服务收益。但缺点是：第三方公司易与物业公司产生矛盾冲突。如果国家对智能园区及新能源发电进行政策支持和资金补贴，则智能园区建设推广可以避免当前投资大，维护成本高，投资回收周期长，收益率低等导致的发展瓶颈问题，促进智能园区相关产业技术的升

级，管理水平的提高。

（三）多园区之间的协调运营

对于城市中所建设的智能园区，需要通过园区之间的协调运营，提高能源利用效率，实现城市能源的协调运营。能源互联网络环境下，各智能园区及能源子系统既分布自治又协调优化运行，子系统之间通过信息总线实现信息集成和共享。既可通过虚拟电厂技术整合分散的发电资源，提高分布式电源高渗透率下新能源消纳率；又可通过能效电厂技术整合用户侧可控负荷，降低示范区夏季峰谷差所占最大负荷比例；以及通过分级协调优化控制模式，实现降低配电网损耗等目标。

由于城市能源互联网优化调度涉及能源类型、时间尺度和空间尺度 3 个维度上的多级控制。从能源类型上说，包括冷、热、电等多种能源类型的联合优化；时间尺度上包含了短期、超短期和准实时三级；在空间尺度上，根据能源网结构特点，划分为网级、馈线级和台区级（负荷级）。综合应用分布式供能技术、地源热泵技术、冷热电混合储能技术、能效管理技术，部署区域能源供需快速采集设备和区域冷热电能效实时管理系统，响应多级能源协调控制系统的调控指令，可实现包含智能园区、智能家居（智能楼宇）、分布式电源在内的混合能源联合调节。能源供应公司运用"削峰填谷"、供需优化平衡等多种调控手段，实现能源网高效运行、高渗透率新能源的充分消纳和可靠经济的供能。

在多园区协调运营过程中，各智能园区需实时将各自的运行状态信息上传至区域能源综合协调控制系统。传送信息包括分布式电源和储能的运行参数，以及用户的冷、热、电负荷需求。综合协调控制系统以准确响应配电网能量调度要求、区域能源利用效率最高、用能成本最低、污染物排放最少为控制目标，优化多个园区在不同时段的运行策略，并下发至各个智能园区的能量管理系统。园区能源管理系统分解上层能量管理系统控制指令，调节三联供工作模式、储能充放电功率、光伏发电功率、负荷功率，

实现综合协调控制；智能家居用户等可进行储能的充放电功率、光伏发电功率以及负荷功率的精细化调控；分布式光伏并网亦可参与到区域多微电网调节。通过上述多级控制，可实现对区域内分布式电源及负荷的能量优化管理，达到最优运行效果。

当前不管是区域、建筑、工业，还是家庭，过往的能源供需体系中，气、电、热等能源系统都是割裂的状态，而供暖、热水器等终端用能设备功能单一，这就导致了整个能源系统的效率十分低下。另外现有的能源规划多是侧重垂直纵向的规划，如电力、燃气、新能源等，随着能源利用方式尤其是从集中式向分布式的发展，过往的专项能源规划并不适合能源互联网环境。在多园区协调的运营模式中，泛能网的出现值得关注。泛能网可视为利用泛在网和物联网技术对能源系统进行改造的一种尝试，它由基础能源网、传感控制网和互联网组成，初衷是希望通过信息、通信和技术，对传统的化石能源供用网络进行技术再造，从而为可再生能源的入网消纳、用户用能效率提高、用户用能舒适性和满意度的保障提供技术支持。

廊坊新朝阳区块泛能网项目具有代表性，该项目对原有旧城存量进行改造升级，把位于廊坊的北华航天工业学院、国际饭店、管道局设计院、乐晟广场、新朝阳购物中心等学校、企业、商户连接起来，形成了一个局域能源网，通过打通区域内商场、酒店、办公、学校等多个业态的供用能壁垒，以系统能效管理推动互联互调、余能交易。作为泛能网的示范项目，廊坊新朝阳区块泛能网力求达到三个基本诉求：一是大幅提高整个能源系统的运营效率；二是降低整个系统的投资成本；三是最大限度满足能量应用端对能量品位的要求。按照设想，泛能网构建后将形成高效互联的冷、热、电运行模式。其中供热主要由热力三处、新增泛能系统、新朝阳商场承担，运行时优先低成本的新增泛能系统余热和新朝阳电锅炉及蓄热系统。供冷冷源为热力三处、新增泛能系统、乐晟广场和新朝阳商场，运行时优先开启新朝阳商场、乐晟广场的电制冷及蓄冰系统和新增泛能系统余热产生的低价蒸汽。供电主要由新增泛能系统承担，供给国际饭店和设计大厦。

通过管网新建改造和先进能源技术的应用，实现区域内用户互联互通和客户的交易与管理。同时兼顾中长期可延展性，区域内后续新增用户可随需加入泛能网。该项目实施后，能源设施利用率提升了 50% 以上，区域内所有用户能源费用每年节省几万到几十万元，热力三处、新朝阳商场、乐晟广场等用户还能获得能源收益，北华航天工业学院、乐晟广场可以节省大量的煤改气投资。能源设施建设规模和总体投资降低 30% 以上，二氧化碳和主要大气污染物平均减排超过 50%。

三　供给侧商业运营模式

（一）以用户为中心的商业运营

以用户为中心的商业模式，一方面需要满足用户基本的多样化用能需求，以用户便利作为商业模式的核心；另一方面需要诱导性地改变用户的消费习惯，提供创新性的商品与服务，从而为整个能源系统创造出新的价值。

在增值服务提供方面，系统运营商（如电网企业）或设备制造商（如电能表制造商）可以通过为用户提供低价甚至免费服务的商业模式，以获取用户的各种用能数据（如用电功率、用气流量），以及与能源系统运行状态相关的数据（如电网电压、热网温度等）。通过挖掘，其内部可能蕴含着揭示用户的消费习惯、生活方式等重要的商业信息，可以在其他非能源的商业领域产生巨大的商业价值。下面以日本东京电力公司和美国 OPower 公司为例，说明相关的创新举措。

日本东京电力公司在以用户为中心的商业运营模式实践过程中，主要开展了两个方面的尝试：

（1）在明确客户需求和自身服务目标的基础上，提出"为客户提供一步到位服务"的要求，服务内容包括：向用户提供电、热、冷、气多种形

式能源互补搭配的"能量套餐"服务；提供全方位的节能协助服务，帮助客户改进设备，实现节能目标；提供兼顾包括通信在内的建筑物设备设计、施工、维护等全方位设计服务。

（2）采用多种手段，帮助用户节能，实现社会效益的提高。一方面为用户提供节能服务，提供包括节能诊断、解决方案、维护设备及运营管理等服务。另一方面引导用户错峰用电，通过智能电能表、通信网络与服务器建立智能用电系统，分析客户用电行为，实现用户家庭用电结构的智能优化调控和平衡；与工业用户签订用电计划调整合同，针对通过工厂生产调整、迎峰度夏等而调整的负荷水平实施电费打折，根据负荷预测提前 3 小时通知用户调整生产流程，对高峰期用电起到很好的调节作用。此外，东京电力公司还利用地源热泵、太阳能发电等技术，并通过储能和监控设备对室内环境温度远程调节，电器用电情况及环境状态也将被纳入统一监控，以此实现家居用能的集中调节及优化。

美国 OPower 公司通过自己的软件，对公用事业企业的能源数据，以及其他各类第二方数据进行深入分析和挖掘，进而为用户提供一整套适合于其生活方式的节能建议，并通过建设各方共赢的商业模式，实现能源互联网的价值。OPower 为用户提供个性化节能建议，同时也为公用电力公司提供需求侧数据，帮助能源公司分析用户能源消费行为，为能源公司改善营销服务提供决策依据等。该公司所提供的具体服务如下：

（1）提供个性化账单服务，清晰显示电量情况。OPower 公司利用云平台，结合大数据和行为科学分析，对电力账单的功能进一步拓展。一方面，具体针对用户家中制冷、采暖、基础负荷、其他各类用能等用电情况进行分类列示，通过柱状图实现电量信息当月与前期对比，用电信息一目了然；另一方面，提供相近区域用户籍能横向比较，对比相近区域内最节能的 20％用户耗能数据，即开展邻里能耗比较。此外，OPower 的账单改变了普通账单以往单调、刻板的风格，在与用户沟通界面上印上"笑脸"或"愁容"的图标，对于有效节能的行为给出鼓励的态度。其与用户沟通的方式

也十分丰富，通过传统的纸质邮件，到短信消息、电子邮件、在线平台等，加强与用户的交流反馈。

（2）基于大数据与云平台，提供节能方案。OPower 基于可扩展的 Hadoop 大数据分析平台搭建其家庭能耗数据分析平台，从所服务的公用电力公司取得海量的家庭能耗数据信息，依靠自身设计的独特算法，根据用户的每日用电读数，测算用户制冷、热水及其他用能的分配情况；OPower 公司还推出了其自创立以来的第五代软件系统，通过云计算技术，实现对用户各类用电及相关信息的分析，建立每个家庭的能耗档案，并在与用户邻里进行比较的基础上，形成用户个性化的节能建议。这种邻里能耗比较，充分借鉴了行为科学相关理论，将电力账单引入社交元素，与"微信运动"的模式十分类似，为用户提供了直观、冲击感较强的节能动力。

OPower 的快速发展在于为能源公司、用户之间搭建了符合多方利益诉求的平台。其对能源大数据的深度挖掘、提供的个性化账单服务、基于云计算的家庭能耗节能建议，以及注重与用户的沟通反馈等做法，对"能源互联网＋大数据＋云计算"时代的售电公司服务拓展具有一定借鉴意义。

在以用户为中心的商业模式发展过程中，我国的电网公司也进行了有益的探索。如国网天津市电力公司开展 2017 年十项优质服务新举措，其中包括打造公共服务一体化缴费平台，逐步推进"多表合一"采集工程，建立"水、电、气、热"一体化数据查询和缴费平台，为客户多部门统一集中缴费提供便利。

（二）综合能源的一体化供应

未来的城市能源供应，将充分整合电网、热网、气网等能源网络的生产设备与管网资源，实现相互协调、多能耦合的综合能源供应，可同时面向用户提供可调节、可转化的能源服务，充分利用不同能源系统在时段上的错峰效应与调节能力，提高整个能源体系的设备利用率与运行负荷率。如终端能量消费实现多种能量按统一的标准进行"流量计费"，改善用户体

验；不同形式的能量可以转化为标准化的"焦耳"产品，通过等效的当量转换，可打通不同能量市场间的壁垒，开展更大规模的标准化能源交易。

综合能源系统以电力系统、天然气系统、热力系统为典型代表，上述系统间的耦合与互动既是综合能源系统中典型物理现象，也是城市能源互联网的具体体现。目前国内对该领域相关技术尚处于初步研究阶段，需要国家机构、能源供应商以及地方用户的广泛参与。区域综合能源系统是综合能源系统在地理分布上与功能实现的具体体现，蕴含能源耦合与集成机理；不同的区域综合能源系统具有不同的能源转换、分配及利用场景。

综合能源系统追求的是能源系统的协同优化，不同的能源形式在不同应用场合会承担不同角色，主导能源会随着应用场景的不同而不同。对于能量的长距离和大容量传输，往往需由电力网和天然气网完成，此时电能和天然气将占主导地位；对于能量存储，则会根据品级高低、容量大小以及响应速度快慢等因素，选择电储能、天然气储能或冷、热储能，对应的能源形式将在其中起主导作用。而在微网中，为满足用户的冷、热、电等多样性用能需求，则可能出现多种组合方式，如可采用单一电力网供能，其他所需的冷、热能均由电能转换获得；也可以是"电力＋天然气"供能方式，冷、热、电需求既可来源于电能，也可来源于天然气；还可以是"电力＋天然气＋热力"混合供能。三种方式下，电、气、冷、热等能源所担负角色各不相同，没有必然的主导能源形式。

德国已出现了综合能源供应商的模式，一家企业可以既供热，也供气，还供电，这样可以达到提高管理效率、降低人工成本的目的。在北欧，太阳能与燃气互补的系统已成为欧洲采暖比较普遍的方式之一。对于欧美市场出现综合能源供应商的原因，主要是一些国家的燃气和电力市场是去监管化的，可以实现双燃料模式，降低运营成本。除了燃气和电力，在一些国家还有供应商将供冷、供热等其他的产品和服务一起捆绑销售的，出现了更加综合的供应商。

中国的综合能源供应商虽然才刚刚开始萌芽，但萌发的种子已比较丰

裕。"十三五"期间，中国政府计划建成国家级终端一体化集成供能示范工程 20 项以上，到 2020 年，各省（区、市）新建产业园区采用终端一体化集成供能系统的比例达到 50% 左右。在城市能源应用中，工业、商业、居民对于电、气、热综合能源的管理和应用，使得能量存储单元变成一类常用的"家用电器"。类似于"能量银行"的创新型商业模式，用户可以选择将自己多余的能量存储到"能量银行"中，在考虑存储成本与损耗的前提下，可在随后从银行中支取相应的能量，并对能量的盈亏平衡进行出清与结算。

四　综合服务平台

（一）智能园区的综合能源服务系统

城市智能园区的综合能源服务系统可整合和充分利用现有智能园区主站系统、智能楼宇能源管理系统以及企业能源管理系统的各类监控装置的数据资源，各个业务系统的信息服务通过服务的包装，成为"即取即用"的资源，以松耦合的方式实现数据的共享，达到信息整合和快速响应的目的。

智能园区的综合能源服务系统架构如图 5-13 所示。在该架构下，智能园区主站系统、智能楼宇综合管理系统和大用户能源管理系统分别封装自己系统的服务，并在企业服务总线（enterprise service bus，ESB）注册，成为服务的提供者，互动展现层是系统的服务交互和受理者。系统本身可细分为数据采集和分析层、服务管理层、服务整合层、应用整合层和展现交互层。服务基础环境主要包括 ESB 和相关的服务集中管理监控进程。

对于已存在的智能园区主站系统、智能楼宇管理系统和用户能源管理系统的接入，采用接口适配器的方式接入 ESB，自动完成 IEC 61970/61968 及自定义扩充模型到一体化统一模型的封装和转换，实现与其他业务应用之间的交互。

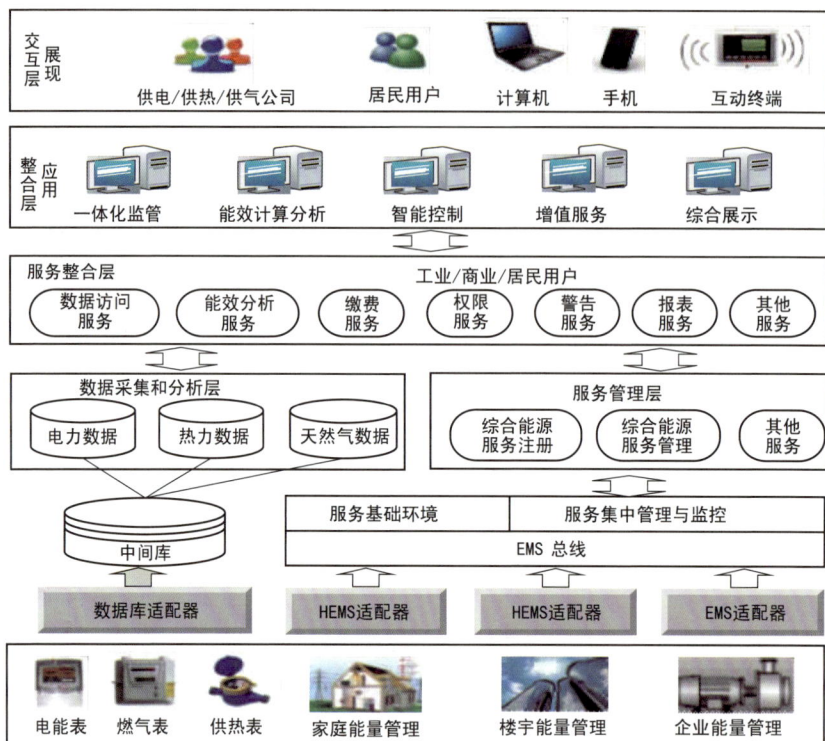

图 5-13　智能园区的综合能源服务系统架构

　　系统的数据采集和分析层、服务管理层、服务整合层、应用整合层和展现交互层的主要功能。其中数据采集和分析层负责建立统一的业务数据模型，将应用和底层数据源分开，实现展现层和数据源的松耦合。数据服务层提供的数据包括：电网模型数据、量测采集数据和其他数据（如采集用户档案数据）等，数据服务层提供的数据以 XML 的形式在应用间传递。服务管理层主要实现智能用能服务系统本身的服务注册、服务管理和服务告警等功能。智能用能服务系统在获取基础数据，进行数据的归类和整理后，可以再通过服务的方式将数据进行封装和发布，供服务展现层调用；封装的服务通过向 ESB 注册，可供其他外来系统，如 SG186 营销业务管理系统使用，此时用能服务系统又成为服务提供者。服务整合层根据业务逻辑对业务进行梳理和整合，形成各种原子服务和组合服务，供应用整合层

调用。智能用能服务系统提供的重要服务包括：数据访问服务、能效分析服务、权限服务、告警服务、报表服务等。应用整合层根据客户需求和系统业务流程，调用不同的业务服务，组成较高层次的应用，最后展示给用户，系统根据用能应用用户的不同分为智能园区应用、智能楼宇应用、大用户应用和综合能效应用。展现交互层是综合能源服务系统的主要数据展现平台，系统通过调用相应的能效分析服务完成数据的分析，并通过人性化的界面展现数据分析结果。

智能园区的综合能源服务系统可实现用能信息的采集与监测、用能设备管理、用能诊断和分析等功能，具体如下：

(1) 一体化监控管理。系统通过一体化监控管理平台，实现对智能园区主站、智能楼宇能源管理和大用户能源管理等不同业务平台的实时监测，并统一实现报警功能。监控的信息包括电流、电压、功率、功率因数、电能、功率需量、电流需量等实时电气参数以及各系统当前运行状态。同时，一体化监控平台接收来自各个不同的子系统的报警信息，并实时刷新展示。

(2) 能效分析管理。系统能效分析管理功能主要包括分项能耗数据的计量、统计、展示；KPI 计算及对标；电能质量综合评价、能源异常监视与告警；客户能效排名等，根据使用者的角色不同，展现不同的能效分析管理视图，并提供 GIS 接口和报表管理。

(3) 智能控制功能。系统可以实现包括远程控制、策略控制在内的智能控制功能。远程控制一般指用户通过网站、手机等方式对用电设备、分布式电源等进行控制。策略控制指客户通过系统制订适合于自己用电情况的控制策略，系统将控制策略下发到智能交互终端，由智能交互终端实现对用电设备的控制。

(4) 综合展示功能。系统的综合展示包括公共信息展示、智能楼宇用户展示、工业用户展示、智能园区用户展示和电力企业用户展示。公共信息展示主要展示总体用能概览、能耗分析、清洁能源利用情况以及环境指标等信息。

智能楼宇用户展示的内容包括：楼宇的本月和上月用电量、去年同期用电量的比较展示；楼层用电展示；智能楼宇的总用电量和分项计量展示；分布式能源的在线监测、并网控制展示；KPI 对标、用电异常和能效诊断等节能服务展示；配电、暖通监控展示；电价电费展示等。工业用户展示的内容包括：本月和上月用电量、去年同期用电量的比较展示；分项能耗查询和比较；针对工业用户的电费政策的关键要素的分析展示，如，最大需量、功率因数以及峰谷用电比等。对于智能园区用户，提供智能园区基本信息管理、园区电子屏信息推送、安防报警展示和智能园区控制功能。电力企业用户展示的内容包括：区域内供电量、售电量、网损、清洁能源上网电量等重要指标的概况展示；区域内总用电及各类用户的用电情况展示；分项能耗查询和比较；分布式电源发电和运行情况展示；充电设施用电和运行情况展示；能耗排名、措施库管理、措施制定和跟踪等节能效果展示等。

智能园区综合服务平台以多源数据为基础实现多专业融合，通过园区用户的共同参与，完成智能配用电园区的综合能量管理，并提供相应的电、气、热等能源的综合服务。建设过程中需要注意的事项如下：

（1）需在一体化建模和统一支撑服务的基础上，针对不同应用对象分别提供系统级、管理级、用户级功能，并需通过权限认证、流程控制等手段防止功能越界的发生。

（2）需在满足电力系统安全的前提下，提供多渠道的用户侧双向互动方式，通过系统级的安全隔离保证系统安全性和服务可靠性。

（3）需提供各子系统的实时联动功能，实现统一、协同、综合的智能配用电园区能量管理，并突破用电环节单向被动的服务模式，以双向互动方式提供用户侧能量管理和能效服务。

（二）城市综合能源信息服务平台

能源互联网将改变原有能源系统"条块分割"的状况，把电、气、热

等多种能源形式在生产、输送、存储、消费等各个环节耦合起来，即在各种新型的能量转换、储存与分配设备的支撑下，用户能够获取灵活、高效、"即插即用"的能量服务。此时，在能源消费侧，用户关于不同形式能源的需求是可调整、可转化的；在能源供应侧，将出现多家竞争性的能源服务供应商，甚至用户本身也可以成为能量供应者。而互联网以信息为纽带，以数据为资源，以互联为手段，一方面能够充分测量、采集、分析能源从生产到消费全流程丰富的数据信息，使得各个环节变得更加可观、可测和可控，使得用户对于自身的能源消费行为能够具有更加深刻的了解，系统运营商对于设备的运行状态能够具有更加准确的判断；另一方面，则是以互联网为载体，能够将能源系统中分散化的用户、差异化的能源、多元化的商业主体紧密联系起来，扩大市场成员的交互范围与频度，降低交易成本，显著提高市场成员参与能源交易的便利性与存在感。多种能源形式的融合和互联网精神的渗透必将催生一个竞争充分、多边对等、主动参与的全新的能源系统生态圈。

城市综合能源信息服务平台是新型能源互联网中的重要部分，其为能源互联中各能源信息的交互和业务增值提供支撑。如图 5-14 所示，整个综合能源信息服务平台架构大致包括用户层、展示层、应用层、数据资源层和采集层五个部分，其中电力系统内部数据通过数据采集与接入设备，进入综合能源信息服务平台的数据资源层，电、气、热等外部数据在进行数据脱敏处理后通过大平台的数据交互总线等方式进入数据资源层。综合能源信息服务平台根据数据的来源、数据的种类等进行存储，通过预处理将冗余的、重复的数据剔除；再根据数据的类型将其放入对应的数据库中；根据应用服务请求进行数据的计算、分析、处理和可视化等，最后展示给用户。

该平台基于大数据、物联网、云平台架构体系，综合采集政府云数据服务平台提供的市政、能源等外部数据，采用分布式存储技术，通过流式计算框架、分析引擎等大数据相关基础服务，为电力公司、政府、工商企

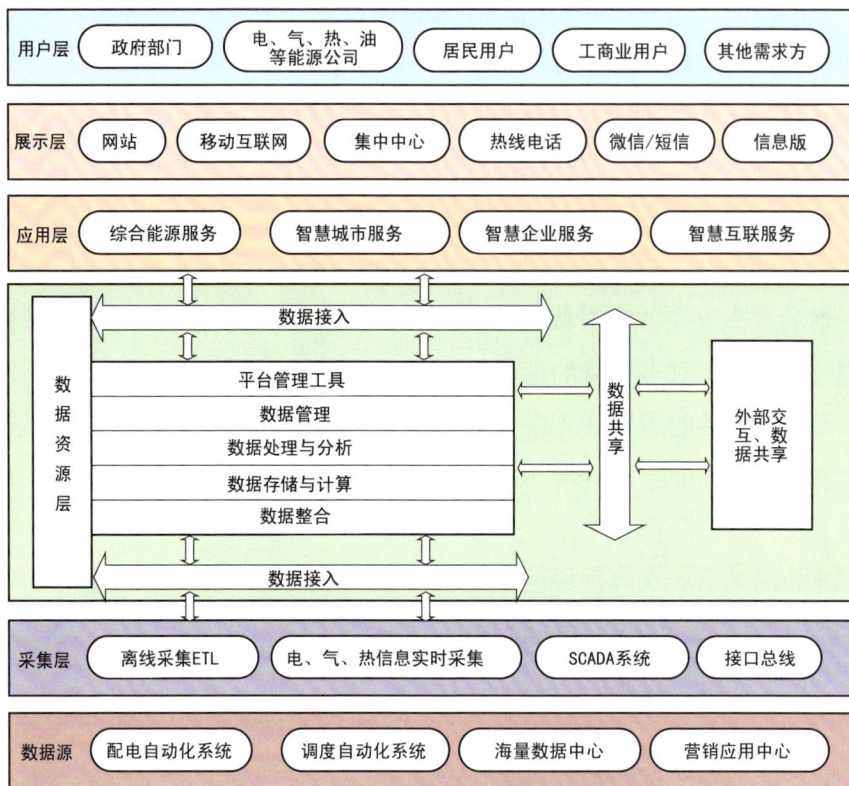

图 5-14　城市综合能源信息服务平台框架

业及公众提供辅助决策、能源供需、节能减排、电气热油等企业综合应用等相关应用及展示服务。平台建设中具体的硬件架构、软件架构、信息架构和业务架构简述如下：

（1）硬件架构。综合能源服务平台的硬件架构主要包括信息交互总线、网络防火墙、正/反向隔离装置、交换机、数据库服务器、应用服务器和接口服务器以及用于数据采集的各类硬件设备。

（2）软件架构。软件体系结构分为 5 个层次，从底层到顶层分别为基础平台层、数据整合层、数据管理层、访问接口层和应用层。其中安全管理功能和系统管理功能贯穿于各个层次。

（3）信息架构。信息架构是在硬件架构和软件架构的基础上进一步进

行数据信息流转和处理的部分。信息架构包括数据整合、数据存储与计算、数据处理和分析、信息平台管理工具、平台监控工具 Ganglia、分布式服务框架 Zookeeper 等环节。

（4）业务架构。在前述硬件、软件和信息架构下，根据不同的服务对象应用需求，开发不同的业务应用场景，大致包括面向政府部门、面向企业、面向电力公司和面向用户四部分内容。

数据采集与集成是整个综合能源信息服务平台建设的基础。数据要求规模性、覆盖性和及时性，否则有碍信息决策服务的效果。为了保证数据的有效，建立数据处理应用的基础，应建立制度性、常规性的数据采集与集成规范，有效维护，保证长效机制的运作。而且由于数据结构各异，所以数据的集成过程相对来说较复杂，需要专业人员手动对需要集成的字段进行关联映射或是开发数据读取 API。

数据采集与集成平台的建设应当注意对数据的应用，例如，注意有效和及时地更新和废弃数据。虽然"大数据"平台并不完全排斥废弃数据，但如果无效数据过多、比例过大，必然会引起数据结论产生偏颇。

（1）对每一类数据要进行清晰分类，并注明来源。在存储数据的时候，应注明数据来源，从而清楚地对数据进行定位，在调用大数据平台中的数据时，可以更容易地找出需要进行调整的范围，快速地给出动作。

（2）建立数据集成原则，对于过期数据及违反国家安全原则、涉及个人隐私等的数据不予参与数据的集成，若某些涉及隐私的数据中有些数据是应用时需要的，则必须先经过数据的脱敏处理。

（3）清晰化使用权限，分清平台内部与外部的使用权限。外部使用的数据可以公开，供大众公平公开使用，一些涉及国家机密的数据应该归入内部系统。

另外，为了使大数据服务在应用时更容易被发现和组合，需要在服务描述中尽可能完整地对数据源信息进行描述。由于大数据服务的输出结果也是数据集，这就需要定义多种不同操作以便满足用户多样化需求。

上海市开展的能源大数据公共服务平台可以视为城市综合能源信息服务平台的具体实践。该平台在宏观数据采集过程中主要以统计报表等传统方式为主，并配合大量的实时能源数据采集。实时数据在线采集是在公共服务平台已有数据的基础上，由企业能源管理中心采集能源计量网中的电能表、气体流量计、皮带秤等计量器具上的实时能源数据，经过软件客户端进行数据分析，并将数据上传到服务平台的数据库中；同时服务平台的数据库与电力公司、煤气公司等的数据库进行实时数据传输对接，进一步扩大了实时数据采集的范围，最终形成能源大数据公共服务平台的数据库。

本章小结

（1）通过借鉴价值网络模型的观点，对城市能源互联网中各利益主体之间的相互影响而形成的价值关系进行梳理，需要提升用户的核心地位并为其提供多元化、定制化的服务。

（2）政策和规则的制定也是商业模式能够发挥其作用的基础。深入分析能源互联网中的组织机制、市场机制和运行机制，并通过建立多方协同合作机制为城市能源互联网建设的顺利开展提供坚实的制度保障。

（3）对于现阶段城市能源互联网发展来说，不能试图一次性找到最终方案，只能以大数据等技术手段为依托，利用评价与反馈进行方案的渐进式自学习和自完善。

（4）由于当前能源互联网新的商业运营模式和具有价格协同机制的多能源市场还没有建立，综合能源服务还只是关注于用户长期能效以及部分用能感受的提升。

（5）未来市场机制的设计应该充分利用多类型能源之间的可替代性，使用户侧的多类型能量单元参与到短期或者实时的系统运行中，从而提高能源系统运行的可靠性和经济性。

第六章

城市能源互联网实践路径

　　城市能源互联网是一种面向未来的城市能源利用系统，其实现不仅取决于能源技术自身的不断进步，更依赖于一个开放、高效的能源体制和管理机制。而我国作为世界上最大的发展中国家，正处于工业化进程的中期阶段，技术积累还相对滞后，能源体制改革也正处于攻坚期，这些因素决定了我国城市能源互联网并不会迅速地推广和实现，其发展必然要经历一个长期且渐进式的过程。

第一节 政 策 引 导

一 推进能源革命， 加速市场开放

（一）加快能源结构调整步伐

加快能源结构调整是我国推进能源革命的重要内容，也是解决当前能源资源紧缺和环境污染严重等问题的根本出路。近年来，随着新能源、核电等技术的不断发展和进步，全球范围内的能源供需格局已悄然发生变化，清洁能源替代和电能替代已经成为能源发展的重要趋势。

面对新一轮的能源发展和转型机遇，世界主要发达国家均制定了能源发展战略，以加快能源调整步伐。美国通过加大页岩气开发力度和发展可再生能源利用技术实现能源转型，并建立起以开发页岩气为特色的能源发展战略。英国政府提出利用多种电力来源组合，为英国开创更环保、更清洁的能源发展道路，并于 2015 年关闭了最后一个煤矿，结束了煤炭时代。日本提出了以能源多元化和提高能效为核心的能源转型战略，注重发展可再生能源、可燃冰等新型能源，加强与能源输出国的战略合作，大规模推广先进节能技术，并通过能源转型巩固其在储能、新能源汽车等领域的技术优势。

而我国能源资源具有明显的"富煤炭、贫油气"特点，煤炭在我国能源生产和消耗中的占比长期居高不下，给生态环境造成了极大负担，一定程度上制约了经济社会发展。新时期，在中央统一决策部署下，加快能源结构调整已经成为当前的一项重要任务。按照能源发展"十三五"规划，

至 2020 年，在我国能源消费结构中，非化石能源消费占比要提高到 15% 以上，天然气消费比重力争达到 10%，煤炭消费比重控制在 62% 以内，发电用煤占煤炭消费比重要提高到 55% 以上。

能源结构调整应在宏观政策的引领下，深入推进供给侧和需求侧能源改革。供给侧结构性改革主要是解决当前煤炭等领域的产能过剩和效率低下等问题，要坚持转型升级和淘汰落后产能相结合，严格控制新增产能，提高存量产能的利用效率，强化政策引导，促进行业健康有序发展。此外，多元化的能源供给结构需要着力提升非化石能源供给，提高水电、核电、太阳能、风电以及生物质能等的装机容量，加大可再生能源利用占比，实现可持续发展。需求侧改革主要是通过政策引导和机制约束等手段，加大清洁能源消费占比，推广节约高效的用能模式，逐步实现能源消纳的清洁化和低碳化。

（二）推进能源领域市场化改革

城市能源互联网强调多种能源的互通互济，构建统一开放、竞争有序的能源市场。而我国由于历史原因，能源体制改革严重滞后，能源市场缺乏有序的竞争机制，各类能源行业的垄断格局亟待破除。

能源市场化改革的方向是：在坚持国家能源总体战略的前提下，充分发挥市场竞争在资源优化配置中的基础性作用，提高我国能源部门国际竞争力，不断满足全社会日益增长的能源需求，为相关产业和用户提供优质、低价、稳定、充足、清洁的能源产品。市场化改革应结合我国国情，制订针对性的改革路线和计划，重点解决如下问题：

（1）不同能源行业间的改革进程不协调，缺乏统一协调机制。

（2）能源行业长期存在以国企为主导的垄断机制，社会资本缺乏参与机制，影响能源产业竞争力。

（3）能源领域广泛存在政企不分的情况，过多地承担社会职能，很大程度上束缚了相关企业的市场竞争力。

（4）政策上对能源企业的长期补贴和扶持，严重影响了产业内的优胜劣汰机制，导致落后产能长期存在。

（5）能源价格受政策影响，缺乏市场化形成机制。

由此，建议从以下几个方面进一步完善能源市场化改革。

统筹综合能源管理体制。 目前我国对能源行业的管理依然遵循"各司其职"的方式，能源局针对不同能源种类分设电力司、油气司、煤炭司以及新能源司等十几个部门，各能源司职能相对独立，造成能源管理上缺乏综合考虑，各能源行业的政策随意性比较突出。因此，在能源互联网的发展趋势下，应加强统筹综合能源管理机制，宏观地协调各能源产业的发展和利益，综合规划能源战略并制订相应的能源政策。

规范行政干预机制。 统一协调当前广泛存在的政企不分问题，梳理行政管理职能，弱化经济性干预，强化社会性引导，使政府的管理职能转变到维护能源安全、维护环境保护和维护公众利益等职能上来，并提高政策和决策过程的透明度。以分类改革的思路，梳理企业的公益性业务和竞争性业务，合理制订公益性业务的政策干预机制，放松对竞争性业务的管制，提高企业的产业竞争力和经营灵活性。

构建能源价格市场化形成机制。 改革现行能源价格管制方式和价格形成机制，对竞争较充分的能源产品实行价格放开，发挥市场在能源价格形成过程中的基础性作用。对于具有垄断特征的能源产品要实行合理的价格监管，通过税收政策、交叉补贴、价格监管等改革措施，形成各能源间合理的价格关系，以促进能源结构调整的顺利实施。

引入竞争机制，优化产业结构。 电力行业要按照新一轮电力改革的总部署，进一步放开增量配电、新能源等业务的市场准入，鼓励社会资本投资，优化存量，盘活增量。在健全区域电力市场的基础上，逐步建立全国统一的电力市场。按照"放开两头，管住中间"的改革思路，在发电环节和售电环节分别引入竞争机制，构建公平的市场竞争体系，发电侧实现厂网分开、竞价上网，在售电侧满足用户自由选择供电商。输电环节由于自

身天然的垄断属性，且涉及大电网的安全稳定运行，并不具备引入竞争机制的条件，应在保证合理收益前提下适度加强政府监管，为保证发电和售电的竞争提供必要的基础。油气行业的改革重点在于价格形成机制的改革，减少政府对油气价格的直接干预，鼓励三大石油天然气集团开展业务交叉，从而形成全方位的竞争格局。鼓励社会资本参与天然气管网建设，同时加强对具有自然垄断属性的管网设施的价格监管。煤炭行业应在开放、统一、竞争与有效监管的体制环境下，以提高行业国际竞争力、形成充分竞争的煤炭市场为落脚点，通过对市场价格机制的改革，市场主体的再造，市场秩序的规范与监管，市场体系的建立、统一与完善，市场行为的规制与引导，充分发挥市场机制在引导煤炭产业和煤炭企业发展方面的主导性作用，推动煤炭在多种能源供应与消费结构中的优化，推广煤炭清洁化技术，使我国煤炭产业在国家能源战略中的基础性地位得以体现。

二　强化统一规划

科学开展城市能源规划是解决城市快速发展与能源紧缺矛盾、协调城市化进程与能源资源合理利用的关键。城市能源规划应构建统一的协作机制，统筹开展综合能源规划，以适应城市能源发展趋势。

（一）宏观统筹能源专项工程规划

以往的城市能源规划，主要是一个部门或一个行业的规划，并不是一个综合性的城市能源规划，其规划内容也主要以能源预测和能源供应计划为主，较少涉及用能方式、节能措施和污染治理等方面内容。随着能源对社会经济、环境、人民生活水平影响的加深，以及能源发展战略的转型，能源发展已不仅是某个行业或部门所要面对的，而是与全社会的发展息息相关的问题。能源政策的制定与实施，也应与城市的产业、交通、环保、土地开发等政策互相协调，在"城市"的宏观层面上统筹编制能源规划，

在城市发展和建设中实现能源的优化配置和合理利用。

综合能源规划涵盖各类主要能源，涉及能源生产、转化、输配到终端消费的各个环节，相对城市规划中能源专项工程规划而言，其具有宏观性和综合性的特点。实际工作中，综合能源规划和能源专项工程规划也是相辅相成的。如图 6-1 所示，展示了城市综合能源规划的具体思路。

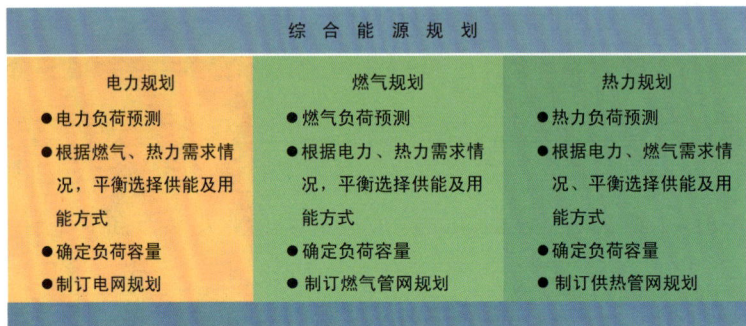

综合能源规划		
电力规划	**燃气规划**	**热力规划**
●电力负荷预测	●燃气负荷预测	●热力负荷预测
●根据燃气、热力需求情况，平衡选择供能及用能方式	●根据电力、热力需求情况，平衡选择供能及用能方式	●根据电力、燃气需求情况、平衡选择供能及用能方式
●确定负荷容量	●确定负荷容量	●确定负荷容量
●制订电网规划	●制订燃气管网规划	●制订供热管网规划

图 6-1　城市综合能源规划方案

由于多种能源在一定条件下可以相互替代，单独进行一种能源的规划往往失之偏颇。综合能源规划通过确定能源的总体发展原则和目标，综合协调各项能源工程规划，衔接平衡各类能源发展目标，进而指导能源专项工程规划的编制。而专项能源工程规划作为综合能源规划的支撑和深化，能够为综合能源规划的编制提供参考依据，并指导能源项目建设。

（二）强化区域综合能源系统规划

综合能源系统是将太阳能、风能、电能及天然气等多种能源形态，经过一系列能源转换技术，转化为消费主体所需的冷、热、电等能源形式。合理的区域综合能源系统规划可以充分利用不同区域的能源资源优势，有效提高能源利用效率，促进可再生能源的发展应用。

区域综合能源系统规划的核心在于"因地制宜"，即根据不同区域内的负荷需求、规划条件、能源资源分布以及生态环境等特点，通过制订合理

的综合能源利用方式计划，来提高能源利用效率，以实现良好的技术经济效益。目前，国内多地已开展区域综合能源系统的试点工程，采用了多种综合能源利用技术，包括热电联产、地（水、空气）源热泵、水（冰）蓄冷、三联供、分布式能源利用等。这些试点工程在不同的边界条件下实现了能源效率的提升，体现了区域综合能源系统规划的现实意义。然而，这些试点工程的规划方法和建设模式，并不能简单地进行推广和复制，还必须结合每一个区域的自身特点。比如，从区域用能方式规划上看，采用冷热电三联供系统，理论上的能源利用效率可以达到85%左右，远高于单一能源供能方式，但对于具体的能源站项目，还必须考虑供能范围内是否有足够的冷、热、电负荷需求，三种负荷需求之间是否能均衡定容，年利用小时数是否足够，这些因素都会影响到三联供系统最终的技术经济效益。由此可见，区域综合能源系统规划是更加微观层面的能源规划，需要经过更加细致的分析和研究，再来制订。

三　加大财政资金和投融资支持

城市能源互联网是对传统能源从规划、设计到运行维护以及商业模式等环节的深度调整，其建设范围十分广泛且复杂，不仅包括城市分布式能源开发、基础能源管网、综合用能设备等，还有信息通信以及商业运营平台等内容，牵扯大量的人力和物力。城市能源互联网的发展建设需要大量的资金投入，离不开政府在财政政策上的有力支持和保障。

（一）加大财税政策支持

能源互联网是城市基础设施的重要组成部分，也是关系经济发展、环境保护以及能源战略的关键环节。在当前能源体制改革尚处深水期、相关产业技术发展还不相协调的背景下，政府应立足长远，充分发挥宏观调控职能，利用财税及投融资政策倾斜来促进行业发展，加快城市能源互联网

建设步伐。

1. 能源供给侧

城市能源互联网的供给侧方面，主要是针对能源行业和企业，通过加大财税政策支持，来扶持相关行业、企业发展，具体实施方式可分为直接和间接两种。

通过直接的财政支持来引导投资方向，进而发挥其对相关产业发展的促进和导向作用。采用积极的财政政策，通过对能源基础设施建设、需求侧用能改造项目进行财政补贴以及对能源企业给予税收优惠等措施，来引导社会资金的投资方向，从而促进城市能源互联网的建设发展。直接的财政支持一方面调动了企业在投资城市能源管网改造和综合用能技术研发等方面的积极性，促进城市能源的互联互通和优化共享；另一方面，也鼓励了需求侧积极转变用能思路，主动提高用能效率，促进节能减排。

灵活运用财政贴息、财政信用等间接调控手段。在当前市场经济环境下，政府作为投资主体的地位将会弱化，企业作为投资主体的地位会逐步增强，减少财政的直接投资已成为必然趋势。财政对企业的补贴、调控将主要采取间接方式。将直接投资转化为间接手段，符合市场经济下的公共财政要求，也符合我国当前的财力状况。其中，财政贴息是一个重要的间接调控方式，通过对企业进行贷款贴息可以有效引导资金流向，促进产业结构调整。同时，运用较少的贴息资金也可以引导企业资金运转，推动专业化协作，促进企业技术研发等，与财政直接投资相比，间接的调控手段可以起到事半功倍的作用。

2. 能源需求侧

城市能源互联网的需求侧方面，主要是通过财政补贴的形式加快消费侧能源结构转型，促进综合用能技术的推广和应用。

政策引导能源结构转型。能源资源紧张和环境污染严重是促进能源转型的两个重要因素。我国的能源结构相对单一，煤炭在一次能源消费占比

中超过 60％，给生态环境带来了沉重的负担。尤其是近年来，北方地区空气质量日趋恶化，重度雾霾天数逐年增加，给当地人民群众的正常生产、生活造成极大影响。空气污染加重已然成为当前我国主要社会问题之一。党的十八大以来，中央高度重视环境保护和环境质量改善，加大了在能源结构调整方面的政策力度，以财税补贴或政策引导等方式，着力推广电动汽车、煤改气、电采暖、电锅炉等清洁用能方式，有效降低煤炭消耗、优化能源结构。

制定综合用能技术配套政策。随着近年来能源技术水平的不断进步，综合用能技术快速发展，冷热电三联供、水（冰）蓄冷、分布式能源、地（水）源热泵等新型用能技术得到广泛的试点应用。这类综合用能技术具有良好的技术经济效益，能够有效提升能源利用效率。然而，大多数综合用能技术的经济技术效益严重依赖于各类能源的比价关系、峰谷电价差、上网电价等客观因素。因此，政策上需要提供有力的措施，如通过优化各类能源比价关系、调整峰谷低压差、降低分布式能源接入门槛、提高上网电价补贴等形式，来激发需求侧参与的积极性，为综合用能技术落地创造条件。

（二）引入社会资本，发展混合所有制经济

我国石油、天然气、电力等能源行业由于严格的市场准入限制，长期以来由国有企业主导，其市场化业务范围小、社会资本参与程度低，造成能源行业运转效率低下、腐败案件频发。2015 年 9 月，国务院发布《关于国有企业发展混合所有制经济的意见》，其中明确指出，对于石油、天然气主干管网、电网等能源行业，除对自然垄断环节的管网实行国有独资或绝对控股外，放开竞争性业务、允许非国有资本平等进入。积极发展混合所有制经济，是充分吸收社会资源、盘活能源企业经营活力和市场竞争力、推进城市能源互联网建设的一个有效途径。

1. 实施分类改革

国务院将国有企业明确划分为商业类和公益类，并按照不同定位推行分类改革。因此，只有明确了企业定位才能找到正确的混合所有制改革路线，而能源企业首先面临的便是如何界定企业定位的难题。

能源是商品，应当发挥市场对能源资源配置的基础性作用，从这个意义上来说，能源企业属于商业类。但现在部分国有能源企业又具有普遍服务职能，如解决偏远地区用能需求、为农网提供优惠电价等，这些业务又具有一定的公益性。油气企业和电网企业将商业性业务与公益性业务混在一起，形成了内部的交叉补贴，无论将他们归为哪一类都显得不够准确。解决这个难题的关键在于政府和企业间的职能划分，即政府作为提供基本公共服务的主体，包括对弱势群体的电价和油价提供补贴，而能源企业则要按照市场供求关系定价，按商业原则经营。在明确政企职能的前提下，可将公共服务职能从能源企业中剥离出来。尽管政府具有满足能源基本服务需求的职能，但仍然由能源企业完成，政府与能源企业的关系是通过政府购买服务，而不是靠能源企业内部的交叉补贴来实现的。在能源企业剥离公共服务职能后，能源企业才能真正成为商业类企业。然而，由于油气、电力等能源行业的自然垄断属性，在划分商业性和公益性业务时，往往由于业务界面不清晰、内部关系错综复杂等原因，造成划分逻辑不明确、业务剥离不彻底。

目前，针对能源行业的分类改革方案依然处于研究和探索阶段，无论采用何种业务划分方式，其效益终归要由市场来检验。

2. 优化法人治理结构

随着混合所有制改革的不断深化，实现充分的市场化竞争将成为必然趋势，能源企业应建立起与市场竞争相适应的现代化法人治理结构。

优化法人治理结构，要按照现代企业管理制度的设计理念，通过适当扩大董事会规模来表达并兼顾各方的利益，同时发挥监事会和独立董事的监督职能，让民营资本在选拔监事和独立董事上有投票权，形成相互制约、

相互监督的治理结构。按照市场化的方式选拔、任用、考核经理人，取消大型国企领导人的行政级别，董事长及总经理人选也不再由政府任命，而是根据其职位能力需要，从人才市场进行择优选聘。发展混合所有制经济，不仅要求企业制定中长期激励机制、建立管理层级的领导力模板，而且还要用综合经营能力的考核来代替过去简单的绩效考核方式。

3. 协调政企关系

政府作为市场竞争的维护者，其职责是维护市场的运行秩序，应避免对企业经营管理的直接干预。

现行的国家对国有能源企业的监管涉及人事、业务、资产等多个方面，过多的直接干预很大程度上制约了企业的经营自主权，削弱了市场竞争力。相关管理部门应主动放权，减少对企业的干预，让不同的所有制经济实现真正意义上的市场竞争。国资监管应以管资本为主，体现国家在国有资产经营目标上的转变。具体到能源企业，首先可以通过资本运营的方式实现转型升级。现在大量的国有能源企业是按照能源品种建立的，相关部门也是按照资产量对能源企业进行排位，如油气和煤炭企业看资源储量、发电企业看装机容量。以管资本为主后，监管部门应当允许能源企业根据我国能源实际更替的需要和世界能源格局的变化，更灵活地处置资产，自主投资回报率更高的能源业务。其次，应减轻国有能源企业的社会性负担。国有能源企业承担着大量的公益性业务，肩负着一系列社会性负担，一定程度上制约了国有能源企业的混合所有制改革，只有减轻企业的社会性负担，才能保证混合所有制改革的成效。

四 提高产业培育力度

创新驱动的新兴产业逐渐成为推动全球经济复苏和增长的主要动力，引发国际分工和国际贸易格局重构，引领全球创新经济发展进入新时代。按照国务院印发的《"十三五"国家战略性新兴产业发展规划》，新能源、

高效储能、电动汽车、大数据等相关产业均被定义为国家战略性新兴产业，也是城市能源互联网的重要支撑产业。提高相关产业培育力度，是在全球新一轮科技革命和产业变革背景下，积极寻求自主创新、挖掘经济增长新动能、提升国际竞争力的必然选择。

（一）完善产业创新机制

城市能源互联网为未来城市新能源消纳、促进节能减排、实现可持续发展提供了解决思路。大力发展相关产业是新形势下调整能源结构、发掘经济增长点的重要抓手，必须充分吸收国内外发展经验，以科技和技术创新来驱动，不断探索相关产业发展的现实路径。

1. 构建利于产业创新发展的政策和体制

战略性新兴产业代表新一轮科技革命和产业变革的方向，是培育发展新动能、获取未来竞争新优势的关键领域。政府部门首先应努力营造创新氛围，积极推进大众创业、万众创新，实施人才战略和创新人才工程，为企业发展提供重要政策和人才支持。其次，在资金研发和投入上，突出在战略性新兴产业上的政策倾斜，努力推进新兴产业自主创新和传统产业转型升级相结合，实现相关产业协同推进，通过战略性新兴产业的发展带动传统产业的转型升级。最后，注重引导自主创新意识，提升自主创新能力，持续推进原始创新、集成创新的相互结合，广泛参与国际产业分工合作，积极利用国内外资源和市场，集中精力突破关键技术，形成具有自主知识产权的核心产业技术体系。

2. 加强产学研用协同创新平台建设

产学研用协同创新平台是指通过整合产业上下游，形成高校或科研机构、制造企业和实践应用之间的协同互动，充分发掘各自资源优势，建立循环反馈机制，实现创新成果转化和更新的良性循环。我国战略性新兴产业创新驱动发展过程中，应充分利用产学研用协同创新平台，坚持以理念创新为先导，注重体制创新，支持高校等科研机构与企业间开展技术协同

创新，围绕关键核心技术形成合作机制，不断推动开放式创新和分布式创新战略，增强战略性新兴产业整体创造能力的提升。

（二）聚焦关键产业发展，加快形成成熟的发展模式

1. 推进城市能源互联网关键产业技术发展

基于城市能源互联网的体系架构和关键技术，积极培育相关产业技术发展。加快分布式能源、高效储能、智能电网等关键技术研发，构建智能化综合能源服务平台，建设以可再生能源、清洁能源为主体的"源—网—荷—储"协调发展、多源互补的城市能源互联网。

推动新能源和综合用能技术产业发展。加快发展光电光热、大型风电、储能、核电、分布式能源等产业，提升新能源产品经济性，推进新能源多产品联产、联供技术产业化。建立健全新能源综合开发利用的技术创新、基础设施、运营模式及政策支撑体系。开展传统能源与新能源的多能互济研究，推动相关示范工程建设，促进多能互补和协同优化，引领能源生产与消费革命。

推进"互联网＋"战略实施，将物联网、云计算和大数据等新兴产业信息技术应用于能源领域，发展基于大数据、云计算的能源负荷预测、调度与运维技术，建立能源运行的监测、管理和调度信息的公共服务网络，促进产业链上下游信息对接和生产消费智能化。推动融合物联网、智能用电设施、储能设施等硬件及碳交易、互联网金融等衍生服务于一体的绿色能源网络发展，促进负荷侧智能化用能、能源自由交易和能源共享经济发展，培育基于城市能源互联网的新业务、新业态，建立新型能源消费生态和产业体系。

2. 骨干企业引领发展模式创新

发展城市能源互联网，必须建立与之相匹配的投资主体和运营主体，而现阶段能够承担起这项重任的只能是国有能源企业。国有能源企业带头引领相关产业发展有其必然性，一方面是由于城市能源管网工程范围广、

密度大，投资门槛极高，一般民营企业很难涉足；另一方面，能源生产运营需要极强的专业技术和管理经验积累，而国有能源企业经过几十年的发展实践，在技术实力和管理经验上具备天然的优势。能源企业应充分利用资源优势，加强内部协作，创新合作机制，在总结单一能源运营经验的基础上，积极探索综合能源运营模式，广泛开展城市能源互联网试点工程、示范工程，推动形成具备可操作、可推广和可复制性的城市能源互联网建设运营模式，并在全国范围内推行。

第二节 实 践 路 径

建设城市能源互联网，是在"互联网＋"、能源革命背景下，加快推进能源发展与城镇化、工业化同步发展的重要举措，是全面建成高质量小康社会目标的重要支撑。以天津为例，城市能源互联网发展目标见表6-1，城市能源互联网的发展目标可分为服务化、清洁化、低碳化、电气化和高效化五个方面。

表 6-1　　　　　　　天津市城市能源互联网发展目标

指标		2015 年	2020 年	2030 年	2050 年
服务化	能源网络覆盖率（％）	80	90	100	100
	能源服务覆盖率（％）	50	80	100	100
	用户选择自由度（％）	30	40	60	70
	用户满意度（％）	80	85	90	95
清洁化	化石能源占能源消费比重（％）	83	65	50	40
	清洁能源占总装机比例（％）	3.11	12	40	100
	外受电比例（％）	23	35	45	60

续表

指标		2015 年	2020 年	2030 年	2050 年
低碳化	单位 GDP 碳排放（吨/万元）	1.87	1.35	0.77	0.55
电气化	电能占终端能源消费比重（%）	17	25	35	60
高效化	单位 GDP 能耗 ［吨（标准煤）/万元］	0.5	0.42	0.39	0.19

为实现城市能源互联网发展目标，在综合分析城市能源分布、清洁能源发展、能源供需、能源配置等因素的基础上，需从提高能源网络化水平、提高电网智能化水平、加快清洁能源开发利用、实施电能替代、推动商业模式创新以及加快关键技术研发与应用六个方面来实现，具体规划见表6-2。

表 6-2　　　　　　　　城市能源互联网实现路径规划

规划内容	初级阶段	中级阶段	高级阶段
能源网络化	加强特高压等外部输电通道建设；推动"电、气、热、交通"等城市多种能源的互联互通	促进外来清洁电的消纳成为城市能源互联网发展的主导方向；多种能源之间的互联互通效益更加显著，城市能源互联网初具规模	基本建成城市能源互联网，形成以城市层面电力系统为主，用户层面多能互补为辅的格局，逐步实现清洁能源占主导地位的目标
电网智能化	推进自动控制等技术在电力生产、调度、营销等环节的应用，使得电网具有较高的自动化水平	基于先进控制、电力电子、传感测量、储能、数据处理等技术促进电网自动化与信息化深度融合，初步实现电网在线能观可控、柔性自愈，满足各类可再生能源集中、分散控制	推进传感测量、大数据等技术在全环节深度应用，实现电网的高度信息化，具有强大的故障识别和自愈能力

规划内容	初级阶段	中级阶段	高级阶段
清洁能源开发利用	逐步开发城市清洁能源	加快城市清洁能源开发利用	城市分布式能源成为大电网供电的有益补充
电能替代	应用主要集中在政府对社会关注度较高，降低能耗、减少碳排放需求突出的领域应用，比如交通、排放物多的工业企业等。针对个人市场的应用上，主要推广电采暖、家庭电气化等。在商业应用服务方面，政府推动的应用示范工程是主要驱动力。商业模式只是初步形成	在市场形成一定规模的情况下，开始逐渐扩大电能替代技术应用范围，引入一些商业竞争。较成熟的商业模式开始涌现，电能替代在重点行业已经具备一定经验，产业合作已经初具成效	电能替代发展的基本环境已经完全形成，标准化程度极大提高。电能替代技术将广泛应用于各种类型用户。整个社会电气化程度较高，电力消费在终端用能中的比重较初级阶段有显著增加，电能替代带来的经济环保效益明显
商业模式创新	丰富和扩展传统的电力营销和供电服务	新商业模式（一站式服务）、基于数据的产品创新（需求侧管理、电动汽车）等多元化的用户服务	投资、建设、运行、服务各环节具有成熟的多元化商业模式运营机制，形成以用户需求为核心的城市能源生态体系
关键技术研发与应用	以政府为主体的研究和应用机制	以企业为主体的研发和应用机制。确立企业在技术创新过程中的主体地位，让企业成为技术项目的研发主要方，成为新能源产业技术创新投入和创新成果产业化的关键载体	以社会为主体的研发和应用机制。加强关键技术产业上下游的整合创新，加强社会资源配置和服务，加强市场的监督和引导

一　提高能源网络化水平

网络化是城市能源互联网的基本形态。城市能源互联网作为连接各类能源和用户的网络枢纽，具有系统优化与局部自治相得益彰的互联分层网络结构，能够优化配置能源资源和用户资源。提高能源网络化水平是实现各类能源集约开发和高效利用的重要基础条件。通过加强能源网络互联互通、多能互补工程建设、能源信息网络建设及能源服务网络建设等手段，可以提高能源网络化水平。

（一）实施路径规划

初级阶段：推动形成共识和框架方案，加强特高压等外部输电通道建设，统筹优化各级电网，促进大规模外来电力和风电、光伏等清洁能源"落得下、用得好"；推动电、气、热等城市多种能源的互联互通，促进不同类型能源的互补、互济，提高能源效率和经济性。

中级阶段：随着大型清洁能源基地的大规模开发，促进外来清洁电的消纳成为城市能源互联网发展的主导方向；多种能源之间的互联互通效益更加显著，城市能源互联网初具规模。

高级阶段：基本建成城市能源互联网，形成满足城市各类能源使用需求的能源系统，是城市各类能源互联互通、综合利用、优化共享的平台，具有跨域平衡、低碳化等核心思想，以及网络化、清洁化、电气化、智能化的特征。

（二）建设重点

1. 多能互补集成优化示范工程

多能互补集成优化示范工程有两种模式：一是面向终端用户电、气、冷、热等多种用能需求，优化布局建设一体化集成供能基础设施，实现多

能协同供应和能源综合梯级利用；二是利用大型综合能源基地风能、太阳能、水能、煤炭、天然气等资源组合优势，推进风、光、水、火多能互补系统建设运行。建设多能互补集成优化示范工程是构建"互联网＋"智慧能源系统的重要任务之一，可有效提升城市能源互联水平，提高能源供需协调能力，推动清洁能源生产和就近消纳。在新产业园区、新建大型公用设施、商务区等新增用能区域，加强终端供能系统统筹规划和一体化建设，因地制宜地实施传统能源与风能、太阳能、地热能、生物质能等能源的协同开发利用，优化布局电力、燃气、热力、供冷、供水管廊等基础设施，通过天然气、冷热电三联供、分布式可再生能源和能源智能微网等方式实现多能互补和协同供应，为用户提供高效智能的能源供应和相关增值服务，同时实施能源需求侧管理，推动能源就地清洁生产和就近消纳，提高能源综合利用效率。在既有产业园区、大型公共建筑、居民小区等集中用能区域，实施供能系统能源综合梯级利用改造，推广应用上述供能模式，同时加强余热、余压以及工业副产品、生活垃圾等能源资源的回收和综合利用。

积极支持采取政府和社会资本合作模式，建设多能互补集成优化示范工程。结合电力、油气体制改革，创新终端一体化集成供能系统管理和运行模式，完善电（气、热）网接入、并网运行等技术标准和规范，统筹协调用能、供能、电（气、热）网等各方利益，解决终端一体化集成供能系统并网和余电、余热上网问题。

2. 能源信息网络建设

加强能源信息网络建设，为能源数据的采集、统计和监测工作带来了便利，充分利用信息化技术手段，实时采集和监控能量质量，提高能源监督管理能力和水平，提供节能咨询与服务，促进与指导企业进行节能降耗，是节能管理的发展趋势。能源信息化网络建设将提高能源资源的配置效率，合理组织的信息流将驾驭经济体系中的能量流，进行高效和合理的流动，信息流中的反馈信息科学地调节传统能量流的数量、方向、速度和目标。信息网络技术可促进能源事务处理，特别是可以大大提高大量能源、经济

数值信息处理的效率，具有巨大的管理节能效益。能源信息网络建设可以确保能源生产安全，提高能源的利用效率。

加快电力通信网络覆盖，实现 35 千伏及以上变电站光纤专网全覆盖。按照"全覆盖、全采集、全费控"建设要求，全面建设用电信息采集系统，进一步完善智能电能表多元化计量模式和互动功能，以更加全面、实时、准确的双向互动智能电能表为载体，有力推动阶梯电价实施。

加快推进"四表合一"。目前智能电能表、水表、燃气表、热力表抄表方式不同，智能电能表集中抄表系统已普及到户，其他三表尚未进行集抄改造，仍采用手工抄表方式。"四表合一"是在智能电能表集抄基础上增加少量投资，将智能水表、智能热力表、智能燃气表融为一体进行集中抄表，将采集的数据通过电力通信通道传输到管理平台，并为用户提供用水、用电、用热、用气的信息发布和查询平台。

3. 能源服务网络建设

互动营业厅建设。依托高速通信网络，以营销业务应用、95598 服务中心、用电信息采集及智能用能服务等系统为基础，开展营业厅互动化建设。在传统人工服务柜台的基础上，积极响应客户多样化用能服务需求，突出营业厅的信息化、自动化、互动化，实现网上或手机业务预约、信息自助查询、业务自助办理、能源信息实时发布、产品及业务介绍、广告发布、信息查询及便捷交费等新型服务功能体验，有效提升客户服务感知程度。

互动服务渠道建设。按照"统一规划设计、统一组织实施"原则，打造手机 APP、95598 网站、微信等虚拟线上营业厅，将服务渠道立体化、移动化。在实体营业厅和小区安装智能互动服务终端，构建 24 小时自助式微型营业厅，逐步实现业扩现场勘查、故障报修等可视化应用，大力推广用能服务移动作业，推进客户账单、通知等服务信息化、网络化。

二 提高电网智能化水平

高度智能是城市能源互联网的重要特征，提高电网智能化水平是构建城市能源互联网的重要内容。以智能电网为核心的能源互联网通过推动电网的智能化发展、功能升级，促进多种能源形式的优化梯级利用。建立在坚强网架基础上的泛在智能电网，将作为现代能源的核心网络和配置平台，在发展方向、建设重点和功能作用上与传统电网有明显的不同。

（一）实施路径规划

初级阶段：推动自动控制等技术在电力生产、调度、营销等环节的应用，使得电网具有较高的自动化水平。

中级阶段：基于先进控制、电力电子、传感测量、储能、数据处理等技术促进电网自动化与信息化深度融合，初步实现电网在线能观可控、柔性自愈，满足各类可再生能源集中、分散控制。

高级阶段：推进传感测量、大数据等技术在全环节深度应用，实现电网的高度信息化，具有强大的故障识别和自愈能力。

（二）建设重点

随着信息通信技术的升级、智能控制技术的发展、电网运行技术的成熟、互联网技术的应用，智能化发展的内涵不断丰富，主要呈现以下建设重点方向：

（1）不断提升电网运行控制和调度的智能化水平。信息化、自动化技术在电网运行控制和调度领域的应用不断深化，大电网建模仿真的水平不断提高，正在推动电网观测从稳态到动态、电网分析从离线到在线、电网控制从局部到整体的技术跨越。先进信息通信技术、电力电子技术、优化和控制技术、新型电力市场理论等不断融合，最终建立灵活、高效的能源

供应和配置系统，形成安全、可靠的智能能源网络。

（2）持续深入智能电网下的互动。互联网、物联网等网络技术的不断发展以及电力光纤入户、智能电能表等设施的不断部署和提升，深入加强了智能用电互动化的硬件平台，为用电多样化、智能化、互动化业务提供了硬件保障；大数据分析、云计算等现代信息处理技术，使智能用电互动化充分挖掘海量数据蕴含的价值，推动互动业务的综合化、一体化、定制化。

（3）智能电网从单纯的电力传输网络向智能能源信息一体化基础设施扩展。智能电网本身所具有的网络化优势，促进能源、信息设施实现一体化的网络资源集成复用，电网信息数据资源通过灵活的增值服务和商业模式创造新的价值。各类智能终端、新型用电设备将会大量接入到智能电网，智能电网从电网本体拓展到包含能源转化和利用设备的智能电力系统。

（4）智能电网的泛在属性越来越凸显。人类对于能源的充足、可靠、清洁、便捷供应的要求不断提高，促使智能电网向泛在网络方向不断发展。用户在享受供电服务的同时，也期望获得丰富多元、全方位打破时间和空间局限的服务内容。智能电网以用户为中心，通过不断融合新的网络，注入新的服务、业务和应用，逐步成为服务社会公众的基础设施和泛在网络，同时提供面向行业的基础应用，形成具有社会资源综合优化利用的价值网络。

智能化发展的建设重点是：全方位提升发电、输电、变电、配电、用电、调度、通信信息各环节的智能化水平，实现电网整体运行的安全高效，确保智能用电的多元化需求。

1. 发电环节

发电环节的重点是：促进电源结构优化，实现源网之间的协调，提升新能源场站自动控制性能及源网互动性能，提升新能源功率预测精度，实现新能源与常规电源协调优化调度，提升适应不同类型清洁能源发电接入的能力，促进清洁能源开发和消纳，着力解决间歇性新能源动态无功支撑

和海上风电场送出问题，突破风电并网关键技术。

（1）电源厂网协调。开展各类发电机、励磁系统、调速系统、电力系统稳定器的参数实测，提高智能建模仿真精度；提高机组的快速调节技术水平和调峰能力，改善调节速率、调节范围和控制精度。

（2）清洁能源发电并网和运行控制。建设风电场和太阳能电站的运行调度控制系统，解决间歇性电源并网控制中的输出功率波动、无功电压支撑、电能质量等问题；开发和应用风电和太阳能发电功率预测系统，提升清洁能源电站与电网运行的协调性。

（3）大规模储能。以储能为支撑进行联合调控，实现不同电源间的互补、调剂，发挥城市能源互联网"削峰填谷"的作用；实现储能的间歇式能源功率平滑调节，平抑大规模清洁能源的波动性。

2．输电环节

输电环节的重点是：应用先进输电技术，加快构建技术先进、安全稳定、灵活可控的输电网，持续提升输电网的传输与资源配置能力、智能监测与预警能力、输变电设备与线路一体化调控能力，实现输电网状态自动采集、智能分析与灵活控制。不断提升输电能力和效率，实现输电线路的可控、能控、在控，提高电力系统稳定运行水平。

（1）输电线路监测。实现重要输电设备的状态监测，全面推广输电线路智能化巡检技术，广泛开展输电线路状态评估、状态检修和风险预警；实现在线评估诊断与决策，提升输电线路状态评估的智能化。

（2）输电线路智能巡检。对输电线路采用直升机、无人机巡检技术对500、220千伏输电线路进行巡检，提高线路巡检效率。同时开展巡检结果分析，完善协同巡视工作策略。

3．变电环节

变电环节的重点是：变电站智能化升级提高对电网优化调度和运行管理的支撑，综合运用材料、高端装备等先进技术，持续提升电网抵御风险能力、智能监测与预警能力，实现电网设备状态自动采集、智能分析和风

险预估，满足承载和适应未来新技术、新能源的发展要求，提升变电站资产管理和运营水平。

（1）设备智能化。推进变电站一次设备的智能化，应用智能变压器、智能断路器等智能设备，将一次设备本体、传感器和智能组件进行集成；大规模应用有源电子式和无源光纤型的电流互感器和电压互感器。通过多功能测控装置、合并单元智能终端集成装置、预制式二次组合设备等智能设备与系统的研发，提高集成装置可靠性，提升整合资源的利用效率。

（2）变电站智能巡检和信息化。开发无导轨导航、小型化、工具化和集中使用变电站智能机器人。建立健全智能机器人相关技术标准体系，建立机器人质量检测体系，实现全站信息采集、传输、处理、输出过程完全数字化。

（3）变电设备状态监测及评估。推广变电设备状态监测与评估，实现对输变电设备运行状态的实时监测及智能感知，提高输变电设备的运行可靠性，支撑智能电网设备状态检修生产管理和资产全寿命管理的分析决策。

4. 配电环节

配电环节的重点是：提高配电网的供电可靠性、系统运行效率以及终端电能质量，支持分布式电源、电动汽车等新型能源主体的"即插即用"，实现冷、热、电、气多种能源方式的互相转换、综合利用；利用柔性直流技术升级改造现有配电网，建设拓扑灵活地多源协同主动配电网，实现分布式发电、储能与微电网的并网与协调优化运行，实现高效互动的需求侧管理。

（1）配电网调控。推进配电自动化系统和配电网调控一体化智能技术支持系统建设，提高覆盖范围，实现对配电网的灵活调控与优化运行；实现智能恢复和自适应保护，支撑电网故障后的自愈和网络重构。

（2）分布式及微电网协调控制。掌握高渗透型和多源型分布式电源系统的互补控制、源荷协调控制技术，推广应用具有虚拟同步机特性的光伏逆变器、光伏—储能高效智能充电控制装备，集成型多功能分布式光伏并

网接口装置，将具有虚拟同步机特性的光伏逆变器的功率调度纳入光伏微网能量管理系统；实现分布式电源"即插即用"和友好并网，提升配电网接纳分布式电源的能力。

（3）配电自动化建设。优化配电网结构，加强中低压站间联络通道建设，解决配电网的互倒互带问题。提高站间负荷转移能力，实现城市 10 千伏线路 100％联络。

（4）构建智能主动配电网，实现分布式电源、电动汽车等新型能源主体的"即插即用"和电、气、热多种能源方式的互联互通、综合利用。全面实现配电网主动抢修、低压供电可靠性统计等新型服务，进一步提供用能咨询、需求侧响应等互动服务。

5. 用电环节

用电环节的重点是：建设和完善智能双向互动服务平台和相关技术支持平台，建立以客户为导向的智能用电网，实现与电力用户能量流、信息流、业务流的融合与双向互动，构建"互联网＋电力营销"模式，形成智能绿色互动服务体系，提升互动服务灵活性。

（1）用电信息采集与分析。全面推广智能电能表，开展智能计量技术试点应用；加快推广支持智能计量的模块化、网络化以及具备远程升级功能的智能电能表。

（2）电动汽车充换电服务网络建设。建立电动汽车互动化服务平台先进技术应用，为客户提供友好开放的全方位、多元化服务。适度超前建设电动汽车充换电设施，完善电动汽车运营监控系统，实现充换电设施网络化、智能化、标准化、信息化。

（3）智能互动服务渠道。推动互动服务平台功能的进一步完善，为全用户（高压、低压）提供涵盖分布式电源、电动汽车、大客户业务、能效管理等全业务服务承载，建立全营销业务的智能互动服务体系。

（4）电能替代。大力开拓售电市场，增供扩销，优化资源配置，融合政府发展，与客户共赢效益优先，电采暖、工业电锅炉、电窑炉、船舶岸

电、机场桥载设备、农业电排灌等多项措施统筹推进，建立电能替代商业模式，提高电能替代工作效率。

（5）用户用能行为分析技术。基于智能电能表汇聚的海量用户信息，采用大数据分析技术，对用户用能行为监测数据进行分析；以户为单位，深入挖掘用户用电量与煤、气、油等其他能源间耦合信息，建立用户用能行为分析模型，制订更加有效的营销策略。

6. 调度环节

调度环节的重点是：通过调度环节智能化建设，利用信息通信技术与能源电力技术的融合，全面提升电网在配置范围、调控能力、双向互动等方面的性能与服务，建立适应能源互联，实现电网智能调度控制系统，提升电网调度精准化水平和协同控制能力。

（1）持续推进调度协同控制。全时间维度实现对运行方式、调度计划安排、清洁能源发电能力预测与优先/优化调度、电网安全校核等核心业务的支撑，提升大电网预控能力；强化电网设备监控、动态感知、智能告警、决策控制手段建设，提升电网实时控制能力。

（2）实现含多元储能的风、光、储协调调度系统的应用及含分布式电源接入的主动配电网全分布式自律控制技术应用研究；实现基于多智能体系统设计的能源互联网的能源协调控制策略，通过动态结构的多智能体系统，平衡能量协调控制系统的计算效率及执行效力。

7. 通信信息

通信信息平台的重点是：强化通信网络，形成支撑各环节及业务的信息系统，搭建信息共享、透明的业务协同和互操作平台，提升管理的现代化水平。要适应城市能源互联网的发展、信息通信的内容快速增长、信息通信的范围大幅扩张，就要对信息通信的安全性、实时性、可靠性要求更加严格，这迫切需要在信息通信技术领域有更大的创新和突破。

（1）通信网络。建设自愈高效、适应性广的电力通信网，骨干传输网主要采用大容量、高速实时的光传输系统；终端通信接入网采用无源光网络、电力

线载波、无线等传输手段。建立电力物联网总体架构、统一信息模型和标准，研制专用传感器和组网技术；在电力行业逐步应用量子通信技术。通信网是实现城市能源互联网的基础，构建覆盖全市域、全领域的能源通信网，实现电源、电网、用户、供热、供气等各类能源主体信息的实时采集。

（2）信息系统。建设覆盖智能电网多环节、多层次的业务系统和信息平台，提升一体化平台支撑能力，实现业务信息的全面采集与高速可靠传输。采用大数据技术挖掘城市能源互联网多元、海量信息的潜在价值；将云计算和云存储技术应用于运行管理、电力交易等分析与决策中。全面提升数据中心数据存储能力、深度发掘数据资源价值。实现能源网内，能源测量和能源控制功能，与能源信息系统间形成有效的数据交互。

三 加快清洁能源开发利用

清洁化是城市能源互联网的终极目标，具有推动外来风电、光伏与城市就地地热、分布式发电等清洁能源逐步取代城市化石能源使用，有效降低化石能源使用比重的作用。清洁替代能够从源头上有效化解化石能源资源紧缺矛盾，从根本上解决城市能源供应面临的资源约束和环境约束问题。

（一）实施路径规划

第一阶段：逐步开发城市清洁能源。

第二阶段：加快城市清洁能源开发利用，实现分布式清洁能源无处不在。

第三阶段：城市分布式能源成为大电网供电的有益补充。

（二）建设重点

1.清洁能源开发利用的关键

（1）经济性问题。

清洁能源开发成本。从不同能源品种未来开发利用的经济性来看，化石能源的不可再生性和人类对其的巨大消耗，使得化石能源的开发成本将不断提高。页岩气作为非常规化石能源，也同样面临成本问题。虽然目前清洁能源发电成本较高，但随着清洁能源发电技术的不断突破和日益成熟，其开发成本将逐渐降低。风力发电技术逐步实现突破，机组单机容量不断增大，风力开发成本不断下降。太阳能发电方式的多样化和能量转化效率的大幅提高，使得太阳能发电的成本也将大幅下降。

清洁能源市场竞争力。随着清洁能源发电技术自身成本的下降和传统化石能源发电成本的逐年攀升，两者之间的成本差异将逐步缩小，当两者基本相当时，就意味着清洁能源可以实现平价上网，前者是指清洁能源发电与化石能源发电上网电价相同，后者指用户侧清洁能源发电成本与用户用电电价相同。根据 IEA 国际机构预测，全球风力发电、太阳能发电将分别在 2020 年、2025 年左右实现上网侧平价，用户侧平价实现时间还要更早。

（2）安全问题。

大规模接入电网安全问题。风能、太阳能等清洁能源发电大规模并网将对电网安全稳定运行、电力系统规划、系统经济运行和运行管理等方面带来新的挑战，主要体现在：清洁能源发电输出功率的波动性对本地系统的电能质量、电压稳定性以及区域电网的稳定性、传输效率和系统旋转备用要求等产生较大影响；系统发电输出功率变动性增大，加大了实现系统经济调度的难度，系统对辅助服务的需求会增加；由于大规模风电等清洁能源并网对电力系统运行的影响已接近秒级尺度，因此对电力系统调度及时应对风电处理波动、调整系统运行方式的能力提出了更高要求。这就要求未来电网必须通过技术创新和管理创新，提高大规模接入和消纳全球清洁能源的运行技术和管理能力。

分布式电源接入配电网的安全问题。大量分布式电源的接入使配电网成为有源电网，将对电压稳定、继电保护、短路电流、电能质量等带来一

系列技术问题。当分布式电源达到较高比例之后，配电网在个别时段将反向向输电网送电，改变电网潮流流向及分布，从而显著增加电网调度运行管理的复杂性。

（3）发展机制。

清洁能源技术创新机制。 技术成熟是实现清洁能源大规模商业化开发的基本条件，但清洁能源技术创新周期长、资金投入大、风险高，短期内难以获得直接经济回报，在清洁能源发展初期特别需要得到政府政策的支持。重点要确立清洁能源技术创新在国家能源科技创新和装备制造体系中的重要地位，制订中长期清洁能源技术创新路线图，开展重大技术攻关；要充分发挥企业在清洁能源技术创新中的主体作用，鼓励企业建立研发中心，开展新技术示范应用工程。

清洁能源市场培育机制。 在清洁能源开发方面，重点是要培育竞争性清洁能源开发市场，发挥市场对投资领域和方向的引导作用，引入多元市场主体，通过竞争促进技术进步和成本的进一步下降；在清洁能源利用方面，重点是要建立电价随市场供需形势波动的电力市场，从根本上解决清洁能源发电与用电不匹配的问题。清洁能源发电受自然气象条件制约，与负荷特性不一致。风电通常在后半夜用电低谷时发电更多，多余风电无法得到有效利用，甚至有弃风情况。通过建立用户侧与残余市场竞争的机制，鼓励用户在清洁能源输出功率充足时段多用电，在清洁能源输出功率不足时少用电，激励工业用户合理安排生产，将用电负荷转移至低谷时段。同时，在市场机制的调节下，用户配置储能设施，在夜间低谷时段将清洁电力储存起来，在白天高峰时段释放电力，既能获得经济收益，也实现了清洁能源的高效利用。

2. 建设计划

（1）加强电网建设，扩大清洁能源消纳范围。我国清洁能源资源分布与电力负荷中心分布不一致，随着清洁能源的大规模集中开发，需要加强配套电网建设，以扩大消纳范围和规模。为提高清洁能源发电的消纳能力，

需要在送受端电网、跨省跨区电网等方面进行完善。

1）加强送端电网建设，即加强能源资源富集地区的电网建设，把清洁能源资源大范围有效汇集起来，使得清洁能源发电的不稳定性降低，提高整个系统消纳清洁能源发电的能力。大范围汇集入网可以促进清洁能源发电出力的互补关系，提高送出电力的品质。

2）优化输送通道电网建设。"三北"（东北、华北、西北）地区的煤电资源丰富，同时也是风能、太阳能开发的重点地区。未来通过对"三北"地区煤电基地输电通道的建设，使风电等和煤共用输电通道，不仅可以缓解我国铁路、公路电煤运输的压力，也可以很好地解决跨区输送清洁能源的问题。

3）受端电网建设。华北、华东、华中存在一定的季节差和时差，系统负荷最大、最小值出现的月份和时段不同。建设"三华"特高压同步电网，可以错峰、降低峰谷差，同时加强各区域电网电源调节能力的互补，提高系统对清洁能源的消纳能力，实施清洁能源和常规电源的联合开发、输送。

4）清洁能源开发需要同其他电源相配合，降低电力供应成本，实现电网的高效经济运行。由于风力发电、太阳能发电输出功率具有随机性和间歇性特点，年发电利用小时数低，导致单独输送时输电通道的利用率较低，并使系统在频率控制、电压调节、安全稳定等运行方面难度加大。综合考虑各种能源资源分布、技术经济条件，"三北"地区的风电、太阳能等清洁能源适宜与当地的火电等联合外送，以提高输电线路的利用效率，降低输电价格。

（2）完善清洁能源法律规范和政策体系。为保障清洁能源发展能有良好的政策环境，需要修改、补充、完善相关规划、管理、政策措施。

1）健全政策法律法规体系。提出全额保障性收购实施细则与跨省区消纳的价格机制，制订合理的风电送出电价政策，合理核定风电接入系统及大型风电基地送出工程的补偿价格水平；建立电源辅助服务补偿机制，补充并网机组须满足并网技术要求，鼓励消费者使用清洁能源的相关法律条款。

2）制订科学的发展规划。加强中央与地方的统一规划。国家规划应明确发展的时间阶段与发展规模，为地方规划提供指导；加强风能、太阳能

等清洁能源与其他电源、电网的统一规划，加快特高压跨区输电、调峰电源及智能电网建设。

3）加强并网管理的程序化和规范化。在清洁能源接入系统设计阶段，严格执行清洁能源并网技术规定，明确相关技术方面的要求；在项目实施阶段，尽快出台清洁能源发电并网的国家标准，规定新能源发电设备和发电场要通过检测；在项目运行阶段，严格执行清洁能源并网运行规范与流程，建立相关的责任和考核机制，实现电网对风能等清洁能源的可测、可控与可调。

（3）加强城市分布式供能系统建设。结合城市安全稳定的用能要求、建筑形式及其功能分区、冷/热负荷特点以及当地实际的能源、资源、环境条件，通过对天然气、浅层地热、太阳能等清洁能源和可再生能源全面的分析，考虑各能源技术之间的互补性，采用系统能效理论进行能源/负荷动态分析、能源的梯级利用以及系统优化配置设计。生态分布式能源匹配系统主要采用"燃气三联供＋地源热泵＋水源热泵"系统，另外设置部分"水冷机组＋锅炉"进行调峰。根据不同的建筑或组团选择合适设备与能源系统形式。在能源和资源的使用过程中不仅要考虑能源的使用效率，同时应该考虑不同能源在使用过程中的合理匹配，只有从系统层面考虑天然气能源、地热源、水热源、太阳能等的资源匹配及其产生能源间的相互转化和循环，才能做到真正意义上的能源、资源、环境的可持续，达到真正合理的能源匹配。要提高整个生态城的资源、能源利用效率，重点是提高区域内能源（如天然气）、资源（浅层地热能、太阳能等）、环境（生态环境）、经济（经济效益）的综合能效，首先在用能端，通过主动节能技术降低单位能耗（客户用能端的设备），在能源系统供能端（即生产端），通过设备优化配置和不同能源技术的互补性，降低引起排放强度增加的不可再生资源消耗，最大化地利用可再生资源，由此降低单位能耗的排放强度，进而可以降低总碳排放。

四　实施电能替代

清洁能源大多需要转化为电能的形式才能够被高效利用，实施电能替代是清洁能源发展的必然要求，是实施清洁替代的必然结果，也是构建城市能源互联网的必然路径。电能替代对能源利用效率的提升是全方位的，从使用上看，电能使用便捷，可精密控制；从能源转换上看，电能可以实现各种形式能源的相互转换，所有一次能源都能转换成电能；从配置上看，电能可以大规模生产、远距离输送，并通过能源网络瞬时送至每一个终端用户。

从城市能源发展的趋势看，城市进入后工业化阶段，其产业结构、经济水平、用能习惯及技术进步都将推动电能替代稳步实施。电能替代作为城市能源转型中的关键手段，从技术、经济、政策三方面因素出发，从建筑领域、工业领域、交通领域、农业生产及农产品加工、家居生活几方面进行研究。

（一）实施路径规划

第一阶段：试点示范阶段。由于电能替代项目前期建设的资金、行政强制执行能力的需求较高，因而需要政府直接推动电能替代的发展。在这个阶段，电能替代的应用将主要集中在政府对社会关注度较高，降低能耗、减少碳排放需求突出的领域应用，比如交通、排放物多的工业企业等。而在一些针对个人市场的应用上，主要推广电采暖、家庭电气化等。在商业应用服务方面，政府推动的应用示范工程是主要驱动力。市场需求将逐渐出现，但市场增量需求仍旧缺乏，客户认知度不高，商业模式只是初步形成。

试点示范阶段的特征是，要以政府推动为主要模式，选取有代表性的行业，确定典型用户，以较低的费用和风险作为核心市场推广手段，培养用户对于电能替代技术的使用黏性和习惯，为电能替代市场的发展提供足够的发展时间和空间。

第二阶段：市场培育阶段。在这个阶段，电能替代的技术发展和标准

化程度进一步加深，技术环境逐步成熟，市场对于电能替代的接受度有了一定程度的提升，较成熟的商业模式开始涌现，电能替代在重点行业已经具备一定经验，产业合作已经初具成效。政府的推动作用与政策补助等可逐渐减弱，主要由电网公司、节能服务公司、第三方运营商等推动市场的进一步扩展与成熟。

市场培育阶段的特征是，在市场形成一定规模的情况下，开始逐渐扩大电能替代技术应用范围，引入一些商业竞争，主要目的是提升行业运行效率，提高企业发展水平和服务能力。

第三阶段：市场开拓阶段。在这个阶段，电能替代发展的基本环境已经完全形成，标准化程度极大提高。电能替代技术将广泛应用于各种类型用户。整个社会电气化程度较高，电力消费在终端用能中的比重较初级阶段有显著增加，电能替代带来的经济环保效益明显。多种类型的节能服务公司，提供电能替代服务的第三方运营商发展成熟，电能替代相应服务质量显著提升。市场开拓阶段的特征是，当企业步入良性竞争，且整个电能替代整体环境建设较为完善的时候，可以开始推进整个行业的个体融合，强化不同类型市场的主导应用方向，实现对市场需求的覆盖和更好的运行效率。

市场开拓阶段的特征是：当企业步入良性竞争，且整个电能替代环境建设较为完善的时候，可以开始推进整个行业的个体融合，强化不同类型市场的主导应用方向，实现对市场需求的覆盖和更好的运行效率。

（二）建设重点

以电能替代环保潜力为主要依据，结合大气污染防治各项行动计划，提升创新驱动力，投入更多人力、财力等资源，争取更多支持政策，细化内部工作协同，激发各方参与力度。

重点在建筑、工业、交通、农业、家居五类领域，推广电锅炉、热泵、电窑炉、电磁灶、电蓄冷空调、农业排灌水泵、燃煤自备电厂、岸电技术、电动汽车以及城市轨道交通等 14 项电能替代技术。

1. 建筑领域应用场景

例如：电（蓄热）锅炉采暖，热泵（污水源热泵、水源热泵、地源热泵、空气源热泵），电蓄冷空调等。这类场景适用的电能替代技术一般是规模中等的、较集中的、资金需求较大的。

【典型案例一】天津水游城相变蓄热电锅炉供暖改造项目

一、基本情况

天津水游城购物中心（以下简称水游城）位于红桥区大丰路，业主是天津开发区建隆置业有限公司，建筑面积 8 万米²。水游城 2011 年初期建成开始一直采用市政集中供热，供热面积按 13 万米² 计收供暖费，收费标准为 40 元/米²。水游城每采暖季缴纳供热办供暖费共计 520 万元。

水游城配电容量 7000 千伏安，23：00 后用电负荷很小。同时，业主实测了 2012～2013 年和 2013～2014 年两个采暖季的供热量数据见表 6-3。

表 6-3　　　　　　　水游城采暖季供热量数据表

实测热负荷（瓦/米²）	2012～2013 年采暖季	2013～2014 年采暖季
夜间平均负荷	22.9	13.8
白天平均负荷	24.5	21.7
全天平均负荷	23.7	17.7
夜间最大负荷	42.5	31.8
白天最大负荷	43.8	36.6
全天最大负荷	36.4	28.4

由表 6-3 可知，商厦实际供热量远远小于天津市建筑冷（热）负荷设计标准 100 瓦/米²。用户为减少供暖费，充分利用商厦低谷富余电力，计划采用蓄热电锅炉供暖。

二、相变材料蓄热电锅炉改造情况

(1) 电锅炉。采用 2 台×1600 千瓦、2 台×1100 千瓦电锅炉，共计 5400 千瓦，折算为 42 瓦/米² (按 13 万米² 计算)，利用低谷富余电力，无须额外增容。采暖季大部分运行工况是两用两备。

(2) 蓄热装置。采用 200 多台高密度高稳定性纳米复合相变材料 (无机盐复合材料) 储热热库单元，每台热库单元长宽高分别为 1 米×1 米×1.8 米，热库总占地面积 200 多米²，体积为 360 米³，放置于大厦地下室。与传统配置水蓄热罐 2000 米³ 相比，节省 82% 的空间。相变材料蓄热时，从 50℃ 蓄热到 80℃ 左右，使用寿命 20 年。

(3) 改造情况。项目改造工程总投资约 1400 万元，包含电锅炉、热库等，折算为 107.69 元/米³ (按 13 万米² 计算)，比公建供热配套 160 元/米² 收费标准少 52.31 元/米²，于 2014 年 11 月 15 日改造完成投运。

三、相变材料蓄热电锅炉供暖运行经济效益

2014～2015 年采暖季，包括电锅炉和循环泵在内的供暖总用电量为 366.81 万千瓦·时，其中谷电量为 335.35 万千瓦·时。按照一般工商业 35 千伏电价峰 1.3233、平 0.8853、谷 0.4683 元/(千瓦·时) 计算，供暖电费为 189.89 万元，折算为 14.61 元/米² (按 13 万/米² 计算)。与改造前市政集中供暖费 520 万元相比，每个采暖季可节省 330.11 万元，节省比例达 63.5%。其改造后的电锅炉房如图 6-2 所示。

图 6-2　水游城购物中心改造后电锅炉房

2. 工业领域应用场景

例如：工业电窑炉（电热隧道窑、铸造中频炉），电制茶，电烤烟，自备电厂替代，油田钻机"油改电"，油气管线压气站"油改电"等。这类场景适用的电能替代技术一般是规模较大的、较集中的、资金需求较大的。

【典型案例二】津南小站天一阀门厂电窑炉

一、建设情况

天一阀门有限公司是专门从事阀门铸造的厂家，位于津南小站镇营盘圈村。该公司新上 3 吨电炉，新建一座 2500 千伏安变电室。

二、运行情况

从电炉运行情况来看，一是产品利润提高 3～5 倍。电炉所生产的铸件主要供应给德国、日本等国内外高端阀门企业，铸件每吨平均产值可达到 8000 元以上，大大高于目前小站镇普遍生产的低端阀门成品价格。二是产品成品率提高 15%。燃煤冲天炉仅能生产低品质、低标号的灰铁铸件，而且受工艺限制，所铸造的铸件产品质量不稳定，成品率仅为 80% 左右。电炉不仅能生产灰铁铸件，更能生产高品质、高标号的球铁、铸钢件，成品率达到 95% 以上，且产品质量非常稳定。三是产品产量提高 170% 以上。以前燃煤冲天炉日产量为 15 吨。目前电炉日产量达到 40 多吨，产品产量提高 170% 以上。

三、环保效益

年减少标准煤 1500 吨，改善环境。原冲天炉燃煤造成大量粉尘污染和二氧化硫排放，对周边环境和职工的生产环境造成很大污染。新上电炉使用电力清洁能源，粉尘排放问题得到根本解决。其电窑炉如图 6-3 所示。

图 6-3　天一阀门厂电窑炉

3. 交通领域应用场景

例如：电动汽车，轨道交通，港口岸电（高压船舶岸电、低压船舶岸电、龙门吊"油改电"），机场桥载设备替代飞机 APU 等。这类场景适用的电能替代技术一般是规模可大可小、集中的或分散的、资金需求大的。

【典型案例三】天津港东突堤工作船码头低压岸基供电

一、建设情况

天津港东突堤工作船码头是全国第一座工作船专用码头，其主要船舶为拖轮、趸船、供水船、引航船、交通艇等港用工作船。该码头拥有 17 个泊位，已全部安装 380 伏、50 赫兹的低压岸电装置，最多可为 34 艘船舶同时供电。

国网天津市电力公司为促进岸基供电设施建设和运行的规范化水平，组织编制《天津市港口工作船只低压岸基供电设施技术指导原则（试行）》。

二、运行情况

单艘工作船每天停靠约 11 小时，用电功率为 20 千瓦，该码头 34 个岸基供电装置，每年用电量可达 283 万千瓦·时。

三、环保效益

船舶每发电 1 万千瓦·时需要消耗约 7.8 吨柴油，34 个岸基供电装置每年可减少柴油消耗 2211 吨，减少二氧化碳排放 6967 吨，减少二氧化硫、氮氧化物等烟气排放 373 吨。同时有效消除噪声污染，促进绿色港口建设。如图 6-4 所示为天津港东突堤工作船接入岸基供电。

图 6-4　天津港东突堤工作船接入岸基供电

4. 农业领域应用场景

例如：农业电灌溉。这类场景适用的电能替代技术一般是规模较小的、较分散的、资金需求较小的。

5. 家居领域应用场景

例如：家庭电气化（电炊具、电热水器），家庭电采暖等。这类场景适用的电能替代技术一般是规模较小的、分散的、资金需求较小的。

五 推动商业模式创新

能源互联网将改变传统能源系统各自规划、单一供应的状况，把电、气、冷、热等多种能源形式在生产、输送、存储、消费等各个环节耦合起来，即在各种新型的能量转换、储存与分配设备的支撑下，用户能够获取灵活、高效、"即插即用"的能量服务。这样就打破传统意义上对于能源供应、消费环节界定的"鸿沟"，孕育出众多商业主体。因此，唯有大力推动商业模式创新才能把握前所未有的变革机遇，实现城市能源互联网创造价值的目标。城市能源互联网商业模式创新的内涵包括：

以用户为中心的价值创造。 以用户为中心，一方面需要满足用户基本的多样化用能需求，以用户便利作为商业模式的核心；另一方面还可以诱导性地改变用户的消费习惯、提供创新性的商品与服务，从而为整个能源系统创造出新的价值。

以数据为核心的信息增值。 能源系统中每时每刻都在产生、收集、存储、处理着海量的数据，呈现指数级的大爆发增长。人们已开始重视数据中包含的价值，而以数据为核心的商业模式也将在能源互联网中扮演着重要的角色，可以通过信息的增值来提供创新性的服务。互联网以信息为纽带，以数据为资源，以互联为手段，一方面能够充分测量、采集、分析能源从生产到消费全流程丰富的数据信息，使得各个环节变得更加可观、可测和可控，使得用户对于自身的能源消费行为能够具有更加深刻的了解，系统运营商对于设备的运行状态能够具有更加准确的判断；另一方面，则是以互联网为载体，能够将能源系统中分散化的用户、差异化的能源、多元化的商业主体紧密联系起来，扩大市场成员的交互范围与频度，降低交易成本，显著提高市场成员参与能源交易的便利性与存在感。

以技术为驱动的业务革新。 能源互联网各项关键技术的突破，是催生新型商业模式的重要"催化剂"，而商业模式本身也将对技术的发展成熟产

生重要的推动作用，二者相辅相成。

（一）商业模式创新的实现路径

1. 鼓励模式创新

加强对现有成功商业模式如个性化节能服务、新能源开发与投资咨询、分布式新能源一体化服务等的支持；鼓励售电商、虚拟电厂、充电桩运营商等模式创新，并鼓励其参与作为新的市场主体参与能源市场；为大数据分析、分布式储能等"技术密集型"商业模式提供良好的创新环境。

2. 试点工程

鼓励各地结合自身地方特色，开展相关的试点工作，如在高新产业园区、工业园区开展综合能源的建设与运营、区域售电交易等商业模式创新试点工程；开展分布式光伏、分布式储能、实时电价、互动需求响应等商业模式创新试点工程；开展电动汽车灵活接入、充电及其增值服务一体化运营等商业模式创新试点工程。

3. 政策支持

选择现有成功的或有潜力的商业模式，加大中央和地方政府预算内资金投入力度，扶持一批具有核心竞争力与机制创新的企业。降低市场与行业准入、推进数据开放、加强能源市场监管。

（二）商业模式创新探索实践

在城市能源互联网发展以及电力体制改革的背景下，探索城市能源互联网商业运营模式，拓展并延伸供电企业的综合服务能力和利润空间；以模块化设计思路建设实用化的能源互联网综合服务平台，以平台为载体支撑城市能源互联网商业运营模式的运转，提高效率和效益；开展客户差异化需求服务分析，提升综合能源服务精准度。

在城市能源互联网背景下，供电企业需逐步拓展服务范围，未来企业定位将是综合能源管理服务供应商，其商业运营模式如图 6-5 所示。

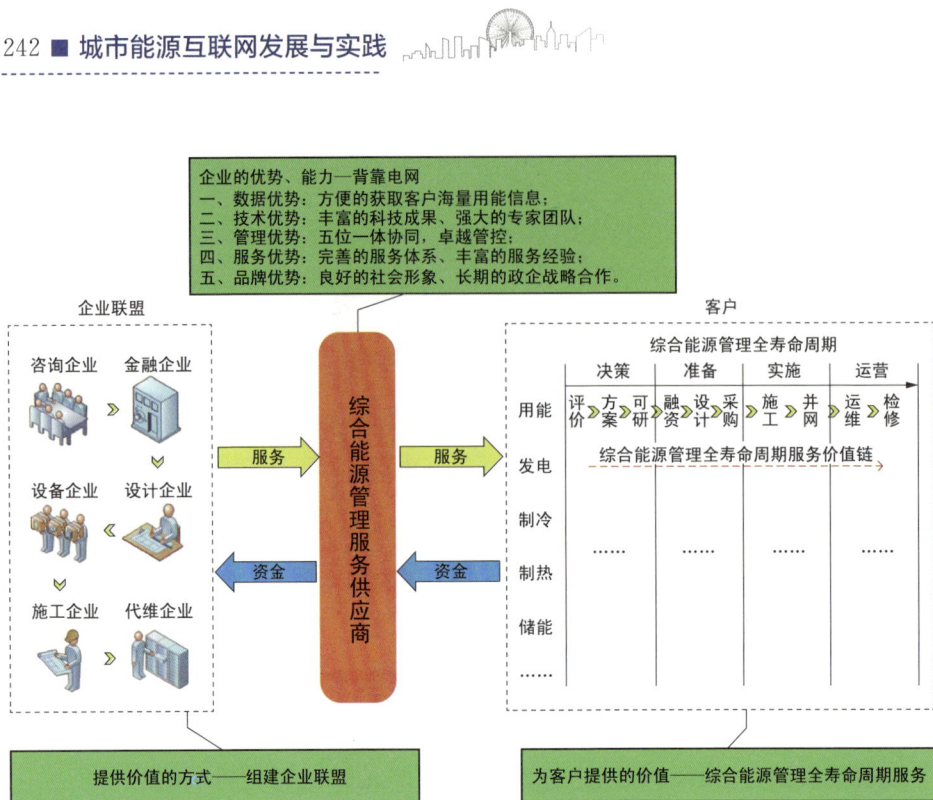

图 6-5　商业运营模式

商业运营模式指企业的运营机制，它解释企业怎样持续不断获取利润。企业商业运营模式包括四方面内容，一是企业收入来源即客户源，二是企业为客户提供的价值，三是提供价值的方式，四是企业可以利用的优势、能力、关系等。

1. 客户源——面向所有能源客户

综合能源管理服务供应商的客户源是指所有能源消费客户、能源生产客户、储能客户等与能源有关的客户，当前的重点是能源消费量大或节能需求意愿强的工业类、服务业类客户。

2. 为客户提供的价值——打造综合能源管理全寿命周期服务价值链

客户综合能源管理包括对客户的发电、用能、制冷、制热、储能等多元化能源的生产、消费、存储的管理。

客户综合能源管理全寿命周期包括决策阶段、准备阶段、实施阶段、

运营阶段。在决策阶段为客户提供能源评价（包括能源生产、消费、存储的经济性评价、安全性评价、可靠性评价）、解决方案制订、可行性研究等服务；在准备阶段为客户提供融资、工程设计、设备采购等服务；在实施阶段为客户提供工程施工、并网接入等服务；在运营阶段为客户提供运行维护、检修改造等服务。从而形成综合能源管理全寿命周期服务价值链，拓展综合能源管理服务供应商的服务能力和利润空间。之后依据客户能源网的运营情况对客户进行能源评价，进入下一循环，形成闭环的综合能源管理全寿命周期服务价值链，持续为客户提供服务价值，降低客户用能成本，提高客户能源网的安全性、经济型、可靠性。

在价值链中，能源评价环节是为客户提供综合能源服务的起点，评价的广度、深度以及评价方法对后续的价值链环节具有决定性的影响，因此需重点进行关注。对于存量客户，能源评价主要依据客户能源网的实际运行情况进行大数据分析；对于增量客户，能源评价主要依据客户的用能设备、能源生产设备、生产流程、生产工艺等进行仿真计算。

3. 提供价值的方式——组建合作、竞争、共赢的企业联盟

遴选资质业绩良好、技术水平较高的能源相关企业组成企业联盟，包括咨询设计企业、物资供应企业、施工企业、金融企业、运维托管企业等。通过服务链上相同环节联盟成员之间的竞争降低客户的能源相关投入，通过上下游联盟成员之间合作，为联盟成员提供更多商机。

综合能源管理服务供应商与客户签订综合用能服务协议，为客户提供综合用能服务，并收取服务费用。企业联盟成员作为综合能源管理服务供应商的支撑，与综合能源管理服务供应商签订合作框架协议，综合能源管理服务供应商依据实际发生的服务向企业联盟成员支付相关费用。

4. 可以利用的优势、能力——背靠电网公司

（1）数据优势。通过电网运营管理系统，方便地获取公用电网运营信息以及客户内部电网的运行信息，为能源评价提供强大的数据支撑。

（2）技术优势。利用电网公司在能源互联网方面的科学技术创新成果，

进行实用化并推广应用，挖掘综合能源服务能力和利润空间。同时电网公司具有强大的专家团队，可以提供技术指导或支持。

（3）管理优势。承接公司在能源互联网方面的商业模式创新成果，进行实用化并推广应用，进行实用化并推广应用，提升运营管理效益。运用"五位一体"成果，梳理并不断优化城市能源互联网运营管理流程，编制运营管理的制度和标准，建立组织体系和绩效考核机制，将岗位、制度、标准、考核匹配至流程的每个环节，提升运营管理效率。

（4）服务优势。供电企业通过长期的业务开展，积累了丰富的服务经验，形成了一整套的服务管理体系与业务支撑系统，为综合能源管理服务打下了坚实的基础。

（5）品牌优势。长期以来，供电企业在能源行业内形成了强大的影响力，树立了良好的社会公共形象，同政府建立了长期的战略合作关系，为赢得客户信任、组建企业联盟打下了坚实的基础。

六 加快关键技术研发与应用

在能源发展进程中，历次能源革命都依赖能源技术的重大突破。从传统化石能源向清洁能源转型，给能源技术创新带来了巨大挑战。通过技术来创新，重点解决构建城市能源互联网的可行性、经济性和安全性问题。清洁、低碳、高效的能源开发利用技术的创新，推动了清洁能源加快发展，输电技术创新推动能源配置向网络互联发展，信息通信与能源电力技术融合推动能源智能化发展。

（一）实施路径规划

初级阶段：以政府为主体的研究和应用机制。这一阶段，政府应制定权威性的产业引导，并且在制定支持政策上，特别是在具体的方式和程度上进行区分，实现差异化激励。对于突破性较低、创新性不足、容易模仿

超越的技术研究，可从政策角度适当降低支持标准。对于基础研究、基础技术创新的相关突破，以及不易通过专利申请来获取收益的，可以考虑予以特别资助，而对那些相对容易通过专利申请、知识产权补偿等方式收益的技术创新，尽可能通过市场化方式运作。

中级阶段：以企业为主体的研发和应用机制。确立企业在技术创新过程中的主体地位，让企业成为技术项目的主要研发方，成为新能源产业技术创新投入和创新成果产业化的关键载体。企业的研发应用体系既包括内部研发体系的组织，也包括外部创新资源的整合利用。

高级阶段：以社会为主体的研发和应用机制。加强关键技术产业上下游的整合创新，加强社会资源的配置和服务，加强对市场的监督和引导。从产业健康、可持续发展的角度提供全方位服务，合理引导企业的创新行为，提升新能源产业竞争力，避免无序与重复建设。

（二）建设重点

1. 新能源分散式开发利用

新能源是城市能源互联网的底层终端，是能源互联网高效、经济运行的基石，另外，城市能源互联网的构建将对加快新能源分散开发利用起到重要作用，包括提高供能及用能效率、实现能源分布式供应、促进分布式新能源与金融的创新结合等，二者相辅相成。新能源分散式开发利用的关键技术包括新能源发电和并网支撑两个重点方向。

（1）新能源发电。

1）发电技术。风力发电方面，我国60％以上风能资源区属于低风速地区，尤其对于城市风能资源，所以低风速风机技术将成为风力发电的重要研究方向。光伏发电方面，重点要加强光伏电池的研究，提高光电转化效率，降低生产成本。光热发电利用集热器将太阳能聚集起来，加热水产生蒸汽，推动涡轮发电机发电。

2）多能互补。值得注意的是，单一新能源发电功率波动大，为满足电

力系统的实时供需平衡，必须依靠多种能源发电的互补特性，如发展"风光"互补发电系统。另外，不同新能源技术各有特点，可以结合多种技术达到产能优化。

（2）并网支撑。

1）先进储能技术。如果大容量储能技术能够取得突破，就能够从根本上解决大规模新能源电力的平抑问题；而且，在系统扰动时，储能装置可以作为电网的热备用，瞬时吸收或释放能量，使系统中的调节装置有时间进行调整，避免系统失稳。先进储能技术以新能源汽车与智能电网储能应用领域为划分基础，主要包括镍氢电池、锂离子电池、燃料电池、超级电容器与液流电池。

2）输电技术。新能源发电具有随机性、间歇性、波动性的特点。柔性直流输电基于全控型半导体器件的电压源换流器技术实现，其优点有：可以独立控制有功和无功功率；能够向无源网络供电；在潮流反转时仅需调整直流电流方向，从而更加适用于构建多端网络等。柔性直流输电是目前解决间歇性新能源并网的有效技术手段之一，多端柔性直流输电及直流电网是柔性直流输电技术的进一步发展，是关键技术的研究方向。

3）新能源接口技术。接口设备使分布式新能源对城市能源互联网具有高度可感控性，同时实现分布式新能源接入能源互联网的终端级、系统级和市场级应用。研究方向主要是并网逆变器控制技术、最大功率点跟踪技术以及安全保护技术。

（3）非电利用技术。让任何一种新能源都转变成电能，效率并不一定很高。应该充分发挥各种新能源的优势，合理开发利用新能源，而不仅仅局限在发电方面。对于可以直接转化为其他能源形式的新能源而言，非电利用技术也是提高能源开发利用效率的一条路径。光热转换技术几个主要领域包括太阳能热水、太阳能集热采暖、太阳能制冷空调、太阳能干燥、太阳能工业用热。太阳能集热器是把太阳辐射能转换为热能的设备，是整个光热转换过程的核心。热泵技术有两种主要研究方向，一是专注提升设

备能量转化效率；另外一种是将热泵技术和新能源技术相结合的研究，如太阳能热泵采暖等。

2. 城市基础能源系统优化

电、气、热三网融合的体系构建为城市能源互联网的物理层架构提供了重要支撑。在城市能源供应问题上采用电、气、热融合的能源站系统既可以适应区域能源站分期开发特点，也有利于增强系统的安全性、可靠性，而且大大提高了能源的利用效率，最大程度上降低了对环境的影响。

（1）设备级—冷热电联供系统。冷热电联供系统的研究重点是设备效率的提高、系统的负荷预测以及供需匹配。

（2）站点级—能源站系统。能源站系统的研究重点是通过能源站的形式将各供能系统进行联通互补，若其中某个设备出现故障，可以调配能源站内的其他设备进行备用，以保证能源站整个系统的可靠运行。

（3）微网级—多能互补智能微电网。多能互补智能微电网研究方向的重点是"融合"，其一是将天然气/冷/热/电系统、光伏发电、风力发电、储能技术、节能技术等能源系统结合为一体的多能互补系统；其二是多能互补系统与智能电网相融合的技术，在促进电力和化石燃料"削峰填谷"的同时，实现电、气、冷、热的多重保障供应，提高供能可靠性。

3. 电动汽车智能充换电服务网络

电动汽车与能源互联网的互动可视为电动汽车在受控状态下与智能电网的双向互动与能量交换。电动汽车在充电时，可看作用电负荷；在放电时，可看作储能装置。从能量形式角度看，能源互联网实现了多能源系统、多能量种类的复杂耦合，在电动汽车充电桩等转换元件中，多种能量形式实现相互转化。

（1）充放换电设施。从技术上分类，直流快充桩充电时间短，在公共充电站应用率高，普通交流充电桩充电时间长，适合作为车主在住宅小区的专用充电桩。充电桩作为市民购电终端，要能实现计时、计电度、计金额充电等功能，还要实现用户用手机付费，这要求充电桩的电量精确计量

功能和通信功能都要十分强大。充电桩则还可以实现电动汽车向电网送电功能。除对整车进行充电的模式之外，还可以将电池与车身分开后充电，即车电分离。动力电池的充电是在电池架上完成的，通过快速更换设备将车辆的动力电池取下，并即刻更换另一组动力电池。

（2）智能充换电网络建设。电动汽车智能充换电服务网络建设，需充分考虑"互通优先""骨干优先""便民优先""覆盖优先"的原则，结合规划区域内包含医院、学校、大型商超、机场、车站等充电需求热点，同时考虑各充电需求点间的道路交通情况，并进行充换电站服务区域划分，实现城市内部公共充电设施网络化。结合高速公路服务区建成便捷的城际互联充电网，满足各地区电动汽车的充电需求。探索形成完善基础设施建设及运营商业模式，市场化程度达到较高水平。探索区域智能充电网、"互联网＋"以及物联网有效融合途径，推动充电网络向能源互联、高度智能、深度融合方向发展。

（3）基础通信设施。与普通用电设施相比，电动汽车的通信能力要强大很多。普通用电设施主要是通过电能表实现计量用电量的功能，有些加装负控终端实现对负荷的动态监测。而电动汽车则已经实现了物联网和互联网功能的深度融合，电动汽车的电池管理系统就包括物联网芯片，它是实现电池精确计量功能的必要环节，由于汽车是可移动的，所以物联网芯片还采集位置信息。在物联网技术的基础上，电动汽车加装通信卡就能很方便地接入互联网。上海市对所有政府补贴的新能源汽车进行监测，可以监测到每一个电动汽车的实地位置信息、当前电池电量信息、每天每次的行驶里程信息等。特斯拉的电动汽车都加装物联网芯片，采用无线联网，可以通过手机 APP 设定充电时间。通过扩展物联网芯片的功能，电动汽车能够实现与充放电桩的通信、与其他电动汽车的通信以及与道路各类设施的通信，这样就可以很方便地用软件对充放电进行远程管控，未来也能运用于自动驾驶。

（4）无线充电技术。无线充电技术利用电磁感应技术实现以无线方式对电动汽车进行电量补给。电磁感应器埋在地下，电动汽车上安装接收器，车开上去自动充电，车离开后，又自动关闭。2014 年 9 月，国内第一条新能源

汽车大功率无线充电公交商用示范线在湖北襄阳正式启动并投入运营。此次投入运行的公交车无线充电装置总功率为 60 千瓦，每分钟可充 6 千瓦·时。该条线路单程距离为 17 千米，理论上充 4 分钟就可跑完单程。无线充电技术首先在行驶路线基本固定的公交线路上实现商业运用，并有望向小型乘用车领域扩展。

4.智能配电网

分布式的微型能源网络并不能全部保证自给自足，需要联网进行能量交换才能平衡能量的供给与需求，分布式网络越是发达越需要坚强的骨干网架给予强力支撑。智能配电网可以全面监测感知城市能源供需情况、能耗指标，对各能量流进行供需转换匹配、梯级利用、时空优化，以达到系统能效最大化，最终输出一种自组织的、高度有序的高效智能能源。

主动式配电网关键技术的研究方向包括：主动式配电网主配网一体化协调规划技术、主动式配电网能源信息相协调规划技术以及规划与运行的滚动校验评估调整技术等。

5.高性能能源通信网

能源通信网对应能源互联网的信息层，信息层是覆盖城市能源所有地域、所有领域的能源通信网，是城市能源互联网的智慧支撑。能源互联网的核心载体必须依靠信息网络的高级数据分析和应用才能实现目标，作为物理网和信息网间的纽带，能源通信通路为各类应用提供信息采集与传输通道的基础服务。

（1）接入灵活的无线技术。接入灵活的无线技术主要有两个研究重点，一是保证能源和信息设备随时随地的网络接入，二是基于专网、公网融合的能源电力通信网络体系架构，结合已有的光缆等电力通信技术，与 4G/5G、卫星通信技术等结合。

（2）开放的软件定义技术。开放互动是能源互联网的基本特征之一，而能源互联网要实现开放性，则需要可再生能源、储能以及用能装置的"即插即用"，产能与用能实体的灵活接入和实时平衡，区域到广域的能源

互联，还需要跨能源与多种形式能源实体的互联协议的支持。开放的软件定义的研究重点是基于控制和数据分离网络架构技术。

（3）信息物理融合系统。信息物理融合系统（cyber‐physical systems, CPS）是在物理世界感知的基础上，深度融合计算、通信和控制能力的系统。CPS的研究重点在于电网信息空间与物理空间的深度融合。

6. 用户需求响应

提高可再生能源利用比例以及能源的综合利用效率是未来能源系统发展的主要目标。随着能源结构转型的不断深入，传统能源网络的资源配置能力逐渐不能满足未来能源系统的发展需求，能够实现多类型能源互联融合的能源互联网概念被提出。在能源互联网背景下，分散化的能源市场和能源网络结构使得传统的电力需求侧响应（demand response, DR）将逐步向综合需求侧响应（integrated demand response, IDR）的方向发展。

7. 综合能源大数据服务

城市能源互联网以大数据技术服务为依托，通过能源信息数据采集平台、大数据处理中心以及综合能源服务平台建设，连接消费者、生产者、制造商、运维商等各方，使能源网突破了传统意义上生产、传输和分配给用户使用的单向物理网络的认识，在互联网理念渗透下，在信息与物理融合的实体之上，通过业务融合和商业模式创新，持续满足用户需求、不断创造新需求的服务平台层。

（1）能源信息数据采集平台。建立涵盖范围包括电、热、气等多种能源形式的数据平台，应用大数据技术对海量的能源信息数据进行快速、多样化提取分析。

（2）大数据处理中心。建立大数据处理分析系统，充分挖掘数据蕴含的价值，能源交易平台能够帮助能源互联网中的每个参与者快速地完成交易，随着交易平台的运营，能够收集到海量的购电交易、评论、用电量等用户行为数据，将这些数据与其他外部数据源进行整合，形成能源互联网的全景大数据。

（3）综合能源服务平台。建设能源互联网综合服务平台，以用户侧需

求为导向，更好的承载城市能源互联网商业运营模式，提升城市能源互联网运营管理的效率和效益。

本章小结

（1）城市能源互联网以多元化的能源结构和开放的能源市场为基础，而我国新一轮的能源体制改革，为其发展提供了良好的政策机遇。

（2）科学开展城市能源规划是解决城市快速发展与能源紧缺矛盾，协调城市化进程与能源资源合理利用的关键。城市能源规划应构建统一协作机制，统筹开展城市综合能源规划，强化区域能源系统建设，以适应城市能源发展趋势。

（3）在当前能源体制改革尚处深水期、相关产业技术发展还不协调的背景下，政府应立足长远，充分发挥宏观调控职能，利用财税及投融资政策倾斜来促进行业发展，助力战略新型产业成长，加快城市能源互联网建设步伐。

（4）城市能源互联网应在综合分析城市能源分布、清洁能源发展、能源供需、能源配置等因素的基础上，实现服务化、清洁化、低碳化、电气化和高效化的发展目标。

（5）城市能源互联网需从提高能源网络化水平、提高电网智能化水平、加快清洁能源开发利用、实施电能替代、推动商业模式创新以及加快关键技术研发与应用六个方面来实现。

第七章

城市能源互联网典型实践

目前，城市能源互联网的发展方兴未艾，国内外高校、科研机构和企业对城市能源互联网相关技术均开展了有益的研究、探索和实践。国内外关于城市能源互联网的研究逐步从科学技术理论研究向综合示范工程实践过渡。但总体上看，目前，国内外城市能源互联网尚缺乏统一的建设标准和评价方法，缺少充足的运行数据和控制案例。本章选择新加坡、美国、德国三个研究发展计划及我国四个不同特点的城市能源互联网示范工程进行介绍。

第一节　国外能源互联互补发展实践

世界各国也在积极进行能源互联互补领域的研究工作，主要涉及能源利用、能源管理、先进装置等内容。同时，各国也开展了一系列的相关研究计划，其中，新加坡"滨海湾"、美国"FREEDM"和德国"E-Energy"计划是目前能源互联互补领域最具代表性且兼具技术先进性和功能实用性的能源战略计划。

一　新加坡　"滨海湾"　计划

（一）滨海湾简介

滨海湾位于新加坡中部地区，其周围有四个规划区域，分别是市中心、滨海东部、滨海南部和海峡景观。滨海湾是新加坡著名的商业区，滨海湾金沙酒店和新加坡艺术科学博物馆就坐落于此。新加坡政府为该地区制订"花园城市"计划并实施滨海花园重点发展项目。2006年，新加坡国家公园局为滨海湾花园项目举办了国际竞标，以展示热带植物的栽培和提供特色休憩和娱乐为目的，提出建设"花园里的城市"的口号，并结合新加坡的文化与历史特色，致力于为客户带来丰富多彩、活力四射、休闲娱乐、自然感知的多重体验。该项目总投资约384亿人民币，由波士顿的萨迪福建筑事务所和英国的奥雅纳公司设计施工，由凯达公司新加坡分部负责监督。该工程上的巨大成就之一就是将三个55层的酒店塔楼连接到一起，构成一个面积约为1.24万米^{2}的"空中花园"，如图7-1所示。"空中花园"由一个公

共瞭望台、一些花园和一个跑道组成，同时在滨海湾金沙酒店周围添加了一系列向公众开放的分层花园、热带景观、阴凉步行街和水景。该工程的最大挑战是在城市区域规模上创造一个重要的公共场所，发明一个能够在人口密集地区实现与人类活动和谐共存的城市景观。

图 7-1　滨海湾地区和"空中花园"

（二）区域供冷系统

滨海湾地区地处商业地段，建筑密集且制冷负荷需求量大，区域供冷系统作为解决大规模建筑内部供冷的一个整体措施而被采纳，并大面积应用其中。考虑到新加坡约有 70% 的商用建筑用电量与制冷空调有关，区域制冷必然成为建筑物最节能、成本低的供冷方式。区域供冷就是在一个建筑群设置集中的制冷厂制备空调冷冻水，再通过循环水管道系统，向各座建筑提供空调冷量，主要包括冷却厂和地下管网两个重要部分，如图 7-2 所示。

1. 冷却厂

冷却厂作为区域供冷系统的冷源主要负责制备冷水和回收热交换过的

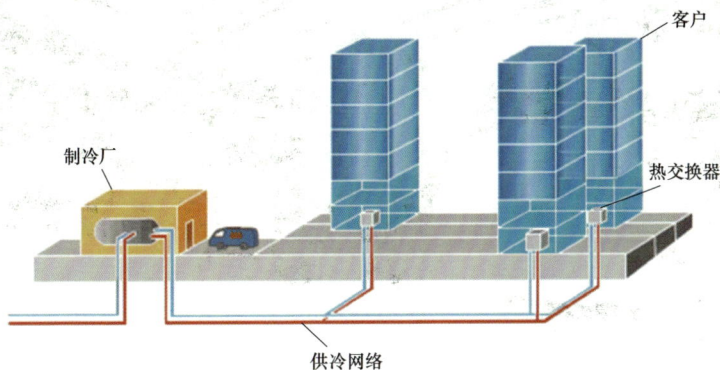

图 7-2　区域供冷系统示意图

循环水，并将合适温度的冷水注入区域供冷管网中，之后送达到指定的建筑，通过特定装置对通风系统的循环空气制冷。一旦完成一个制冷循环，这些热交换后的水会返回厂房并再次用于制冷。

　　新加坡首个大型区域冷却厂位于莱佛士码头的一个地下室。目前，新加坡电力分公司运行的新加坡区域冷却系统包括五个冷却厂，每个冷却厂可以给 12000 个公寓（125 万米^2 的总建筑面积）供冷，如图 7-3 所示。采用区域供冷的建筑物不再需要有单独的冷却器设备或冷却塔，预计 5～10 年内，空调费用将下降 15%。由于区域制冷厂的高负载能力和全天候的人员操作与维护，滨海湾区供冷系统比标准空调和冷水机组具有更高的能效。

　　2. 区域供冷管网

　　冷却厂提供的冷水通过管道网络分配到指定的家庭、办公室、商业中心和其他服务设施。管网的建设是冷水能够送达到指定用户的重要保证。供冷管网的建设是通过"公共服务隧道（CST）网络"工程完成的，如图 7-4 所示。公共服务隧道（CST）网络是将电力、电信电缆和水管连接到滨海湾建筑物的地下管道系统，这样可以避免常规的道路开挖，便于放置和展开管道铺设，而不会给道路交通带来影响，有利于节约社会整体建设成本。目前，在莱佛士码头已经建设了 3 千米公共服务隧道，未来该管网系

图 7-3　区域供冷系统中的冷却厂

统将容纳电信电缆、电力线、饮用水和新生水管，以及气动垃圾收集管。

图 7-4　区域冷却系统的公共服务管网（CST）

（三）建筑节能

除了区域供冷方式外，应用创新的建筑设计和节能技术也可以有效降低大规模建筑的冷负荷需求。新加坡地处热带，其大型建筑需要解决的关键问题是尽量减少热量增长并保持一致的室内温度，而不仅是依赖于高能耗空调。为了实现这一目的，很多建筑的外墙由一个定制的双层玻璃幕墙

组成，玻璃板垂直于外墙安装，形成阴影并反射太阳光；另外一些建筑外墙采用深层种植的梯田来创造微气候达到冷却效应；其他屋顶花园和建筑周围的绿色区域一体的结构外墙也可达到大幅减少和转移热量的目的。

对于建筑内部，采用新技术达到节能目的，主要措施包括：

（1）节能灯泡、室内运动传感器。

（2）自动关闭水龙头、恒定流量调节器、收集屋顶雨水系统和花园滴灌系统。

（3）再生能源驱动的电梯。

（4）照明、供暖和供水的智能控制系统。

新加坡"滨海湾"计划通过铺设公共服务隧道来实现供冷管网的建设，使冷水可以直接从制冷厂送达到整个区域内的所有建筑，比起传统每个用户独立的供冷系统，这种区域供冷系统能大幅减少用户开销。特别是对于人口密集的商业地带，其优势更为明显。另外，该管网的建设同时满足了电力、通信、饮用水的建设和发展，极大地减少了城市基础设施投资，同时节省了很多宝贵的土地资源。

二　美国　"FREEDM"　计划

2008 年，美国国家科学基金会选择北卡罗来纳州立大学带领创建一个现代电网，并向其提供每年超过 1800 万美元的资金支持。由北卡罗来纳州立大学联合几所美国著名大学和企业共同提出一种更加安全、环保、可持续的电网——FREEDM 能源网络，其全名为未来可再生电能传输和管理（future renewable electric energy delivery and management，FREEDM）。FREEDM 绿色能源中枢位于北卡罗来纳州立大学 Keystone 科学研究中心（这个研究中心目前正进行多个相关项目，同时也能承担 FREEDM 商业化的"即插即用"产品的测试与研究）。目前，绿色能源中枢可以连接 40 千瓦屋顶光伏以及四个电动汽车充电站和一个室外可再生能源测试系统。

FREEDM 有两个实时数字仿真仪（real time digital similator，RTDS），分别坐落于佛罗里达大学和北卡罗来纳州立大学。北卡罗来纳州立大学 RTDS 实验室包含了系统中的各种开关和继电器，同时，其 RTDS 单元与 OPAL－RT 也可以进行系统同步和硬件在环仿真。佛罗里达大学实验室目前在使用最新的 RTDS PB5 卡和 OPAL－RT 的 12 核 OP5900 机架，并使用模块化多电平转换器拓扑来模拟多端子高压直流系统。这两个实验室都被用于模拟 FREEDM 系统的运行场景，并向技术设计人员提供反馈，以提高系统性能。同时，该设备帮助美国海军设计全电动军舰，解决西部电力协调委员会的电网稳定问题，并用来为能源部高级研究计划署（ARPA－e）进行研究。

（一）FREEDM 能源网络

在 FREEDM 能源网络中，居民用户可以通过"即插即用"的方式接入电网，并使用小型模块化的分布式能源（光伏阵列和风机）和电/氢燃料电池车辆。同时，该网络中采用分布式储能装置来配合分布式能源以满足能源优化使用。分布式储能装置主要包括铅酸蓄电池、氢储能（针对燃料电池用户）、液流电池，以及具备"即插即用"功能的电动汽车和混合动力汽车的内部电池。客户可以通过 FREEDM 系统中一种智能能源管理软件将过剩的电能送回电网。该软件可以分析电价信息和所有分布式能源以及分布式储能的可用性。FREEDM 系统具备可扩展性，其可以包含一个馈线来支持一个居民社区或者一个更大的配电系统。

（二）FREEDM 系统体系结构

FREEDM 系统是一个配电系统，其连接了居民客户和工业客户。该系统中包含三种关键技术特点，分别叙述如下：

第一个特点是"即插即用"接口，包括一个 400 伏直流（DC）母线和一个常规的 120 伏交流（AC）母线。这个"即插即用"接口，包含基于开

放标准的通信接口，所以任何设备一旦连接到电网就会立即被识别。这种开放标准的通信协议必须能够描述负荷，储能设备和发电单元。此标准的成功开发将引出一个类似于电脑 USB 接口的能源互联网的即插即用协议。

第二个特点是能量路由器或智能能量管理（intelligent energy management，IEM）设备，其连接到 12 千伏交流配电母线，并可以支持 120 伏交流和 400 伏直流母线。IEM 了解上述"USB"协议，并识别和管理连接到低压交流和直流总线所连接的所有设备。此类管理包括所有设备的状态监控和数据收集，并为每个设备提供控制偏好。对于可控负荷，控制偏好可以是"on"（开）或"off"（关）命令，或可调整的电源或电压命令。对于分布储能装置（distributed renewable energy resource，DRER），该命令可以针对每种类型的 DRER 进行定制。例如，对于光伏系统，功率输出由光伏板上最大功率点跟踪算法控制，因此 IEM 通常不应该下达光伏输出的命令。

第三个特点是针对 FREEDM 系统的名为 DGI 的基于开放标准的操作系统，并将此系统功能嵌入到 IEM 设备中。这个操作系统分布在所有的 IEM 设备上并通过通信网络进行系统协调管理。除了 IEM 设备，IFM 设备提供 12 千伏主电路潜在故障的隔离，重新配置能力和提供用户不间断电能质量。IEM 和 IFM 可以通过一个 RSC 网络互相通信。IEM 和 IFM 节点中嵌入的分布式电网智能（distributed grid intelligence，DGI）操作系统将提供 FREEDM 系统的控制。

此外，就像计算机系统自动识别新的 USB 硬件一样，FREEDM 系统将查询并接入系统的新负荷（指 DESD 或 DRER）。在计算机电源中，可以通过高级数字电子（通信）和高频（数百千赫兹）电力电子设备来实现复杂的电源管理，从而控制潮流和电能质量。

（三）FREEDM 关键技术研究

FREEDM 系统是一种基于多种先进电力电子设备以及高级管理系统的能源互联网系统。所以，FREEDM 计划所在北卡罗来纳大学和佛罗里达大学的两个实验主要涉及固态变压器能源路由器、故障隔离装置、系统控制、

智能能源管理、分布式网络等方面。

1. 固态变压器（solid state transformer，SST）—能源路由器

DESD 和 DRER 的大量使用促使能量路由器成为该系统的基本模块。目前提出的能源互联网中，IEM 节点被用作能量路由器。所提出的 IEM 节点实际上由 SST 设备执行功率控制和降压功能，DGI 软件和通信接口组成，如图 7-5 所示。SST 的使用将电网侧参数（电压，频率）从 DRER 和 DESD 侧分离。这是 FREEDM 系统的一个非常重要的能力，加强了系统稳定性。

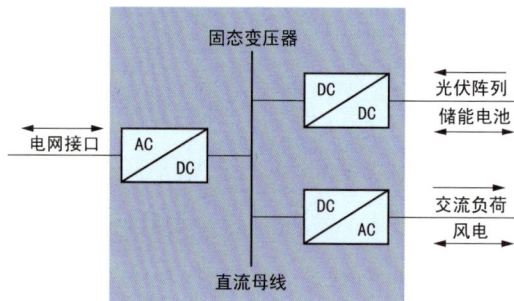

图 7-5　能源路由器中固态变压器接口示意图

2. 故障隔离装置（fault isolation device，FID）

基于固态的 FID 是 FREEDM 系统的另一个关键设备，因为它有助于快速故障隔离。电力系统目前还没有快速保护装置，FREEDM 系统作为能源互联网，需要快速准确的保护和重新配置的能力。FREEDM 系统将通过将高级软件和通信模块嵌入到 FID 中来实现此目标，从而产生一个 IFM 节点。每个 IFM 节点都可以与其他 IFM 节点和 IEM 节点进行通信，以实现 IFM 功能。IFM 的主要功能是识别和隔离故障，然后根据情况重新闭合。在保护层面上，IFM 节点具备重合闸和分段开关的双重功能。在传统的电力高压交流输电系统中，机械断路器在最短的时间内（通常为几十毫秒，不包括检测时间）清除并隔离故障。FREEDM 系统将通过使用主动控制的负载接口和更快响应的 IFM 来隔离故障部分，从而消除这些干扰。当短时间内发生 12 千伏母线故障

时，IFM 需要隔离故障，传统的断路器不具备短时间隔离故障的能力，必须开发一类全新的用半导体开关代替机械断路器的保护装置（FID）。

3. FREEDM 系统控制

FREEDM 系统的控制本身比传统配电系统要复杂得多。在 FREEDM 系统中采用分层控制，如图 7-6 所示。每个 SST 都可以提供 2 级控制，它们调节低压交流和直流母线电压，并为电网侧端口提供有功和无功功率控制或功率/频率控制。SST 控制还可确保交流侧电流的电能质量和谐波符合 IEEE 519 要求。FREEDM 系统层控制（三级）主要分为两类：IEM 控制和 IFM 控制。这些控制通过 IEM 和 IFM 节点内部的 DFI 操作系统来实现。在 FREEDM 系统中，节点数量与电压等级成比例并且可以扩展到上百个节

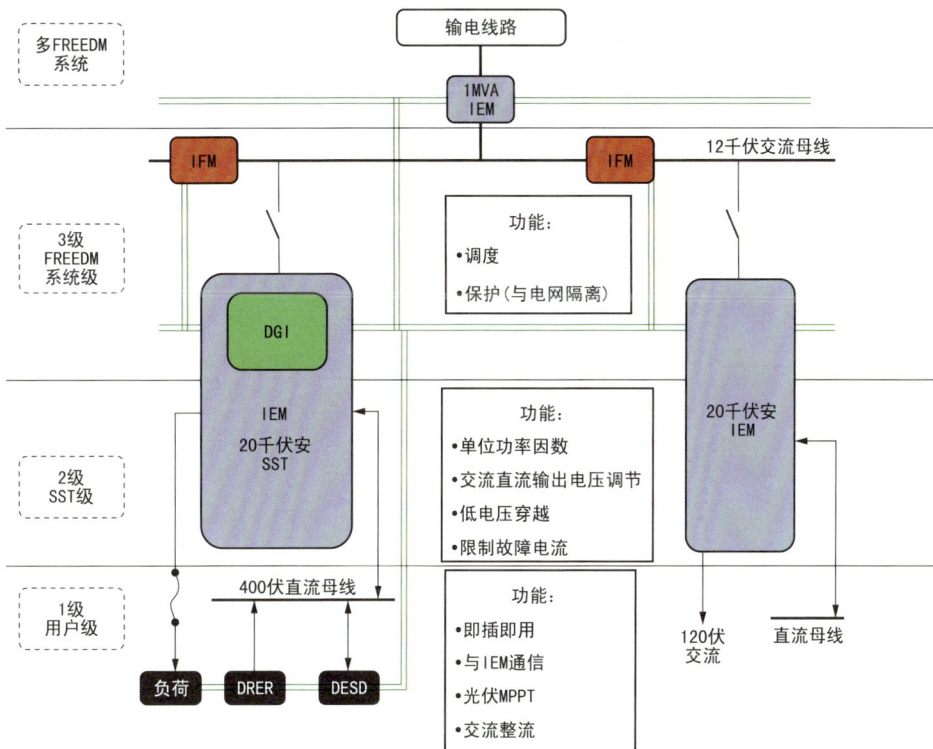

图 7-6　FREEDM 系统控制原理图

点对于一个典型的居民社区电网。四级控制从一个大电网的角度来协调多个 FREEDM 系统。

(1) 智能能源管理。作为 FREEDM 系统中的硬件节点，IEM 的作用就像能量路由器，以"即插即用"模式接入并识别各种负荷。更快和时间敏感的控制通常通过较低级别的 SST 控制来实现。在 FREEDM 系统中，IEM 的实现将通过使用驻留在每个 IEM 节点中的 DGI 主体来实现。因此，与更传统的集中式 SCADA 系统相比，用于实现 IEM 控制的架构是一种分布式架构。该架构允许 FREEDM 系统具备扩展功能，并且可以增加或减少 IEM 和 IFM 节点的数量，而不会对操作系统造成任何重大改变。

(2) 智能故障管理。为了保持 FREEDOM 系统的稳定性和可靠性，IFM 通过 DGI 实现来执行以下功能。智能故障识别与定位：由于 SST 能够限制故障上下游的故障电流，因此 FREEDM 系统的故障电流将较小。在 FREEDM 系统中，有限的故障电流是 FREEDM 系统的固有的特性，通过逆变器的设计可以使故障电流水平限制在电路额定电流的两倍范围内。所以，及时准确的故障识别和定位是很困难的，应使用基于电流上升速率而不是幅度的故障检测作为主要的 IFM 检测方法。

(3) 分布式网络的智能实现。实现 FREEDM 系统的一个主要挑战是以一种分布式的方式来实现设想的所有控件，即通过在 IEM 和 IFM 节点之间的 DGI 分布式操作系统。如图 7-7 展示了 DGI 的框架，在左侧，分层控制显示了 FREEDM 系统的需求，层次结构设计是为了满足每个级别的控制的不同的时间约束，从微秒（SST 控制）到小时级（IEM 控制）。

FREEDM 代表了以能源路由器以核心，多种分布式能源、储能和可控负荷接入的能源互联网的建设模式。很多传统电力系统中的机械电磁式设备都将被电力电子设备所取代，其中，传统电力变压器将被固态变压器代替，传统断路器等保护设备将被固态断路器代替。大规模能源路由器的应用也为大规模分布式能源的接入提供了可能。通过分布式通信系统将整个能源互联网设备联系起来，从而达到对分布式能源控制以及故障快速识别

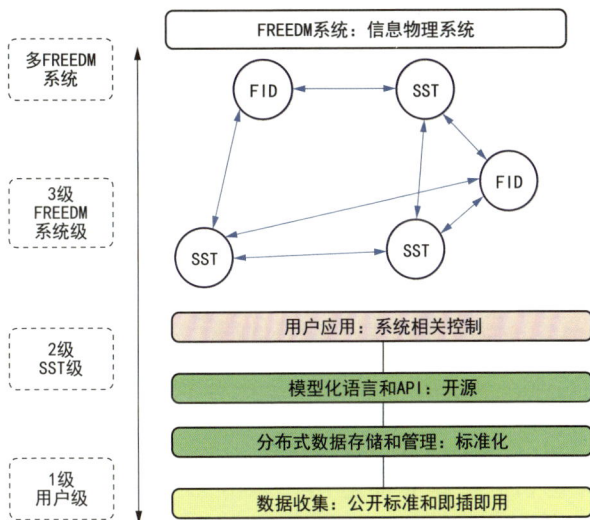

图 7-7　FREEDM 系统 DGI 软件架构

和隔离的目的。FREEDM 计划的实施也推动了美国在能源互联网技术研究及相关软硬件设备制造业的发展。

三　德国 "E-Energy" 计划

德国政府在 2000 年提出了其能源转型政策，目标是以能源互联网为基础，使德国能源利用更加环保、经济、安全。为了全面支撑该政策，德国联邦经济和技术部启动了，以信息、通信和技术为基础的能源互联网系统，即 "E-Energy" 计划。2008 年，德国总理默克尔在达姆施塔特的峰会上提出，"E-Energy" 将会把智能化 IT 技术融入能源生产和消费中去。德国联邦政府同时宣布将 "E-Energy" 作为一个国家性的 "灯塔项目"，旨在推动其他企业和地区积极参与创建打造一种多种能源互联的先进能源网络。

根据德国联邦经济和技术部的安排，"E-Energy" 计划在德国全境开展技术招标并选定六个示范项目地区。2008 年 12 月，六个能源互联网示范项目的建设工作正式启动，技术团队开始对能源互联网相关核心技术进行

开发和测试。在资金方面，德国政府为六个示范项目的建设累计投入 6000 万欧元（约 5.4 亿元人民币）的资金支持。除了政府的资金支持，这些示范项目还得到来自德国电力企业 8000 万欧元（约 7.2 亿元人民币）的投资，使整个"E‐Energy"计划整体投资达到约 1.4 亿欧元（约 12.6 亿元人民币）。此外，由于"E‐Energy"计划的成功实施，德国政府还推进了 eTelligence 项目、E‐DeMa 项目、Meregio 项目、RegModHarz 项目、I-RENE 项目等。

（一）eTelligence 项目

eTelligence 项目位于库克斯港市，该市面向波罗的海，人口较少、风能资源丰富，能源需求特点明显（海产品冷藏仓库、温泉热电联产设备）。该项目主要由一座风力发电厂、一座光伏电站、两座冷库、一座热电联产厂和 650 户家庭组成。

1. 项目的特点

（1）根据电价和风力发电的输出功率波动信息，对冷库负荷进行自动功率调节，实现发电和用电的动态平衡和信息互通。

（2）采用灵活的电价政策（电价分段电价和动态电价相结合），基准电价时段（8：00～20：00）为 39.8 欧分，其余时段为 11.7 欧分，在基准电价时段间会根据负荷用电和新能源发电的情况来调整基准电价。

（3）依靠虚拟电厂减少终端用户用能，通过多种类型的分布式电源进行集中管理，提升整个能源网络综合能效。

可以看出，eTelligence 项目是一个基于互联网技术的综合能源管理系统，通过对用户用电调节来达到抵消分布式能源可能出现的发电间歇性和波动性问题，提高系统对多种新能源的消纳能力。

2. 原因归纳

自投运以来，eTelligence 项目在经济效益和社会效益都有良好的效果，其原因为：

（1）通过控制用户侧用电弥补了风电输出功率造成的不确定性以及功率不平衡的问题。

（2）通过灵活的电价机制，刺激用户改变用能习惯从而从需求侧降低能耗，达到削峰效果。

（3）通过区域性电力市场的构建，达到内部能源的供需平衡与区域新能源的交易公平，eTelligence 区域电能系统的电力交易情况如图 7-8 所示。

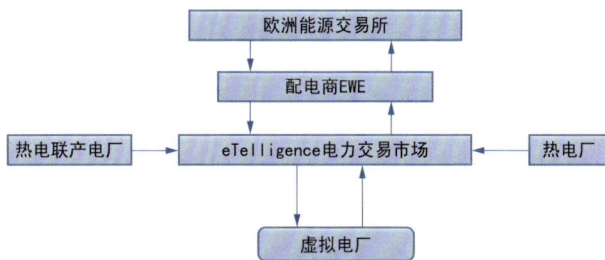

图 7-8　eTelligence 区域电能系统的电力交易情况

（4）应用于能源互联网的 Open IEC 61850 通信规约标准已被德国业内所认可。

（二）E - DeMa 项目

E - DeMa 项目涉及莱茵—鲁尔区的米尔海姆和克雷菲尔德两座城市，侧重于用户与电力系统之间的互动以及分布式能源社区建设。基本总体思路是将电能用户、提供商、销售商、以及设备运营商等多个利益主体整合到一个系统中。该系统可以为各利益主体提供进行虚拟的电力交易（电量和备用容量交易）的平台。该项目中，各类用户总数达 700 个，其中装备微型热电联产装备的有 13 个用户。在 E - DeMa 项目中，"智能能源路由器"作为一项核心技术被用来来实现智能电力管理，其具备用电智能监控和需求响应等功能。同时，其可以被用来调度分布式能源，为电网或社区电力用户提供电力。能源路由器是一种高度集成的电力电子设备，其主要包括逆变器、储能单元或智能电能表。根据发电和负荷情况，能源路由器

可以选择最佳路径和分配电力传输路由来传输电能。对于输入的电能，能源路由器根据网络承载和用户负荷变化情况，通过添加新的物理地址，对其进行传输。

E-DeMa 项目中采用了两种能源路由器。一种是采用人工控制手段对负荷进行直接控制，并且用户用电数据及信息通过局域网通信发送给用户终端，用户根据信息提示选择相应的操作；另一种则是全自动智能控制手段，通过将负荷信息的采集以及通过互联网获得的电力市场价格信息对用户做出符合其需求的调节或者控制。该项目目前只是作为用户负荷管理的试验，需要参与的居民用户根据电网电价信息以及自身各时段用电量调整用电习惯，以达到理想的节能和用电的经济效益。

(三) Meregio 项目

Meregio 项目选择在德国南部的格平根和弗莱阿姆特市进行，这两座城市均拥有大量的工商业用户。由于当地配电网架构有着一定缺陷，分布式电源的接入导致了许多电网问题。该项目通过电网动态感知技术跟踪用户的负荷变化，准确定位电网中可能出现问题的位置，通过合理配置资源，降低电网拥塞，提升电网安全运行水平。该项目总共选取了 1000 个工商业和家庭用户。Meregio 项目主要特点有：

(1) 采用电价分级方式，用红黄绿三色分别代表高中低电价。在采用该方式后，用户可以根据不同的电价颜色对自身用电习惯做出迅速调整。在引入三色电价初期，用户观察到电价由红色变绿色时，会增加 25%～35% 的用电量；由黄色变绿色则会增加 10%～22% 的用电量。大约三个月后，用户用电习惯逐渐稳定，以上两种电价变化情况下，电量增量为之前的一半左右。

(2) 通过智能电能表对用户实时用电信息进行采集并发送到 EnBW 数据分析技术，利用大数据技术对用户负荷曲线进行拟合，经过一段时间数据拟合得到每个用户的负荷曲线提高电网对每个用户用电预测的准确性，

进而准确定位配电网中的薄弱环节。同时，其能够对用户异常用电行为及时做出反应，并对用户进行及时提醒。

（3）Meregio 项目在变电站中成功引入了可变变压器技术，根据配电网中接入的可再生能源的电力情况来调整变压器来稳定电压水平，使分布式能源消纳能力提高了近一倍。

（四）RegModHarz 项目

RegModHarz 项目位于德国的哈慈山区，该地区拥有两个光伏电站、两个风电场、一个生物质发电，共 86 兆瓦发电能力。各分布式电源所需发电量由日前市场和日内盘中市场的电价及备用市场来决定。RegModHarz 项目通过对分布式风能、太阳能、生物质等多种分布式电源与抽水蓄能水电站进行协调控制达到可再生能源最大消纳。在需求侧，通过对用户提供储能设施控制、电动汽车充电、小型分布式能源接入和智能家居为主的虚拟电厂等服务既满足了用户负荷需求，又成为当地能源互联网的一个重要基础。RegModHarz 项目的主要特点是：

（1）通过支持家庭"即插即用"设备，该系统可以根据电网电价的信息灵活调整用户智能家电的运行状态以达到经济运行的目的。同时，该系统也将用户用电信息反馈到上级系统以达到对分布式电源发电控制的目的。

（2）通过分布在配电网中的电源管理装置来监测节点的电压和频率等指标，用以精确定位电网中可能的薄弱环节。

（3）在电力市场交易中考虑了光伏、风电和生物质发电等多种分布式能源。

该项目在能源互联网领域的主要有三方面的贡献：

（1）通过基于 Java 的开源软件平台 OGEMA，并利用电气设备标准化的数据结构和设备服务实现"即插即用"。

（2）允许虚拟电厂参与电力交易，是配电网系统拥有更灵活的控制手段。

（3）由于哈慈地区拥有充足的水资源，水力发电被用来抑制风机和光伏功率输出波动性，促进了分布式能源消纳。

（五）IRENE 项目

IRENE 位于德国南部的维尔德博尔茨里德小镇，其目标是为了在当地建立独立的能源供应系统，通过利用多种可再生能源实现能源局部的自给自足，其主要的措施为：

（1）通过安装在配电台区、充电桩、用户侧安装实时测量和控制装置来协调分布式发电，电动车充放电以及需求侧控制。

（2）通过安装远程可控的逆变器在分布式能源侧，用以维持一定的无功功率。

（3）通过安装可远程控制的可调变压器来维持电压稳定。

（4）在区域中心电网安装自适应调节系统，提升配电系统的安全稳定性。

（5）在用户侧安装智能能源管理系统，该系统可以管理用户侧的能源的生产、存储和消耗，并与电网控制系统相连接受电网侧的负荷控制指令。

IRENE 项目的贡献如下：

（1）通过实时监测配电网设备的运行状态增加配电网的可视化和透明化，有利于大规模分布式能源的接入。

（2）构建分层分布式控制系统将用户侧和能源控制中心有机的结合。

（3）接入储能设备可以抑制分布式能源的波动性。

"E-Energy" 计划通过结合先进的通信和信息技术来实现未来多分布式能源互联互通和综合利用。在德国境内的多个示范项目在能源互联网的能源利用，负荷控制和市场交易等领域提供了宝贵的经验。在能源利用方面，通过利用储能技术和水力发电抑制风电和光伏电力输出的波动性，有助于分布式能源的消纳利用。通过在分布式电源侧安装先进可遥的电力电子装置维持电压稳定。在冷/热负荷比较集中地区安装热电联产设备，满足

电、热、冷需求，并达到能源综合利用以及能效提升。在负荷控制方面，一方面通过智能电能表向用户提供电力市场的分时段电价信息和自身用电量，用户可以选择适当的操作来改变用电器的工作状态；另一方面，通过用户侧的能源管理系统对家庭侧智能用电器进行自动控制以调节其工作状态。在市场交易方面，通过搭建基于 java 的开源交易平台，有利于分布式发电方与用电方的能源交易，并通过分层式的电价机制实现"削峰填谷"。"E-Energy"计划的实施是推动了能源互联网的技术创新和相关产业的发展，第一次在"以消耗决定电力生产"之外，实现了"以电力生产决定消耗"模式的应用，这一点非常值得我国借鉴与学习。

第二节　我国城市能源互联网发展实践

在加速发展与高效利用清洁能源、降低煤炭占比、降低单位能耗的背景下，我国城市能源互联网的发展进程不断加快。《能源发展"十三五"规划》指出：积极推动"互联网＋"智慧能源发展。加快推进能源全领域、全环节智慧化发展，实施能源生产和利用设施智能化改造，推进能源监测、能量计量、调度运行和管理智能化体系建设，提高能源发展可持续自适应能力。加快智能电网发展，积极推进智能变电站、智能调度系统建设，扩大智能电能表等智能计量设施、智能信息系统、智能用能设施应用范围，提高电网与发电侧、需求侧交互响应能力。推进能源与信息、材料、生物等领域新技术深度融合，统筹能源与通信、交通等基础设施建设，构建能源生产、输送、使用和储能体系协调发展、集成互补的能源互联网。

在此背景下，国家发展和改革委员会发布了《关于推进"互联网＋"智慧能源发展的指导意见》（简称《意见》）。《意见》特别指出"要加强能

源互联网基础设施建设，建设能源生产消费的智能化体系、多能协同综合能源网络、与能源系统协同的信息通信基础设施。营造开放共享的能源互联网生态体系，建立新型能源市场交易体系和商业运营平台，发展分布式能源、储能和电动汽车应用、智慧用能和增值服务、绿色能源灵活交易、能源大数据服务应用等新模式和新业态。"

随着上述国家相关配套政策的陆续出台，国内各地均积极探索城市能源互联网的典型形态和实现途径。2017 年 3 月 6 日，国家能源局发布了《首批"互联网＋"智慧能源（城市能源互联网）示范项目评选结果公示》，其根据国家能源互联网产业和技术发展的战略布局，初步确定了首批国内能源互联网示范项目，合计 56 个。

从项目实施类型上看，目前国内获批的能源互联网示范项目情况如下：示范园区能源互联网示范工程 10 个、城市能源互联网示范工程 10 个、服务平台 10 个、大数据平台 10 个、其他类型 10 个。

从项目探索实践方向上看，能源互联网示范项目涉及风光储输多能互补、智慧能源、智能供热、智能制造、微电网开发、智能用电、能源供应服务、用户综合服务、智慧公共交通、电动汽车、大数据技术应用、电子商务平台建设等多种能源互联网实践路径。

目前，我国仍处在城市能源互联网探索的初期，我国政府、企业及相关研究机构并未形成统筹考虑城市能源特征和能源系统整体清洁化转型要求的城市能源互联网最终发展方向。我国城市能源互联网的发展具有以下三种特点：

（1）侧重于智能配电网延伸的理念。利用柔性直流技术升级改造现有配电网，建设拓扑灵活、潮流可控的多源协同主动配电网，通过主动配电网与现有微电网系统的互动，实现具有灵活的拓扑结构、潮流可控、高设备利用率的坚强型网架，支持高渗透率分布式能源的灵活接入和充分消纳，实现与智能微电网的协同互动，提高用户的电能智能和供电可靠性。其典型代表是北京延庆能源互联网示范项目。

（2）侧重于多种能源综合优化的理念。结合各种形式可控负荷，实现不同类型能源转换、不同能源承载方式转换的多能互联能源网络，实现信息能源深度耦合和探索能源运营创新模式。

（3）侧重于业务服务多元化的理念。以城市能源互联网为纽带，实现清洁能源全消纳，开展分布式电源"即插即用"、三联供、智能用电互动、配用电大数据公共服务、电动汽车充电服务等为主体的多种能源服务内容，构建高密度能源流、高互动信息流、高实时业务流的能源互联和智慧公共服务两大网络。

综合上述示范项目探索实践方向并结合我国城市能源互联网的发展特点，本部分重点介绍电网智能化、风光储输、能源网络化、商业模式创新四种类型的典型项目。

一　电网智能化项目

智能用电是提升我国电网智能化的重要环节之一，同时也是支撑城市能源互联网技术体系信息层、应用层的关键技术。智能用电包含如高级量测体系、智能社区、智能建筑、电动汽车充电设施、智能客户服务等关键技术内容。

为了详细阐述电网智能化项目的技术体系和内容，本部分以天津市滨海新区某区域内能源互联网为例介绍智能用电典型项目。

该项目位于天津市滨海新区，距离天津市滨海新区核心区约 15 千米、距离天津市中心 45 千米、距离北京市 150 千米，项目占地面积约 4 千米^2。为实现高可靠性供电，该区域建成了电缆双环网网架和具备"三遥"功能的配电自动化系统，以及配电网故障抢修指挥平台，覆盖 21 条馈线和 54 座配电站；建成了 110 千伏智能变电站 1 座；建成了覆盖全区的设备状态监测网，实现了智能变电站六氟化硫气体、变压器油色谱以及光纤测温数据的在线实时监测；建成了覆盖全区变电站母线、断路器、分布式电源、电动

汽车充电设施、重要用户的电能质量监测网络,提高智能电网电能质量。该项目试验区重点关注发电、输电、变电站自动化、用电效率、调度和通信信息平台这六个主要方面。在电力供给侧、电网侧和整个综合示范的终端使用侧。下面重点介绍该项目区域在用电侧的示范工程,包含自动需求响应和智慧家庭两个部分。

(一)智慧家庭

智慧家庭的建设是未来家庭发展趋势。随着互联网在家庭的普及,消费电子、计算机、通信一体化趋势日趋明显,智能化信息家电产品已经开始步入社会和家庭,一场家居智能化革命已经悄然兴起。安全、方便、高效、快捷、智能化等特点将成为现代社会和家庭的新时尚。通过智能家庭服务平台将家居中各种各样的智能化设备、信息化家电通过智能化控制总线技术连接在一起,构成了功能强大、高度智能化的家居系统,为家庭的智慧化提供技术。

1. 建设目标

建设智慧家庭服务平台。建设覆盖天津市的智慧家庭服务平台,与电力公司营销系统、用电信息采集等系统对接,实现示范区居民用户与电网之间能源和信息的双向交互,通过家庭能源中心实现对家用电器用电信息的采集和远程控制,实现示范区 1000 居民用户的四表集抄与公共缴费。

创新用电互动模式。研究通过手机、微信等客户端实现用户用电信息的直接互动与家居智能化,研究通过扫描"二维码"实现缴电费。通过创新电网与用户的互动模式,为用户提供多元化的服务,提升居民用户用电体验和用电满意度。

探索商业运营模式。研究基于多方参与的智能用电业务商业模型,推动开展可持续性收益的增值服务,逐步明确涵盖各参与方的利益分配模型,实现社会企业投资占比 30%。

创建系列标准规范。在示范区智慧家庭建设过程中,本着社会企业多

方参与的原则，通过智能家居、智能用电中设备与电网的互动化建设，对设备与设备之间、设备与平台系统之间、平台系统与电网之间的通信协议、接口等进行规范，与全国智能电网用户接口标准化委员会（SAC/TC549）联合，制定符合 IECPC118 智能电网用户接口项目委员会标准的用户侧系统及设备、智能用电服务等相关标准。

促进移峰填谷与节能减排。实现居民侧耗能的监控与管理，在不影响用户正常生活的情况下，达到耗能降低的目的，提高能源使用效率，推动需求响应、能效管理在居民侧的实现，实现居民侧碳排放减少 20%，居民用电峰谷差减少 10%。

打造智慧家庭综合示范区。在生态城智慧家庭内对智能家居和智能用电技术进行集中深化应用，推广智慧家庭能源中心、智能电器、智生活一站式服务中心、"即插即用"一体化光伏发电装置等智能化互动设备，在生态城智能电网可视化展厅对智慧家庭建设效果进行综合性集中展示，形成智慧家庭综合示范。

2. 总体架构

智慧家庭系统架构总体分为四部分，分别是智慧家庭服务平台、智慧家庭服务基础设备、智慧家庭服务客户端以及展示平台，如图 7-9 所示。负荷控制任务由自动需求响应系统下发至智慧家庭服务平台，同时智慧家庭服务平台可将负荷可调资源反向上报至自动需求响应系统，完成居民侧用电的需求响应；通过和智慧城市综合能源数据服务平台进行实时数据互动，实现居民侧用电数据的上报与相关数据的获取；通过建立与家庭能源中心和客户端的连接通道，开展智能家居、智能用电、用电互动等业务。

智慧家庭服务平台与自动需求响应系统、智慧城市综合能源数据服务平台等进行对接，实现信息交互。智慧家庭服务平台部署在该项目的可视化展厅，接受来自部署在电力公司管理信息大区的自动需求响应系统的负荷优化调控指令，并反向上报负荷调控能力；与智慧城市综合能源数据服务平台进行数据对接，上报居民侧家庭各用电设备用电数据、用电行为，

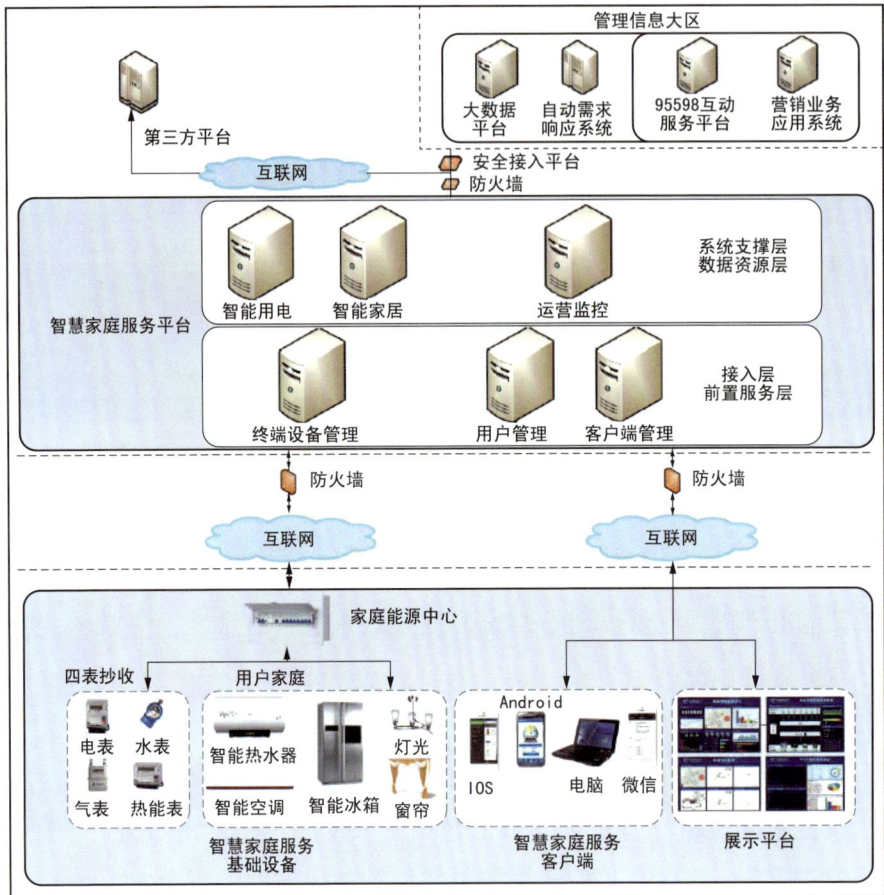

图 7-9　智慧家庭系统架构

将居民侧能效管理、智能家居的效果在智慧城市综合能源数据服务平台进行统一展示；智慧家庭服务平台通过与家庭能源中心、客户端建立连接通道，用户可通过互联网使用智能家居、用电互动、智能用电等服务。

智慧家庭能源中心，作为智慧家庭的核心设备，接收来自智慧家庭服务平台的查询或者控制指令，并对指令进行协议的解析和转换，向下通过微功率无线或者 Wi-Fi 等方式发送至终端受控设备，如空调、热水器、灯光、窗帘等，实现居民侧家用电器用电数据的采集、家庭各分路用电数据采集和控

制、环境参数采集、电器的智能化控制以及安全用电防护。

客户端是直接面向居民用户并提供智慧家庭服务的关键应用，用户可以使用微信、手机、平板电脑、台式电脑等方式，借助互联网或者移动互联网，通过智慧家庭服务平台，对智能家居各类用电设备进行智能化控制以及实现智能用电互动服务。

（二）自动需求响应

自动需求响应，就是在面对日益丰富的调控对象和深度互动的调控需求，通过采用先进的精细化负荷调控技术手段和管理手段，实施自动需求响应，实现负荷最大限度地、最大精细化地参与电网优化调度和高效运行，发挥其可调度的潜力；同时通过探索信誉积分激励等商业运作模式，引导电力用户主动参与需求响应，促进电力供需平衡，促进分布式可再生能源消纳，提升自身和区域的能效利用水平，促进电力资源的合理、高效配置。

自动需求响应的整体建设目标是以现有智能楼宇、智能小区和智能用能服务系统为基础，整合原有的系统功能，建设自动需求侧响应系统，为 6 个商业楼宇、3 户工业企业和 1000 户居民用户提供个性化的电能监测、分析和诊断等服务，使用户实现自动需求侧响应功能，参与电网调峰调蓄。

1. 建设目标

（1）选取具备一定的代表性的用户参与项目改造。选取的商业楼宇应包含商场、酒店、写字楼、医院、行政大楼等，工业用户包括车厂、锻造厂、高新技术企业等，不同类型的用户具有典型的负荷特性，调控的实施效果更具备说服力和推广应用价值。

（2）构建灵活、便捷、可靠、低成本的通信网络，以生态城现有的光纤网络为主，在安装不便的情况下，再以 GPRS 等通信方式为补充；构建满足大量终端传感设备及智能采集设备接入的现场通信网络。

（3）安装低功耗、高可靠、低成本的传感设备及智能采集设备，安装布置与系统改造实现有机结合，支撑负荷的精细化控制和现场数据实时

监测。

（4）形成标准、统一的业务模型和接口规范。应用 OpenAdr 及 PC118 等相关标准，实现调控系统的统一控制及传感采集设备的无缝接入。

2. 总体架构

自动需求侧响应系统总体采用四层体系架构，分别为设备层、量测层、网络层和主站层，如图 7-10 所示。

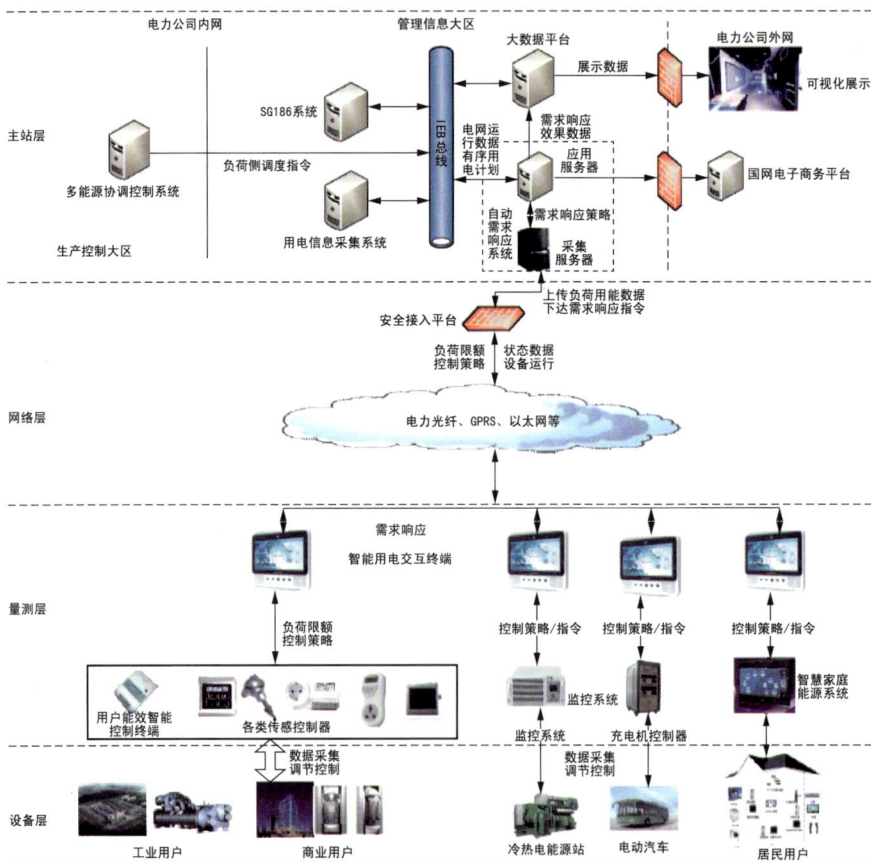

图 7-10　自动需求侧响应系统架构

主站层主要指自动需求侧响应的主站系统，与用电信息采集系统、营销业务系统、多能源协调控制系统、大数据服务平台、国网电子商务平台

等实现信息交互。其中自动需求侧响应主站系统部署在电力公司管理信息大区，主要接收来自同样部署在电力公司生产控制大区多能源协调控制系统的负荷优化调控指令；同时接收来自用电信息采集系统/负荷控制系统的有序用电计划，通过编排组合和优化策略生成调控计划和调控策略，将调控策略或负荷限额指令发送到前置采集和监视服务器，通过前置采集服务器发送给需求响应终端或相关的能源管理系统执行。自动需求响应系统从营销业务系统中获取客户档案信息，同时将需求响应的实施效果通过大数据服务平台进行统一展示。

网络层主要通过采用包括各类电力专网和无线通信网络。考虑到生态城良好的基础条件，因此从成本等各方面考虑，优先采用光纤通信，在没有光纤通信覆盖的区域，再综合考虑 GPRS 等无线通信方式。考虑到需求响应采集和控制的设备主要在电力用户内部，因此需要接入信息安全平台进行有效隔离，确保数据信息的安全性。

量测层是需求响应调控终端层，负责接收来自自动需求响应主站的负荷限额或控制策略，并基于优化协调算法，并转化为执行指令发送给各用电设备执行，同时将策略执行情况、设备运行工况、设备用能情况、用户环境情况报送给主站。被执行的设备可以是电力控制柜、接触器、用户楼宇自动化控制系统、空调主机控制板、现场 PLC 等。

设备层是指工业用户、商业用户以及能源站内各类配电设备和动力设备，以及各类非生产性负荷，例如空调、照明、电加热、冷热电三联供机组等设备，同时通过智慧家庭服务平台实现对智能家居各类用电设备的间接控制。

电力用户内部设备状态数据和运行数据从下而上到达主站层，经过主站层的决策分析，将控制命令又从上而下到达设备层，完成负荷可调资源预测、实时调控策略优化、区域合理有序调控策略分解等，通过和营销业务系统、用电信息采集系统、负荷控制系统等系统的实时信息互动，开展整体负荷资源的优化调控，有效减少区域用电尖峰，就地消纳分布式可再生能源，提升区域电网整体运行的安全性和经济性。

3. 激励机制

为了更好地发挥自动需求响应的示范效益，引导更多的电力用户主动参与需求响应，该区域积极开展自动需求响应运营模式的探索，目前主要考虑采用奖励积分的方式来刺激电力用户参与自动需求响应，电力积分的获取与兑换服务示意图如图 7-11 所示。

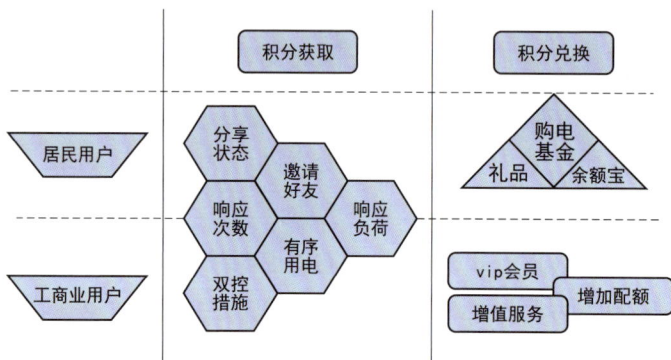

图 7-11　电力积分的获取与兑换服务示意图

在积分的生成机制上，可分为年度积分和奖惩积分两类。年度积分：假设积分生成按照统一标准结算，电力用户通过需求响应削减 1 千瓦·时可获得 1 个电力积分。为确保电力积分制的公平和公正性，在积分生成模型中引入累计系数，充分考虑参与项目类型的影响作用，如同类用户参与不同需求响应项目，在同等外界条件下削减同样负荷量，所获得电力积分也不相同，直接体现不同需求响应项目的难易程度。奖惩积分：根据信用制的传导效应，电力积分生成模型也计及了惩罚因素，主要针对参与有序用电等通过非电价信号引导的电力用户。对于不能按协议要求响应的电力用户，供电公司将做出扣除电力积分的处理，但并不采取"一刀切"，在惩罚周期结算时，供电公司将从全局角度出发分析用户违反协议的原因，如削减量设计是否在用户承受范围之内、供电公司是否按照公平原则兑换、是否与外界因素有关等。

积分兑换：对于居民用户，可以以电力消费积分的方式予以补偿，用

户以积分兑换对应的礼品，也可以通过和支付宝（第三方支付平台）合作，实现支付宝积分宝的兑换，或者实现和购电基金中类似产品的兑换。对于工商业用户，可根据积分情况，在电力供需紧张实施有序用电、双控措施时，按积分比例减少拉闸限电时间或者增加负荷、电量配额；也可根据积分情况，将客户列入贵宾（VIP）客户，提供更优质的服务，如上门办理业务、定期免费安全检测、更短的业务办理周期等，或提供更多的增值服务，如实时用电信息查询、控定值和相关信息（含国家政策性、地方政策性）的及时发布、无功过补偿、欠补偿、无补偿等的提示以及供电质量和供电可靠性的统计分析等。

二　风光储输项目

风光储输技术是指大规模风电、光伏发电、储能技术及输电工程相结合的"四位一体"可再生能源发电技术。该技术能够使单位时间的发电量控制在一个有限可预测的发电区间内，能够降低风能、太阳能随机波动特性对电网造成的冲击、减少对电网运行的影响、提升局部电网供电质量，提高电力系统运行的安全性、可靠性和经济性。我国在风光储输技术研发与应用方面处于世界领先地位。在 2009 年，国家风光储输示范项目一期工程在河北省张家口张北地区启动并于 2012 年投产，开发规模包括 100 兆瓦风力发电、40 兆瓦太阳能光伏发电、20 兆瓦化学储能。除此之外，我国其他地区积极探索风光储输技术应用，如甘肃玉门三十里井子风光储电网融合示范项目。

风光储输技术是支撑城市能源互联网物理层的重要组成部分，是城市能源互联网清洁化、网络化的重要技术支撑。风光储输技术具有重要的城市能源互联网建设引领作用，一方面，其对城市可再生资源的开发和利用起到示范作用，能够集中展示城市新能源综合利用的效果，引导风光等可再生能源的大规模高质量开发利用；另一方面，其能够提升可再生能源接

入城市电网运行质量，提升我国在风光互补调节、储能装备制造与应用等与城市能源互联网基础设施与装备研发技术相关领域的技术引领作用。下面，以我国某地区城市能源互联网示范项目为例，详细介绍风光储输技术在城市能源互联网中的应用情况。

该城市能源互联项目位于北京北部地区，该地区拥有丰富的风能、水能、太阳能、生物质能、地热能等多种形式的可再生资源。该地区城市能源互联网项目由政府主导，国内知名高校及科研机构深度参与并提供技术支持，遵循"政府主导，多方合作，互利共赢"的建设模式。目前，已建成新能源发电项目总计 160.9 兆瓦，除风电、光伏外，还包括小水电 4 兆瓦，沼气 2.4 兆瓦，光热发电 1.5 兆瓦。规划建设的新能源总量如果能够得到充分的开发，风光气新能源发电装机预计可达 300 万千瓦，年发电量预计在 6 太瓦·时左右，区域本身的发电能力将能够远超于地区本身的电力需求。

正是考虑到该地区充足的可再生资源，该地区计划建设"城市能源互联网"综合示范工程，在探索建设、运营与商业模式的基础上，充分消纳区域内分布式能源、提升区域内部能源优化配置与高效利用、支撑智能电网新技术应用。

根据资料，该地区自 2010 年至 2014 年，重点进行新能源发电和智能微电网群示范项目建设；2014 年至 2015 年开展智能电网建设，探索技术创新与商业模式创新，初步实现以智能电网为载体的城市能源互联网；2016 年至 2020 年在整个地区开展城市能源互联网；到 2030 年，以该地区为模板，将能源互联网向更大范围的城市区域进行推广，提升区域可再生能源利用率。

目前，该地区选定三个地区从四个不同的层面开展项目建设。其中，四个层面涉及能源生产消费、能源网络传输配送、能源管理优化及公共服务、能源互联网建设运营商业模式。五个项目分别从不同角度开展城市能源互联网关键技术研究，包括多源协调的主动配电网、低压直流用电网络、

柔性负荷主动响应、新农村多能源综合优化利用、能源管理与公共服务中心。

风光储输技术属于能源互联网中能源生产与消费、能源传输的重要核心技术，在该地区的一次系统中得到充分的体现，其主要体现在多源协调的主动配电网项目和多能源综合优化利用项目中。

（一）多源协调的主动配电网项目

多源协调的主动配电网项目综合运用主动配电网技术、柔性直流技术等多项先进技术，将有效提高分布式电源的渗透率；充分考虑多种能源和用能在地域和时空的差异性，利用柔性负荷的主动响应能力，实现多种能源的协同优化，提高用户能源利用效率；充分利用多能互补和分布式能源，并具有良好的自愈能量，实现对用户高品质、高可靠供电。多源协同的主动配电网项目实施方案的主要内容包括以下几个部分：

（1）系统规划和配电网改造。以三端交直流混联开闭站为中心，构建主动配电网的网架。主要包括馈出两个单环网，接入周边负荷和分布式电源。线路分段和接入用户的分支均采用断路器。基于柔性环网互联装置，单环网采用闭环运行方式，线路的每个区段和用户发生事故后都可以就地迅速切除，提高用户的电能质量。用户分支断路器可满足分布式电源双向潮流流动保护的要求，具备监控、双向保护等功能。

（2）10千伏交直流混联开闭站建设。利用柔直环网技术建设主动配电网的中心站，利用柔性直流互联装置，连接开闭站三段母线，起到闭环运行的等效效果，并提供动态无功支撑。实现开闭站三段母线之间的潮流灵活控制和母线功率平衡，均衡三路进线的负载率，实现母线间有功支援和无功支撑能力，平抑分布式电源和负荷的波动，减少分布式电源和负荷与配电网之间的功率交换。

（3）新能源谷微电网群接入。接入新能源谷智能微电网群，主动配电网从全局角度确定全局能量分配，并设定微电网交换功率，微电网接受主

动配电网的调控，进行内部调节，满足接口交换功率要求，通过互动，实现能量相互支援。计划将新能源谷智能微电网群采用双射线方式接入开闭站。

（4）新能源示范基地接入。在该区域内，建有亚洲最大的太阳能光热发电系统，并同时建有分布式光伏、风电、直流微电网等，由于当地负荷小，无法实现新能源的消纳，通过接入主动配电网，实现新能源的充分消纳。实验电站围墙内占地面积为 0.0192 千米^2，装机容量为 0.98 兆瓦，远期规划 3 兆瓦。实验电站包括太阳能聚光系统、吸 /换热系统、蓄热系统和发电系统。试验基地装设有分布式光伏发电、风力发电和直流微电网。

（5）分布式屋顶光伏接入。区域内已建成 15 兆瓦的直接并网的分布式屋顶光伏。对于具有分布式光伏的用户，与 10 千伏或 0.4 千伏母线并网采用 PCC 并网开关柜，实现计量、监控、保护、同期投入切除等功能。

主动配电网通过对分布式电源、柔性负荷、智能微电网进行主动控制、全局优化和区域调配，实现分布式光伏发电的充分消纳。

（6）建设开发区多元数据采集系统。在配电网配置同步动态信息测量的综合配电量测单元及其他采集单元，采集配电网重要设备、用户重要设备、分布式电源、柔直装置多源信息，实现用户用能行为预测、发电特性估计、网络参数辨识，支撑对主动配电网运行态势的深度感知，支持重要分布式电源、负荷和电网设备调控。提高主动配电网的可观、可控性，为多能源协同调控中心提供多元数据采集。

此外，为了实现多源协调的主动配电网灵活运行，项目区域建设了多能源协同调控中心系统，主要负责进行全局的中央决策。系统运行的主要方式是决策—执行—反馈—校验分析的模式。具体而言，在多能源协同调控平台建设上，建设多源数据融合的多能源协同调控平台，利用大数据技术手段对设备运行状况、通信网络状况、态势感知状况、"源—网—荷"电力运转状况、能源调控状况、柔性负荷相应及用户状况、外部系统接入状况、气象温度环境状况等信息进行聚合。

（二）多能源综合优化利用项目

多能源综合优化利用项目通过对农村用能形式与特性进行分析，充分利用不同用能的时空特性，实现对天然气、太阳能等多种能源的综合优化利用，提高综合用能效率，减少农村对煤炭等化石能源的依赖，降低对环境的污染和碳排放。农村配电网充分利用多种能源的特性和用能的时空差异，对农村用能方式进行调控，实现区域能源优化利用和可再生能源的充分消纳，探索新的能源形势下的农村配电网发展形态。多能源综合优化利用项目示意图如图 7-12 所示。

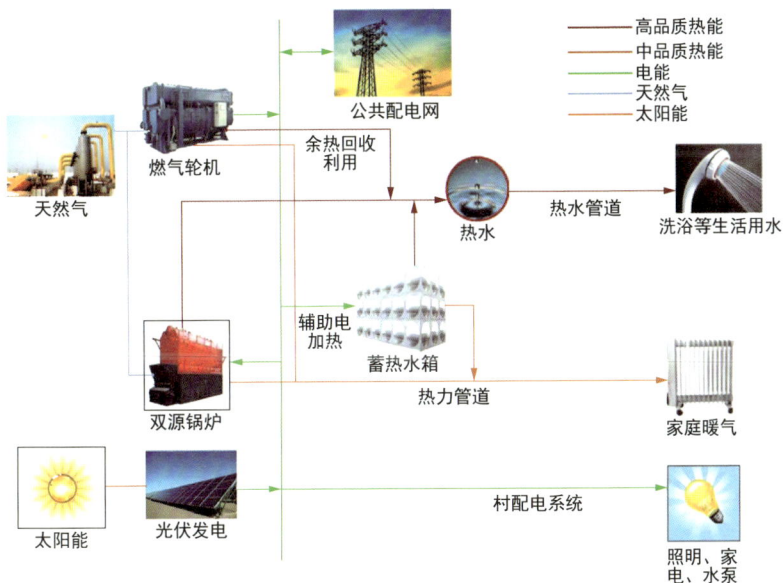

图 7-12　多能源综合优化利用项目示意图

多能源综合优化利用项目的主要建设内容包括：建设 3 兆瓦的燃气轮机热电联供系统及热力改造，实现对用户的供电、供热；建设 1 兆瓦的光伏发电系统，实现对用户的供电；将天然气热电联供、光伏发电、双源锅炉和蓄热水箱组合成多能源综合单元，实现对整个村庄多种能源综合管理，并与公共配电网连接，通过电能实现能量的交换；建设天然气热电联供、双源锅炉、

光伏发电、公共配电网、储能设备组成的综合用能系统；燃气轮机利用天然气产生电能为村庄电负荷供电，同时为村庄提供热水和供暖；双源锅炉可以利用电能或天然气产生热能，作为后备为村庄供热；太阳能光伏发电产生电能实现对村庄的绿色供电；配置蓄热水箱对热能存储，作为调节手段，增加系统的可调可控性，并提高系统的可靠性；通过气、电互补综合利用系统实现绿色供电和高可靠的供热。

三 能源网络化项目

能源网络化是通过加强能源网络互联互通、多能互补工程建设、能源信息网络建设及能源服务网络建设等手段，实现各类能源的集约开发和高效利用。能源网络化项目的特点是通过广泛互联的城市电力输送系统，高效利用区域内光电转换、光热转换、风电转换、地热能转换等方式，为区域提供电能、制冷和热能，实现多种可再生能源互补利用和优化匹配，最终达到城市能源结构由高碳转向低碳，能源利用由粗放转向集约，能源服务由单向供给转向智能互动。

以苏州、天津市为代表的城市已经开展能源网络化相关项目的研究与实践，探索能源变革驱动城市的全面发展。下面首先以苏州某工业园区的城市能源互联网项目为例详细介绍能源网络化开发利用的情况。

（一）苏州某工业园区能源网络化项目

2016 年苏州市政府与国网江苏省电力公司签署了共同建设苏州国际能源变革发展典范城市战略合作协议，明确了典范城市建设的指导思想、基本原则、主要内容和战略路径，提出了建设重点任务和行动计划。在此背景下，苏州市某工业园区以"六位一体"的微能源网为核心技术，综合应用光伏、天然气冷热电联产、风能、低位热能、LED、储能系统等六种能源系统，有机结合组成微能源网，满足用户的多种能源需求，有效提升区域内的能源使用效率，如图 7-13 所示。

图 7-13　电、热、冷微能源网示意图

该园区能源互联网示范项目主要包括能源管理公共服务平台、能效提升工程、新能源应用工程、多能协同工程四个具体项目建设工程，以及相应能源使用和管理方面的体制机制创新。

（1）能源管理公共服务平台。该平台是在园区整体信息化规划框架下的能源信息基础工程。服务平台已初步实现了与 13 家能源厂的对接，6 大类能源及资源（电力、天然气、水、蒸汽、煤、汽柴油）的收集。下一步，该平台将实现各类新能源发电数据、企业实时用电数据的收集、汇总、分析和决策，从而实现能源信息互联互通，优化能源供需配置。

（2）能效提升工程。该工程通过节能低碳能力建设项目，摸清园区内用能企业、大型公建楼宇的用能现状，找出节能减排潜力，进一步鼓励企业实施节能减碳改造工程。据统计，每年都有超过 50 家园区企业开展各种类型节能改造，节能改造资金投入超亿元。此外，该工程还致力于提升园区和区内企业的能源管理水平。

（3）新能源应用工程。该工程以降低煤炭消耗为目的，在工业园区内大比例、积极推广应用分布式光伏项目。通过推广新能源，降低使用传统化石能源，优化园区电网结构，从而实现电力"削峰填谷"，对用电企业来说，企业用电成本得以降低、闲置屋顶资源得以开发利用。

（4）多能协同工程。该工程主要鼓励企业开展微能源网建设，实现多种能源形式的智能转换，积极开展大型商用储能电站、园区蒸汽热网、天然气冷热电三联供等多能协同项目的应用与实践，快速推进能源的梯级集约化利用，提升能源综合利用率。

（二）天津市某区域能源网络化项目

与苏州工业园区不同，天津市某区域针对区域内工业、商业混合的特点深入开展能源网络化实践。该示范项目位于天津市北部区域，规划面积达 68 千米^2，起步区域面积达 5.9 千米^2。从能源供应角度看，该地区拥有丰富的光伏、地热能资源，适宜开展城市能源互联网建设。从能源需求角度看，区域内不同类型用户负荷特性各有不同，区域内公建商业和工业负荷的需求曲线有较好的互补特性。

区域内的城市能源互联网项目由政府主导，高校和企业均积极参与，确定"互联网＋智慧能源"规划总体目标为低碳、高效、节能、环保、经济，并基于园区特点开展具体工程建设。

1. 能源网络互联互通

该区域在能源传输配置侧，采用协同控制技术，提高能源交换、传输效率及灵活性，增强可再生能源的消纳能力及供能可靠性，实现互联互济。该区域通过各组团之间的主干网、组团内各功能区之间的分支网和功能区内部微能源网共同构成示范区的能源一次网络。通过合理的能源网络配置，可有效避免市政管网不必要的重复建设，实现示范区内能源的高效利用和科学分配。

2. 多能互补工程建设

示范区域起步区的用地性质分为工业用地和商业用地两类。其中，工业用地约占 70%，商业用地约占 30%。工业建筑面积约 210.56 万米^2，商业建筑面积约 282 万米^2。按照该区域综合负荷的专项规划，确定园区的工业和商业建筑的总电量需求。综合电、气、冷、热综合负荷需求，该区域计划以综合能源站和分散式供能方式相结合开展城市能源互联网建设，如图 7-14 所示，具体综合能源开发利用情况如下所述。

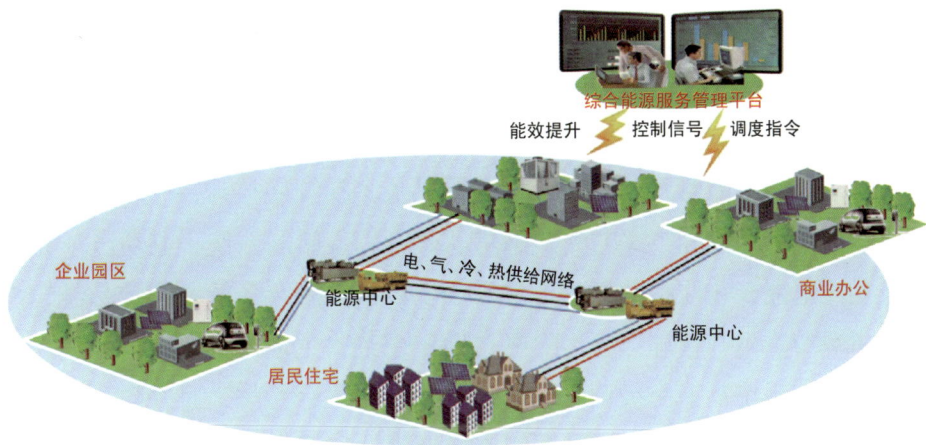

图 7-14　城市能源综合开发利用示意图

（1）商业区综合能源开发利用方案。区域内配置 6 个综合能源站，每个综合能源站包括 8 套地源热泵、1 台蓄热式电锅炉、2 套冰蓄冷空调、5 套水蓄冷空调。同时，配置燃气分布式综合能源站 1 座，包括 1 台燃气三联供机组、1 台蓄热式电锅炉、6 套地源热泵、2 套冰蓄冷空调、5 套水蓄冷空调。此外，商业区还配置约 45 兆瓦分布式光伏发电系统。

（2）工业区综合能源开发利用方案。针对工厂房分散的特点配置约 60 组燃气锅炉、80 套电制冷机，同时在各个厂房屋顶规划配置约 51 兆瓦屋顶分布式光伏发电系统。

3. 能源信息网络建设

为保证该区域能源能够高效地传输与利用，区域建设了相应的能源信息网络，具体情况如下：

(1) 骨干网组网。骨干网络分为两个子层（核心层、汇聚层），两层之间采用光纤传输网方式。汇聚层建设方案包含变电站 SDH/MSTP/PTN 光纤环网建设、相关变电站通信设备配置，汇聚层接入核心层通信设备配置等。

(2) 接入网组网。接入网采用以太无源光网络（EPON）进行组网接入。能够实现单纤双向高带宽业务承载，全程无源。相比工业以太网技术，具有传输速率高、节省光纤资源、可靠性好、网络拓扑灵活、易维护等优点。

4. 能源服务网络建设

除上述能源网络、多能开发利用、信息网络建设之外，该区域还建设了能源互联网智能管控平台。该平台提供整套视频监控综合平台，实现变电站、配电终端、分布式电源并网点、微电网、储能系统、电动汽车充电站及用户电能表箱监控图像的汇总管理。该系统融合多能源调控系统、能效分析系统、生产管理信息、配电自动化系统、主动式状态检修系统、故障抢修管理系统及上一级调度自动化等的综合平台系统，通过监控中心的多屏幕分屏显示现场监控视频、语音通话等。能源服务网络的建设进一步提升了区域内多种能源的高效运行、降低了区域内部能源管理的成本、最大限度地提升了能源网络化。

四　商业模式创新项目

（一）用户综合服务平台总体架构

为承载城市能源互联网商业运营模式，提升城市能源互联网运营管理的效率和效益，天津某城市能源互联网项目建设了相应的能源互联网综合服务平台。能源互联网综合服务平台与智能电网、客户、企业联盟成员以及互联网之间的逻辑关系如图 7-15 所示。

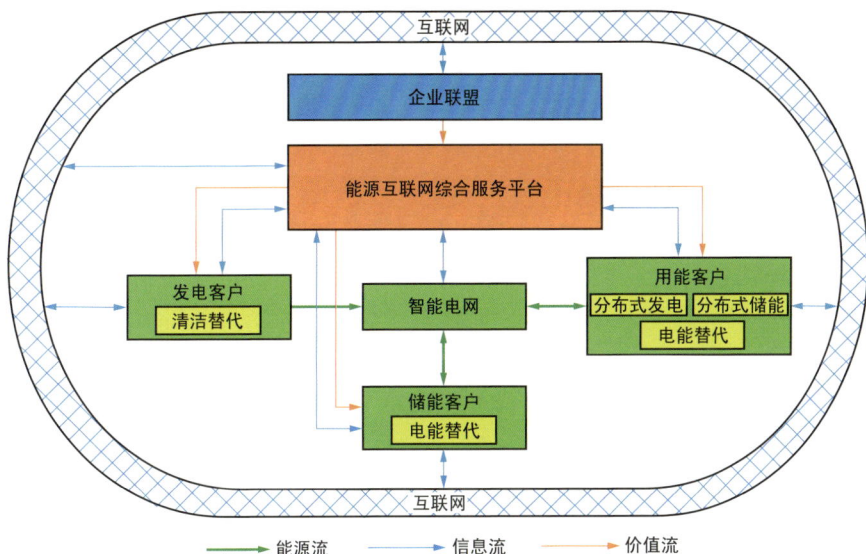

图 7-15　能源互联网综合服务平台与利益相关方的逻辑关系

图 7-15 中，发电客户是指利用常规能源或者新能源的集中发电厂站；用能客户是指各种能源消费客户。随着分布式发电、电蓄冷、电蓄热等技术的发展以及设备小型化，未来的用能客户将会是可控制、可逆转的柔性客户；储能客户是指集中式或分布式储电、蓄冷、储热的厂站。集中式储能与智能电网连接，平衡优化智能电网运行；分布式储能接入客户能源网，平衡优化客户能源网运行；客户能源网是指客户内部与能源生产、传输、消费、存储相关的设备组成的网络；智能电网是指网架结构坚强、自动化程度高、供电可靠性高的现代智能电网；企业联盟包括咨询企业、金融企业、设计企业、施工企业、监理企业、设备生产企业、代维企业等提供各类人力、财力、物力或服务供应的企业；能源互联网综合服务平台是城市能源互联网的核心和指挥中枢，引导、指导、管理能源建设、生产、传输、消费、存储等，实现城市能源互联网的高效运转；能源流是指电能在发电客户、智能电网、用能客户、储能客户之间的传输，是发展城市能

源互联网的基础；信息流是指发电客户、智能电网、用能客户、储能客户与综合服务平台以及互联网之间的信息互联、互动、互通，是发展城市能源互联网的手段；价值流是指为各类客户提供多样化、全方面地精准服务，是发展城市能源互联网的目标。

（二）平台功能模块设计

依据城市能源互联网商业运营模式以及平台和利益相关方的逻辑关系，能源互联网综合服务平台建设分为信息互动模块、运营管理模块、综合服务模块三个功能模块，如图 7-16 所示。

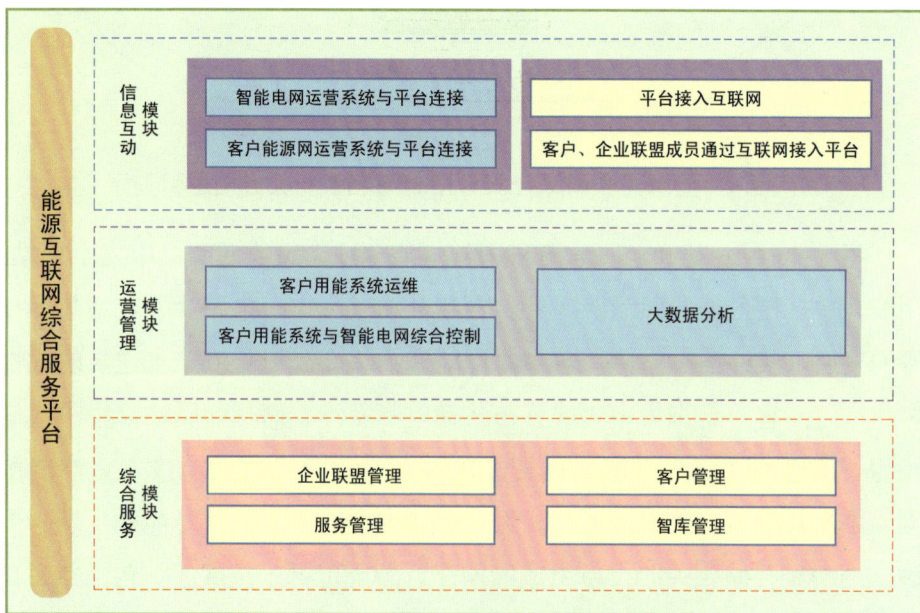

图 7-16 能源互联网综合服务平台功能模块设计

信息互动模块：①将客户能源网的运营系统、智能电网的运营系统分别与能源互联网综合服务平台连接，实现客户能源网与智能电网之间的信息互联、互通、互动；②将能源互联网综合服务平台放置于云端，客户以及企业联盟成员通过互联网与平台连接，实现企业联盟成员、客户之间能

源相关的供应、需求等信息的共享。

运营管理模块：①通过客户能源网和智能电网的信息互联、互通、互动，由能源互联网综合服务平台实现对客户能源网的运行维护等服务；②依据智能电网、客户能源网的运行情况对智能电网、客户能源网进行综合协调控制，降低客户的综合用能成本或提高客户的能源生产效益，同时为智能电网进行"削峰填谷"，提高电网设备利用率；③通过对客户能源网以及智能电网的大数据综合分析为客户提供用能的经济性、安全性、可靠性分析评价。

综合服务模块：①管理客户的档案、用能分析结果、用能服务过程等资料，与客户建立长效交互机制，为客户推送服务项目，提高客户忠诚度，保留存量客户，吸引增量客户；②管理企业联盟成员的资质、业绩、能力、合作协议、履约情况、不良记录等，引导企业联盟成员业务开展方向，在企业联盟成员之间共享业务信息，提高联盟凝聚力；③对综合能源服务的质量、进度进行管控；④新技术、新模式的承接以及推广应用，平台专家团队管理。

（三）平台运转模式

综合能源服务供应商以平台为载体，以数据优势、管理优势、技术优势、品牌优势为驱动，为客户提供综合能源全寿命周期服务，提升客户综合能源的经济性、安全性、可靠性，同时带动企业联盟成员的业务运转，拓展企业联盟成员的业务空间，使综合能源服务供应商成为城市能源互联网建设、管理、运营的引领者，与客户、企业联盟成员形成三方共赢的良好局面。

开展客户差异化需求服务分析，通过"客户画像"以及差异化服务策略制订，提高能源相关服务的精准度。从客户视角和供电管理视角进行客户分类，在客户视角方面，根据客户自身的组织属性，将客户分为农业客

户、工商业客户、公共服务客户和居民客户，既涵盖了所有客户，又使得分类界面较为清晰；同时，将工区园区的客户在依据组织属性分类的基础上依据所在区域归集为集群客户，形成园区集群客户这一特殊分类。在能源管理视角方面，将客户分为有源客户和无源客户，既考虑了客户对智能电网的依赖性，又考虑了运行的安全性。双重视角的客户分类便于全面认知不同客户群的特征，首先由客户根据自我认知判断并选择显性需求，然后由供电方根据其行为习惯来发现并识别隐性需求。

在分类的基础上为每个客户贴上标签。标签分为自选标签和定义标签。自选标签由客户选择，突出客户的自然属性；定义标签由供电企业选择，突出客户的用电行为属性。每个标签都能够从不同的维度描述客户特征，从而细化客户需求。综合客户分类和标签生成"客户画像"。"客户画像"能够较全面的抽象出一个客户的信息全貌，具有静态、暂态、多样、综合的特点，是为客户提供全方位精准服务的基础，同时，依据"客户画像"确定服务策略。

(四) 实施效益

根据粗略估计，仅天津市每年的客户电网代维市场价值超过 10 亿元，而客户综合能源全寿命周期管理服务的市场价值远大于代维市场。

分布式发电及多元储能技术对公用电网负荷具有明显的"削峰填谷"作用。削峰作用对于以峰值负荷为依据建设的电网来说将节约巨额投资，以项目所在电网公司为例，峰值负荷降低10％可节约配电网建设资金 11 亿元。填谷作用可以提高电网设备利用率、增加售电量及售电收入。

未来综合能源管理服务供应商将成为集合"配电调度运行优化商、系统资产运维服务商、能源解决方案整合商、能源产融平台服务商、能源数据资产运营商"等多种商业模式为一体的企业，为客户提供全方位、多元化的服务，拓展市场和利润空间。

随着多能转换等新技术的革新和突破，综合能源管理服务供应商可以把以电为中心的城市能源互联网拓展至电、气、冷、热多种能源互补的城市能源互联网，并组建真正意义上的能源公司，进一步拓展市场和利润空间。

本章小结

（1）新加坡"滨海湾"计划侧重于区域供冷系统与建筑节能系统在城市能源互联网中的应用；美国"FREEDM"计划侧重于电力电子技术在城市能源互联网中的应用；德国"E‑energy"计划侧重于将智能化 IT 技术融入至城市能源互联网的能源生产和消费过程。

（2）我国的四个城市能源互联网项目的侧重点各不相同；电网智能化项目侧重于智慧家庭与自动需求响应技术实践；风光储输项目侧重于区域冷、热、电等多种能源的综合开发与高效利用技术的应用；能源网络化项目侧重于能源互联网中能源网络的建设与实践；商业模式创新项目侧重于城市能源互联网平台建设。

（3）随着城市能源互联网典型示范工程的不断实践与发展，可以预见，未来城市能源互联网的规模将不断扩大、绿色能源应用比重不断增加、用户参与度不断提高，城市能源互联网所应用的技术也将更加先进、全面、高效、环保。

第八章

城市能源互联网推动社会进步

城市能源互联网是构建绿色低碳城市的有力支撑，为城市发展搭建了能源互联互通、共享优化的平台，顺应了可持续发展的潮流趋势，打开了城市生活和发展的新局面。未来的城市将有效避免资源匮乏和环境污染的问题，形成以清洁能源为主的新型能源发展格局。大量清洁能源的消费大大降低了大气污染物的排放，城市将变得更加舒适宜居。城市居民是城市能源互联网的重要参与者，共同为了城市的繁荣发展、生态环境贡献着自己的力量。

第一节　推动能源产业变革

一　突破资源制约，提高可再生能源占比

随着我国城镇化进程的不断推进，城市发展所需的能源日益增加，充足的能源供给是城市发展的基础，而传统的化石能源带来的环境污染问题与"绿色城市"的发展理念相违背，大量利用清洁能源是保证城市经济发展和气候环境的必然选择。

能源供给多样化。 在城市能源互联网的支撑下，城市资源将得到最大化的合理利用。每个城市可以从大自然中得到各种形式的能源，大自然的馈赠为城市带来了海洋的风能、普照的太阳能、丰富的地热、奔腾的江河等清洁能源，这些能源都可以通过各种各样的发电机转换成电能，充足的电能照亮了城市的每一个角落，推动了城市工业和现代化农业的发展。城市的供电可靠率大幅提高，即使在迎峰度夏期间，面对各区域电网最高用电负荷的屡创新高，仍能确保电网的安全运行，保证电力的可靠供应，让每一位城市居民都不会因为停电引起生活上的不便，让每一个企业都不会因为停电造成经济上的损失。传统的煤炭、石油、天然气等化石能源可以继续为城市服务，煤炭、石油的开采更加合理有序，清洁能源的大量利用，可以逐渐改善因长期过度依赖化石能源导致的环境问题，实现城市的可持续发展。城市居民可以利用自家屋顶敷设太阳能电池板，进行光伏发电，通过逆变器进行并网，产生的电能不仅可以自用还能将多余的电能卖给电力公司，实现电力市场的双向交易，提高了资源的利用率，实现了节能减排的目标。

能源供给更可靠。 我国的城市处于高速发展阶段，经济增长快，能源需求大，随之而来的城市问题也愈发严重，粗放式的经济增长导致了高浪费、高排放和能源利用率低的问题。依托城市能源互联网，随着科学技术的进步和环境要求的提高，化石能源的稀缺不再成为城市发展的桎梏。综合考虑发电成本和对环境的影响，太阳能光伏发电、风力发电等清洁能源发电明显优于化石能源发电。未来的城市将实现低成本、低能耗、智能化的充足能源供给方式，城市能源互联网让能源的开采和消费结构更加合理，新能源和可再生能源的研制和开发形成了多元化的能源开采局面。在城市能源互联网体系下，人们关注的焦点从能源本身转变为开发和利用能源的方法技术，整个能源市场趋于理智，不会再因为自然灾害、能源垄断而导致成品价格的大幅度波动，城市居民将在一个良性的能源交易市场中购买和使用能源，不仅得到了可靠的能源供给，而且促进了城市的发展。

能源网架更坚强。 随着特高压输电技术和智能电网技术的快速发展，光伏发电、风力发电等新能源发电逐渐代替了传统的火力发电，实现了"以电代煤、以电代油、电从远方来、来的是清洁电"的新型能源模式。以特高压为基础的坚强智能电网实现了我国城市之间的能源互联，配合清洁能源高效的发展，实现可再生能源的大规模跨区输送。依托成熟的信息通信技术和电力系统控制技术，各种形式的新能源和可再生能源接入电网，确保了分布式电源的大规模接入，实现了"电从身边来"的新局面。管理模式由以前传统的垂直式管理转变为横向管理，实现供能和用能的双向管理机制。在坚强的能源网架下，城市能源互联网用其智能化的管理控制系统实现了故障的自动识别和预判，能有效应对大风、冰灾等极端天气情况对系统的破坏，使电网具备自愈功能，让城市大面积停电彻底成为历史。

二 突破环境制约，推动能源利用清洁化

依托城市能源互联网，构建"清洁替代＋电能替代"的能源发展新模

式，"两个替代"是指在能源的开发上实现清洁替代，太阳能、风能、水能等清洁能源代替传统化石能源；在能源消纳上实现电能替代，以电代煤、以电代油，减少化石能源的直接消耗。"两个替代"是城市能源互联网发展的必要条件，是建设"绿色城市"的必经之路。

突破制约，实现清洁替代。我国清洁能源资源丰富，实施清洁替代，能够从源头上有效解决化石能源资源紧缺问题，满足人类日益增长的能源需求。城市人口快速增长，城镇化和工业化的高速发展，导致化石能源需求量日益增加，开发成本逐渐增大，造成城市的能源供应压力巨大。相对化石能源而言，城市中的风能和太阳能容量可观，可以说清洁能源是取之不尽，用之不竭的。如果能将城市中的清洁能源百分之百的利用起来，甚至可以满足整个城市的全部能源需求。清洁能源是增长最快的能源品种，并逐步成为主导能源，如果城市中的风能、太阳能发电呈现逐年上升趋势，未来城市的主要能源供给将主要由清洁能源完成，形成以清洁能源为主的新型能源发展格局，可以从根本上解决城市中面临的能源问题。

创新消费方式，实现电能替代。电能是一种清洁、安全的能源，实施电能替代政策能够推动能源消费革命，落实国家能源战略。电能替代的电量主要来自可再生能源发电，还有一部分超低排放煤电机组集中燃煤对分散燃煤的替代。实行电能替代，有助于提高清洁能源的消费比重，减少大气污染物的排放，对环境治理具有重要意义。推进电能替代，有利于提升电气化水平，提高人民生活质量，让人们享受更加舒适、便捷、智能的电能服务；有利于部分工业行业提升产品附加值，促进产业升级。此外，电能替代将进一步扩大电力消费，解决部分城市面临的电力消纳与系统调峰困难问题，避免"窝电"现象❶。清洁的电能可以应用于交通、建筑、工矿、农业等领域。未来的电动汽车、地铁、高铁、船舶都将由电力驱动，

---

❶ "窝电"现象：发电机组、发电厂或局部电网由于联结元件的限制，造成部分多余功率不能向系统输送，以此形成了"窝电"现象。

采暖、制冷和家庭电气化会成为电能替代的重点方向，工业电锅炉、电窑炉、皮带传输、农业电气化、电动水泵等也在电能替代范围之内。电能替代是治理环境污染的重要举措，对促进能源清洁化发展具有重大意义。

突破传统模式，实现双向互动。构建城市能源互联网的基础是实现电网的智能化，通过全面应用"互联网＋"、大数据、云计算、物联网、移动互联网等新技术，贯通电网发电、输电、变电、配电、用电、调度六个环节。电网公司通过新一代智能变电站、在线智能监测、节能改造、配电自动化、电动汽车等领域的技术创新与应用，探索各层网架和各个环节的高度智能化运行，自动识别故障和风险，提升故障自愈能力，为电网消纳更多新能源做好准备。通过电动汽车等多元化负荷的接入，实现风能、太阳能等各类清洁能源全消纳。未来的电网会更加智能化，可能会彻底摆脱传统的封闭式、单向式的消费。用户从被动接收变为主动参与，用户可以更加精细的了解自家用电的情况，电网根据每一户居民的用电特征，适时调节供电模式，实现电能的精益化管理。电网公司借助"互联网＋"的技术和思维，主动适应市场化发展，应用"大、云、物、移"技术，建立双向互动的市场模式，通过电网"大数据"的搜集和整理，形成整个城市电网的信息流、能量流、资金流、业务流融合，创新客户管理和数据管理，打造新型服务平台和渠道运营模式，实现城市能源互联网中各个相关方的协同交互和互动。

三 突破供能制约，促进分布式能源消纳

电力系统具有发、输、配、用电瞬时完成的特性，新能源消纳潜力是由电源调节能力、电网联通规模、负荷规模及响应能力共同决定的，城市能源互联网在特高压、智能电网、现代信息和通信技术的支撑下，搭建了一个分布式新能源及多元化负荷接入的平台，实现配电网对分布式电源的百分百就地消纳。

资源开发更合理。我国地域广阔，每个城市都有各自不同的资源储备，立足城市的区域优势，合理开发利用各类清洁能源，适当开发煤、石油等化石能源，实现各类能源的协调利用，促进城市的可持续发展。我国东部的沿海城市海域面积辽阔，风力资源丰富，西北地区和青藏地区具有较强的日照资源，长江上游西南地区具有优质的清洁水电基地。位于不同区域的城市都有各自不同的优势资源，在最大化地利用本市的优势清洁能源的基础上，对传统化石能源的开采可以趋于合理化。特高压电网将相隔千里的太阳能、水能和风能连接在一起，资源的空间距离不再成为能源传输的障碍，东部沿海城市的海上风能、西北地区的太阳能、西南地区的水能都能得到充分的开发利用，并通过电网传输。随着大量清洁能源的接入电网，化石能源的需求量大大降低，化石能源的价格波动不再成为影响经济稳定的要素。

提高能源配置效率。我国城市和地区之间能源配置不同，在城市能源互联网下，城市中因地理和自然条件的差异，城市内部也存在着能源资源和电力负荷分布不均衡的问题。在城市电网的支撑下，实现城市内部资源的优化配置显得尤为重要。城市能源互联网让西部城市中奔腾的河流通过水力发电成为点燃万家灯火的动力，西北的炎炎烈日通过太阳能发电为城市提供着源源不断的能源，东部沿海城市中呼啸的海风通过风力发电机为城市工业的发展献出了力量。每个城市都有其各自的特色清洁能源，这些主力清洁能源和当地的其他分布式能源和化石能源互相配合，协调发展，城市的能源配置效率可以大大提高。

提升能源消纳空间。大量新能源接入电网后，提升新能源的消纳能力是城市能源互联网需要解决的重要问题，在智能配电网下，可以良好的协调分布式新能源和多元化负荷的接入，终端的用电负荷形式更加多样化，城市能源互联网搭建了一个智能的用户互动平台，满足了配电网消纳新能源、接纳分布式电源和多元化负荷的需求。电源侧，通过提高电源的调节能力，提供更多调峰容量配合新能源消纳。电网侧，坚强的电网实现了电

力资源的优化配置，城市电网的覆盖范围和联通程度决定了新能源开发利用的规模，灵活的电网为新能源的传输和消纳提供了通道，城市中的分布式能源能够就地消纳，避免了远距离供能造成的损耗。负荷侧，引导负荷跟随风电、太阳能发电的输出功率自行调整，减少弃电率。电能替代增加了城市用电规模，扩大了新能源消纳的空间，需求侧响应能够更好地适应新能源输出功率，实现负荷的调节和转移，减少弃风、弃光现象。

第二节　引领能源技术进步

一　推动多种能源合作，　提升相关产业协调发展

城市能源互联网实现了多种能源的互联互通，搭建了能源之间综合利用、优化共享的平台。电、气、冷、热等能源在同一个系统中相互配合，多种能源相互合作，互利共赢，不同产业之间协调发展，大大提高了社会生产力，助力城市的改革发展。

催生新型能源服务行业。随着科技创新和产业变革的快速发展，未来的城市能源互联网能够催生出一系列的新兴产业，能源市场运行机制和市场监管模式也将随之改变。用能终端兼有用能和供能两个角色，届时，用户关于能源供给的安全性、便捷性会有直接的诉求，可能催生出新型的能源服务行业。能源服务行业致力于为用户设计和建造私人订制的用能和供能服务，安装先进的智能化设备，能源的监测、计量、存储和调控直接呈现在用户眼前，变得透明化。能源公司会推出不同组合的能源套餐，基于大数据和云计算为用户提供个性化的供能方案，通过城市能源互联网，将能源供给和智能家居结合在一起，让每一户城市居民享有智慧、智能的家居生活。

带动产业间互联互动。城市能源互联网连接了城市的每一个角落，在能源互联网下，实现了多种能源开放互联和自由传输。打破了传统的电、热、冷、油、气、交通等系统孤立封闭的状态，能源的开放互联为传统的能源行业带来了新的发展机遇和挑战，以海纳百川之势涵盖了能源、交通、农业、工业、建筑等多个领域，能源合作和产业交互成为发展趋势。传统产业依托能源互联网络，适应时代发展，完成自身的升级、改造，挖掘附加价值，保持优势，迎接能源产业新的春天。城市能源互联网的发展势必可以带动很多新型能源产业，包括电动汽车、储能技术、微电网建设、新能源管理等。促进了制造业和服务业的高速发展，包括智能设备的制造、软件开发、电子商务、设计、金融等。上下游产业的融合共进形成了未来社会新型的生产线，这个生产线以新能源和信息通信技术为支撑，各行各业在同一个网络下互联互动，共同创造繁荣清洁的绿色城市。

促进城市共同发展。城市能源互联网改变了能源的生产传输方式，改变了城市居民的生活方式和消费方式，成为推动能源转型和可持续发展的重要途径。对于经济发展相对落后的城市，发展新能源不仅可以解决本地区的能源供给问题，还可以使本市充足的风能、水能和太阳能变成经济增长的优势，加大基础设施建设，拉近与东部沿海地区的经济差距，为城市创造更多工作岗位，让各行各业的城市居民从中受益。大力发展新能源产业可以更多的招商引资，带动全市的经济建设，缩小我国东西部城市的贫富差距，实现共同富裕。每个城市都能呈现出百花齐放、百家争鸣的新面貌，新能源和其他产业协调发展，使城市的经济布局更加和谐，政府、企业、社会组织乃至每一位居民都是城市能源互联网的参与者，他们有着相同的目标，为了城市健康和谐的发展共同奋斗。

二　促进用能技术进步，提高综合能源利用效率

在全球新一轮科技革命和产业变革背景下，城市能源互联网将为新能

源、电动汽车、高效储能、大数据等相关战略性新兴产业带来历史性发展机遇，从而推动我国能源技术进步，提高能源利用效率，加快能源转型步伐。

促进能源利用方式多元化。城市能源互联网可以充分利用分散式接入的太阳能、风能、水能等可再生能源，结合先进的储能和能源转换技术，与传统化石能源实现互联互通、综合利用、优化共享。大量的可再生能源和清洁能源的开发利用将彻底改变城市能源结构，使得能源供给更加丰富多样。届时，城市范围内的能源将不再以简单的集中式供给为主，而是更加注重区域能源消纳，广泛采用分布式能源供给方式。而能源需求侧的冷、热、电等负荷也不再以单一能源利用方式来实现，先进的综合用能技术将实现多种能源间的高效协同，并根据城市不同区域的能源资源条件和负荷特性，选择最优的能源利用方式，保障能源消费的经济技术效益最大化。

推动能源产业快速发展。在全球新一轮科技革命和国家能源革命、"互联网＋"、创新驱动等战略行动带动下，城市能源互联网将迎来良好的发展机遇。此外，由于我国当前的能源结构转型进程整体滞后，其巨大的改革空间也将使城市能源互联网具有无限的发展潜力。根据国家统计局最新数据，2016 年我国能源消费总量为 43.6 亿吨标准煤，其中煤炭消费总量为 27.03 亿吨标准煤，约占总量的 62％，而天然气、一次电力和其他能源占比仅为 19.7％。可见，在能源结构清洁化转型进程中，城市能源互联网将迎来广阔的发展空间，也必然会带动包括新能源、电动汽车、储能、智能电网以及能源管理服务等新兴能源产业的蓬勃发展。同时，城市能源互联网将融入社会的每一个角落，与建筑、交通、能源、制造等领域息息相关，这也使得产业交互和产业融合成为趋势。随之而来的便是产业架构的深度调整，能源产业会利用城市能源互联网这一能源信息平台完成自身的转型、升级和再造，激发新动能，再现新生机。

提高综合能源利用效率。城市能源互联网在物理层构建了包括电网、热力网、油气网和交通网的多能源互济融合网络，在信息层以互联网思维

打造能源信息管理平台，将信息流与能量流紧密耦合，实现城市能源网络的优化控制和在线管理。在能源供给侧，城市能源互联网可利用不同供能系统间的互济能力以及高效能量存储技术来实现能源的优化调度，有效解决由单一能源负荷峰谷差所造成的设备利用率低下问题，大幅提高社会供能系统利用效率。在能源消费侧，城市能源互联网可利用不同能源系统的互补替代性，建立起综合能源协同利用机制，一方面能弥补可再生能源（如太阳能、风能等）分散性强、能流密度低和间歇性明显等问题，提高其规模化开发利用水平；另一方面还可实现不同品味能源的阶梯利用，提高能源的综合利用效率。

第三节　打造生态文明城市

一　推动环境和谐，促生态文明建设

　　城市能源互联网引领城市能源结构向清洁能源、可再生能源方向发展，使得清洁低碳的能源消费观深入人心，促进人们生活方式和理念发生转变，有力推动城市的生态文明建设。

　　弘扬清洁低碳消费观。全球气候变暖已成为当前国际社会关注的焦点问题。它严重影响了人类赖以生存的生态环境，导致农业减产、水资源失衡和生态系统被严重损害，给人类社会的可持续发展带来了巨大挑战。而城市能源互联网所倡导的能源低碳化、清洁化发展思路从根本上解决了气候难题。在清洁低碳消费观的带动下，大量的风能、太阳能、核能等新能源将纳入城市能源供给结构中，并成为能源消费中的主力军，随之而来的是传统化石能源占比的逐年降低。届时，清洁低碳消费观将深入人心，由能源消耗所造成的污染排放也会日趋减少，直至达到"零排放"的终极目

标，给生态环境的改善和恢复创造条件。

倡导可持续发展理念。可持续发展的核心是发展，其关键在于如何处理好人类发展、自然资源和生态环境之间的协调关系，既要达到发展经济的目的，又要保护好人类赖以生存的大气、海洋、淡水、土地和森林等自然资源和环境，使子孙后代能够永续发展和安居乐业。城市能源互联网，坚持可持续发展理念，注重可再生能源的消纳利用，理顺了城市发展与生态环境保护之间关系，为未来城市发展指明了方向。城市能源互联网在能源资源开发上以太阳能、风能、水能等可再生能源来代替传统化石能源，形成以可再生能源为主导的能源结构，从根本上解决了城市能源供应面临的资源约束问题，实现能源资源的永续利用。城市能源互联网推动形成了资源节约型、环境友好型的可持续发展模式，推动节能环保、绿色低碳产业成为经济可持续发展的新引擎，最终推动了人类与自然的协调发展、和谐相处。

促进城市生态文明建设。我国的城市化进程中，曾长期以经济发展作为第一要务，为了追求经济的快速发展，投入了大量高消耗、高污染产业，给自然资源和生态环境造成了极为沉重的代价。党的十八大以来，中央层面高度重视生态文明建设，首次将生态文明纳入中国特色社会主义事业"五位一体"的战略布局中，明确了生态文明建设的突出地位。生态文明建设是一场"绿色革命"，是对传统工业文明的超越，其核心是尊重自然、顺应自然和保护自然。新时期，城市能源互联网将引领经济发展方式和社会消费模式的转变，促进城市的生态文明建设。一方面，城市能源结构的调整，将促进大量风能、太阳能、核能等清洁能源的消费占比，大幅减少城市发展给环境造成的影响；另一方面，城市能源互联网所倡导的节能减排、优化利用等理念，能够促进社会消费观念的转变，引导绿色、健康、低碳的消费行为，促进城市与生态环境的和谐发展。

二　改善环境质量，践行可持续发展

城市能源互联网有力推动城市能源结构的转型，以清洁能源为主的消费趋势将促进环境质量改善，基于大数据的用能管理系统将实现城市能源的精益化和智能化管理，促进人们的生活方式和理念的改变，进而推动整个城市能源、经济、社会、文化的全面发展和繁荣。

能源结构大幅优化。城市能源互联网将推动传统的化石能源产业向清洁能源、可再生能源制造业转变，让城市发展逐渐摆脱对煤炭、石油等化石能源的依赖，不再受到能源资源枯竭、品质下降、价格升高等问题影响，这是新一轮可再生能源生产革命区别于前两次工业革命的又一突出特征。新工业体系下，清洁、高效、环境友好日益成为能源发展所追求的目标，推动着城市发展理念的改变。届时，可再生能源将成为主导能源，取之不尽、用之不竭的风能、太阳能、生物质能等将以更低的发电成本进入能源市场，通过智能电网连接到城市的每一个角落，让人人都能够享有低成本、充足的清洁能源，让人人都能够参与到能源产业中来，让城市能源市场具备可持续发展的结构基础。

城市环境得以改善。工业革命以来，人类化石能源消耗呈现爆发式增长，远远超出了大自然的正常承载能力，让生态环境付出了极为沉重的代价。城市能源互联网将从源头上解决能源消耗对生态环境的影响，使得目前发展所面临的诸多能源生态问题迎刃而解。随着能源结构的日趋改善，传统化石能源的生产、传输和消费规模都会逐渐缩减，由煤炭、油气等开采、加工所带来的地表沉降、矿难、水土污染等问题将日益减少，由能源消费所带来的空气污染等问题也将日益减轻。随之而来的是城市绿化面积的持续扩大、空气质量日趋改善，水土污染问题也将得到控制和恢复，城市生态环境将变得更加美好、舒适和宜居。从此，人们将不再受到雾霾的困扰，也不必担心饮用水是否健康、食品是否安全，以更加放松、自信的

心态投入到城市发展建设中来，实现人与自然的和谐共处。

开启城市发展新篇章。改革开放以来，我国经历了世界历史上规模最大、速度最快的城镇化进程，城市发展波澜壮阔，取得了举世瞩目的成就。新时期，城市能源互联网将全方位推动城市发展迈向新高度。城市能源互联网以整体性、系统性思维开展能源网络规划，促进了城市电、气、热以及交通等网络的融合发展，有效提升了城市规划的科学性、指导性，推动了城市规划理念和方法上的创新。以大数据、物联网为支撑的智能化能源管理系统会自动优化调度能源供给、调节用能需求，建立秩序井然的城市能源管理机制，全面提升城市智能化管理水平，助力智慧城市建设。城市能源互联网还将带动新能源、储能、电动汽车、通信、人工智能等产业技术的蓬勃发展，推动科技进步和产业技术创新，激发经济发展的新活力，全面提升城市发展水平。

本章小结

（1）城市能源互联网构建了互联互通、优化共享的能源网络，其多样化的能源供给保证了城市巨大的能源需求。大量清洁能源、可再生能源的开发利用从源头上解决了化石能源的资源紧缺及环境污染问题，为人类可持续发展提供了根本解决思路。

（2）城市能源互联网引发了能源的产业革命，推动了多种能源产业的合作共赢，促进了综合用能技术的发展，提高了城市能源的利用效率。

（3）城市能源互联网引领城市能源结构的调整，使清洁低碳的能源消费观深入人心，促进人们生活方式和理念的转变，引导绿色、健康、低碳的消费行为，有力推动城市的生态文明建设。

（4）展望未来，城市能源互联网基本建成，全面提升城市智能化的管理水平，推动科技进步和产业技术创新，为经济发展带来新的动力，为构建和谐社会做出贡献。

参考文献

［1］刘振亚. 全球能源互联网［M］. 北京：中国电力出版社，2015.

［2］刘振亚. 中国电力与能源［M］. 北京：中国电力出版社，2012.

［3］冯庆东. 能源互联网与智慧能源［M］. 北京：机械工业出版社，2015.

［4］国家发展改革委经济运行调节局. 负荷特性及优化［M］. 北京：中国电力出版社，2013.

［5］中国电机工程学会信息化专业委员会. 中国电力大数据发展白皮书［M］. 北京：中国电力出版社，2013.

［6］国网能源研究院. 中国新能源发电分析报告 2016［M］. 北京：中国电力出版社，2016.

［7］莫松平，陈颖. 新能源技术现状与应用前景［M］. 广州：广东经济出版社，2015.

［8］高天亮. 基于价值网理论的商业模式研究［M］. 广州：世界图书出版广东有限公司，2011.

［9］李殿伟. 基于价值网理论的电信企业商业模式研究［D］. 天津大学，2007.

［10］于媛. 中石油北京油气调控中心运行机制研究［D］. 中国石油大学，2009.

［11］赵阅群. 面向能源互联网的直接负荷控制模型与仿真研究［D］. 华北电力大学，2016.

［12］张小兰. 论企业战略联盟［D］. 西南财经大学，2003.

［13］徐科，罗凤章，魏冠元. 面向城市能源互联网的城市能源消费特征量化对比分析［J］. 电力系统及其自动化学报，2017，29（3）50 - 54，73.

［14］杨佩，蔡皓，裘洪彬. 面向能源互联网的大数据关键技术研究［J］. 电力信息与通信技术，2016，14（4）：9 - 12.

［15］刘世成，张东霞，朱朝阳. 能源互联网中大数据技术思考［J］. 电力系统自动化，2016，40（8）：14 - 21，56.

［16］邹京希，曹敏，颜庭乔. 我国需求响应实施现状及发展展望［J］. 新型工业化，2016，6（11）：48 - 52，57.

［17］曾鸣，樊倩男. 新形势下我国电力需求侧管理的发展方向［J］. 黄河科技大学学报，2016，16（6）：47 - 54.

［18］舒印彪，张智刚，郭剑波. 新能源消纳关键因素分析及解决措施研究［J］. 中国电机工程学报，2017，37（1）：1 - 8.

［19］祁和生，胡书举. 分布式利用是风能发展的重要方向［J］. 中国科学院院刊，2016，31（2）：173 - 179.

[20] 彭思成，刘涤尘，廖清芬. 分布式新能源接入能源互联网的信息物理广域关联接口
[J]. 中国电机工程学报，2016, 36 (8): 2131 - 2141.

[21] 段青，盛万兴，孟晓丽. 面向能源互联网的新型能源子网系统研究 [J]. 中国电机工
程学报，2016, 36 (2): 388 - 398.

[22] Lambert D M, Pohlen T L. Supply Chain Metrics [J]. The Interrational Journal of
Logistics Management 2001, 12 (1): 1 - 19.

[23] KOTHANDARAMAN P, WILSON D T. The Future of Competition: Value - Creating
Networks [J]. Industrial Marketing Management, 2001, 30 (4): 379 - 389.

[24] PREBLE J F, REICHEL A, HOFFMAN R C. Strategic alliances for competitive
advantage: evidence from Israel's hospitality and tourism industry [J]. International
Journal of Hospitality Management, 2000, 19 (3): 327 - 341.

[25] 丛威，陈晓平，吕明. 新形势下深化我国石油天然气行业市场化改革问题研究 [J].
中国能源，2016, (09): 16 - 19.

[26] 丛威，江兆龙，李雪锋. 我国石油天然气行业市场化改革的理论思考及建议 [J]. 石
油科技论坛，2016, (04): 53 - 57.

[27] 边晓燕，罗竹平，符杨. 新能源发电特性研究 [J]. 华东电力，2012, (09): 1611 -
1614.

[28] 王保群，林燕红，焦中良. 我国天然气管道现状与发展方向 [J]. 国际石油经济，
2013, (08): 76 - 79, 109 - 110.

[29] 陈启鑫，刘敦楠，林今. 能源互联网的商业模式与市场机制 (一) [J]. 电网技术，
2015, 39 (11): 3050 - 3056.

[30] 曾鸣，杨雍琦，李源非. 能源互联网背景下新能源电力系统运营模式及关键技术初探
[J]. 中国电机工程学报，2016, 36 (3): 681 - 691.

[31] 陈琪，陈鸿，李捷. 基于 SOA 的智能用能服务系统的设计和实现 [J]. 电测与仪表，
2013, 50 (4): 96 - 100.

[32] SAHIN C, SHAHIDEHPOUR M, ERKMEN I. Generation risk assessment in volatile
conditions with wind, hydro, and natural gas units [J]. Applied Energy, 2012, 96
(3): 4 - 11.

[33] 栾昊，刘进. 浅谈未来售电公司经营模式 [J]. 能源，2015 (11): 106 - 109.

[34] 余晓丹，徐宪东，陈硕翼. 综合能源系统与能源互联网简述 [J]. 电工技术学报，
2016, 31 (1): 1 - 13.

[35] QADRDAN M, ABEYSEKERA M, CHAUDRY M, et al. Role of power - to - gas in
an integrated gas and electricity system in Great Britain [J]. International Journal of
Hydrogen Energy, 2015, 40 (17): 5763 - 5775.

[36] 金文德，江艺宝，丁一. 以用户为中心的综合能源系统优化管理关键问题研究现状及展望 [J]. 浙江电力，2016，35（10）：73 - 80.

[37] 朱金鑫，陆圣芝，范永璞. 基于移动互联网的综合能源信息服务平台框架研究 [J]. 装备应用与研究. 2017，501（3）：27 - 28.

[38] 毛俊鹏，王祺，朱运涛，等. 上海工业能源大数据公共服务平台建设探究 [J]. 中外能源，2016，21（4）：22 - 27.

[39] 胡大立. 基于价值网模型的企业竞争战略研究 [J]. 中国工业经济，2006（09）：87 - 93.

[40] 李垣，刘益. 基于价值创造的价值网络管理（Ⅰ）：特点与形成 [J]. 管理工程学报，2001（04）：38 - 41.

[41] 陶之盈. 价值网的构建及其基本价值创造活动研究 [J]. 价值工程，2007（02）：57 - 59.

[42] 盛革，李国章. 价值网模式的解构模型与管理框架研究 [J]. 管理评论，2010（04）：114 - 121.

[43] 苟昂，廖飞. 基于组织模块化的价值网研究 [J]. 中国工业经济. 2005（02）：66 - 72.

[44] 杨方，白翠粉，张义斌. 能源互联网的价值与实现架构研究 [J]. 中国电机工程学报，2015（14）：3495 - 3502.